科技信息资源检索

曹彩英　主编

海洋出版社

2013年·北京

图书在版编目（CIP）数据

科技信息资源检索/曹彩英主编. —北京：海洋出版社，2013.9
ISBN 978-7-5027-8651-9

Ⅰ.①科… Ⅱ.①曹… Ⅲ.①科技情报-情报检索 Ⅳ.①G252.7

中国版本图书馆 CIP 数据核字（2013）第 206926 号

责任编辑：杨海萍
责任印制：赵麟苏
海洋出版社 **出版发行**
http：//www.oceanpress.com.cn
北京市海淀区大慧寺路 8 号 邮编：100081
北京旺都印务有限公司印刷 新华书店发行所经销
2013 年 9 月第 1 版 2013 年 9 月北京第 1 次印刷
开本：787mm×1092mm 1/16 印张：15.25
字数：357 千字 定价：35.00 元
发行部：62132549 邮购部：68038093 总编室：62114335

科技信息资源检索

主　编　曹彩英
副主编　蔡莉静
编　委　左惠凯　穆丽红

前　言

本书立足于我国理工科院校大学生的信息素质现状，结合我国高校信息资源的实际情况，系统介绍了信息资源检索的基本原理，并以常用的中外文数据库为重点案例，详细介绍了网络数据库的使用方法与技巧。为了提高理工科大学生的科技创新能力，本书还介绍了专利和标准的基础知识及其检索方法。

本书共分八章：第一章信息资源概论、第二章信息组织与检索、第三章网络信息资源检索、第四章数字图书馆检索、第五章国内重要数据库、第六章外文数据库检索、第七章专利信息及其检索、第八章标准信息检索。其中第一、二、三章由左惠凯老师编写，第四章由蔡莉静老师编写，第六章由穆丽红老师编写，第五、七、八章由曹彩英老师编写。蔡莉静和曹彩英进行了全书的通稿工作。

因网络的发展瞬息万变，网上信息动态更新，因此本书中一些案例难免和实时网页信息略有不同，但不影响掌握其检索理论和检索方法。此外因编者水平所限，书中难免存在错误，敬请读者批评指正。

编者

2013 年 8 月

目　　次

第一章　信息资源概论

第一节　信息资源基础知识

1.1　信息的概念与特征

1. 信息的概念

人类生活的三个基本要素是材料、能源和信息，由这三个基本要素分别形成材料科学、能源科学和信息科学，被人们确认为现代科学技术的三大支柱。它们的发展大大地推动了人类文明的进步历程。

信息一词的拉丁词源是 informatio，英语是 information，意思是通知、报道或消息。信息的概念是十分广泛的，站在不同的角度有不同的理解和解释，有多种说法。

《辞海》解释为：①音讯：消息。李中在《碧云集·暮春怀故人》中诗云：梦断美人沉信息，目穿长路倚楼台”。②通讯系统传输和处理对象，泛指消息和信号的具体内容和意义。通常须通过处理和分析来提取。

控制论创始人维纳说：信息是人们在适应外部世界并且使这种反应作用于外部世界的过程中同外部世界进行交换的内容的名称。

信息论的创始人申农从研究通信理论出发，认为它是关于环境事实的可通信的知识。信息是通过各种形式，包括字母、符号和数字、代码、图形、报表、指令等等反映出来的。

从以上几则定义我们可以得出以下结论：信息是普遍存在于自然界和社会界中的一切事物存在和变化的特征性反映，是事物相互作用和相互联系的表征，是人类感知到的事物的普遍属性。在图书情报界信息一般是指文献、资料、情报、知识、数据以及消息、新闻的总称。

2. 信息的特征

（1）传递性：信息可以在空间和时间上从一点传递到另一点。例如用电视看奥运节目。

(2) 共享性：信息可以脱离原事物相对独立地存在并寄载于其他载体，还可以无限制地进行复制、传播或分配给众多的用户，为大家所共享。例如分享销售的经验与技巧。

(3) 依附性和可处理性：信息的产生、存储和传递必须赋予一定的物质载体，如图书、杂志；并且信息是具体的，可为人们所熟知、感知、利用，同时又可被收集、加工、整理、归纳、综合、记忆。

(4) 时效性：也称动态性，是指事物运动的状态和方式，事物是不断发展变化的，则信息也必然在不断地变化。例如观看象棋比赛。

(5) 信息除了以上几个基本特征，还具有价值相对性、真伪性等，这些都构成了信息的复杂性。

1.2 信息与知识、情报、文献的关系

1. 信息与知识的关系

信息反映事物运动的状态及其变化方式，知识则是研究事物运动的状态及其变化方式的规律。只有通过对信息的加工才能获得知识。如果没有信息，也就根本谈不上知识。知识是信息升华的结果，也是一种浓缩的系统化了的信息。学者们常把信息与知识的关系比作两个大小不同的同心圆，信息是外层园，知识是内心圆，它表明了信息是知识的基础，而知识是信息的核心。

2. 信息与情报的关系

信息是事物存在的形式和运动状态，既存在于人类社会及人的思维活动中，也存在于自然界，其概念的内涵要比情报宽泛。情报包含于信息，是信息的一部分。信息与情报是包含与被包含的关系，情报必是信息而信息不一定都是情报。信息除情报信息外，还包含有大量的非情报信息，或者叫一般信息。在人们实践活动中有使用价值、有针对性用户的那部分信息成为情报的一部分。

3. 知识与情报的关系

情报是指那些被人们用来解决特定问题所需要并进行交流的知识。情报属于人工知识或信息的范畴，它来源于知识与信息，情报是人们在一定时间内为了一定目的而传递的有使用价值的知识或信息。符合人们特定需要的知识一旦成为情报之后．便具备了时效性、针对性、非公开性等特征，而未被人们作为情报而搜集、加工、存储、利用的知识是一般意义的知识。失去时效性的情报又可还原为知识。

综上所述，世界是物质的，物质的运动便产生了信息；各种信息经过人

们进行系统化的加工处理，便转化为知识；知识经过系统化的加工处理转化为情报；情报应用于实践，解决实践中存在的问题，创造出物质财富或精神财富，这时的情报，便转化为生产力，产生新的信息，形成一个无限循环的转化过程。这也表明，信息包含知识、知识包含情报。它们不仅是包含关系，而且可以相互转化。例如，知识在需要被用来解决特定问题时，便转化为情报；情报在不需要利用时，便还原为客观的知识。知识和情报，对于既不能认识又不能理解的人来说，它们都不过是一种信息。文献作为记录已有知识的一切载体，与信息、知识、情报的关系如图 1－1 所示。

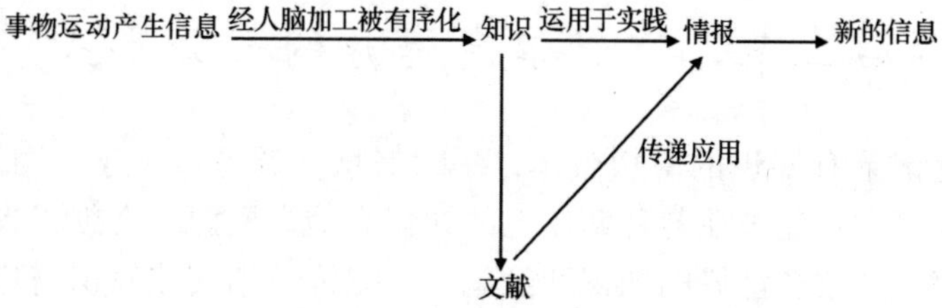

图 1－1　信息、知识、文献和情报之间的关系

1.3　信息的表现形式与类型

信息作为一种复杂的研究对象，其表现形式多种多样。按照信息的来源分类，有自然信息、社会信息、知识信息；按照信息的性质分类，有语法信息、语义信息、话用信息；按照信息的应用分类，有工业信息、农业信息、军事信息、政治信息、科技信息、文化信息、经济信息、管理信息等。

信息作为一种资源，还可以按照开发程度分为潜在信息资源和现实信息资源两大类型。潜在信息资源是以人的大脑为载体的信息资源，现实信息资源又可分为体载信息资源、实物信息资源、文献信息资源和网络信息资源。

由于现实的信息资源是我们研究、开发和利用的主体，故对其分述如下：

1. 体载信息资源

是通过人体各种表达方式，包括口头语言（交谈、聊天、授课、讨论等）、身体语言（手势、表情、姿势等）等方式来传递的信息资源。

2. 实物信息资源

是通过实物（如文物、产品、模型、雕塑）等来存储和表现的信息资源。

3. 文献信息资源

是指以文字、图形、符号、声频、视频等方式记录在一定载体上的信息资源。它包括图书、连续出版物、小册子、特种文献、手稿、乐谱、录音资料、录像资料等。文献信息资源是当前数量最大、利用率最高的信息资源。

4. 网络信息资源

以网络为载体和传播介质，以超文本、数字化为组织和存在方式，通过计算机网络可以利用的各种信息资源的总和。

由于文献信息资源和网络信息资源是本书主要介绍的信息源，下面我们就对这两种类型的信息资源分别进行介绍。

第二节　文献信息资源的载体形式

文献是记录有知识的一切载体，文献信息资源是以文字、图形、符号、声频、视频等方式记录在各种载体上的知识和信息资源。文献积累和保存了人类认识世界和改造世界的知识和经验，并在传递和交流知识信息的过程中发挥了巨大作用。文献信息资源的类型多种多样，不同形式的文献又各自呈现出不同的功用和特点。基于文献是信息的重要载体，而我们在进行信息检索活动时往往以文献信息为主要信息源，在此着重介绍一下文献信息资源的类型划分，这对于我们学会利用各种文献信息来解决实际问题具有非常实际的意义。

2.1　文献信息的载体形式

1. 印刷型

包括铅印、油印、石印、胶印等。主要以纸张为载体，它的优点是便于阅读，便于流传；缺点是占据空间大，整理和保存起来比较困难。

2. 缩微型

是以感光材料为载体，以照相复制方式，将纸张文献微缩复制在感光材料上而生成的文献，包括缩微胶卷和缩微胶片。具有体积小、重量轻、存储密度高的优点，但要借助缩微阅读器才能阅读，不大方便，也不便于携带。

3. 声像型

也称视听性文献，是指以磁性材料或感光材料为载体，采用录音、录像或摄影技术直接记录声音信息或图像信息而形成的文献，包括唱片、录音带、录像带、幻灯片、电影片等。其特点是直观、真切、传递速度快、存储密度高。

4. 电子型

又被称作机读型文献，或者数字文献，有时也统称为电子出版物。电子型文献包括电子图书、电子期刊、电子新闻、各种联机信息库和光盘数据库产品或软盘、磁带（计算机磁带）等产品。电子型文献数据库是计算机信息检索的主要对象，其优点是体积小、检索方便、直观生动，便于远距离传输；缺点是需借助计算机阅读，不大方便，费用较高。

2.2 按文献信息内容的加工程度

1. 零次文献

是指还没有形成正式出版物之前的文献信息。如论文草稿、实验记录、设计草图、谈话记录、书信等。其文献形式是零次文献。零次文献的优点是针对性强、反馈快、真实、直观。缺点是传播面窄，信息稍纵即逝，难以积累和管理。

2. 一次文献

也称为原始文献，是指直接从研究或劳动实践中产生并经过适当的审查后正式发表公布的文献。如期刊论文，科技报告，专利说明书，会议论文，学位论文等。是文献检索的最终目的。

3. 二次文献

也称为检索工具，是指将大量分散无序的一次文献进行加工整理后形成的检索文献，一般说来，检索工具应具备以下五个条件：明确的收录范围；有完整明了的文献特征标识；每条文献条目中必须包含有多个有检索意义的文献特征标识，并标明供检索用的标识；全部条目科学地、按照一定规则组织成为一个有机整体；有索引部分，提供多种必要的检索途径。

目前可供人们使用的检索工具有很多，不同的检索工具各有特点，可以满足不同的信息检索的需求。

检索工具有不同的分类方法，按照著录格式的不同可将检索工具分为以下四种类型。

（1）目录型检索工具

目录型检索工具是记录具体出版单位、收藏单位及其他外表特征的工具。它以一个完整的出版或收藏单位为著录单元，一般著录文献的名称、著者、文献出处等。目录的种类很多，对于文献检索来说，国家书目、联合目录、馆藏目录等尤为重要。

（2）题录型检索工具

题录型检索工具是以单篇文献为基本著录单位来描述文献外表特征（如文献题名、著者姓名、文献出处等），无内容摘要，是快速报道文献信息的一类检索工具。它与目录的主要区别是著录的对象不同。目录著录的对象是单位出版物，题录的著录对象是单篇文献。

（3）文摘型检索工具

文摘型检索工具是将大量分散的文献，选择重要的部分，以简练的形式做成摘要，并按一定的方法组织排列起来的检索工具。按照文摘的编写人，可分为著者文摘和非著者文摘。著者文摘是指按原文著者编写的文摘；而非著者文摘是指由专门的熟悉本专业的文摘人员编写而成。就其摘要的详简程度，可分为指示性文摘和报导性文摘两种。指示性文摘以最简短的语言写明文献题目、内容范围、研究目的和出处，实际上是题目的补充说明，一般在100字左右；报导性文摘以揭示原文论述的主题实质为宗旨，基本上反映了原文内容，讨论的范围和目的，采取的研究手段和方法，所得的结果或结论，同时也包括有关数据、公式，一般五百字左右，重要文章可多达千字。

（4）索引型检索工具

索引型检索工具是根据一定的需要，把特定范围内的某些重要文献中的有关款目或知识单元，如书名、刊名、人名、地名、语词等，按照一定的方法编排，并指明出处，为用户提供文献线索的一种检索工具。

索引的类型是多种多样的，在检索工具中，常用的索引类型有：分类索引；主题索引；关键词索引；著者索引等。

4. 三次文献

指对一次文献和二次文献进行综合、分析、评述等深度加工形成的文献。如学科进展综述、专题述评、预测报告，以及一些百科全书、年鉴、数据手册、词典等。

2.3　按文献信息的出版形式

1. 图书（book）

是正式出版且具有一定篇幅的非连续性的出版物，其内容往往是围绕某一个题目进行全面论述，内容较成熟、全面、系统、可靠。

2. 期刊（journal）

包括所有定期和不定期的连续出版物。特点是：数量大，品种多、内容丰富、出版周期短，报道速度快，是科研人员获取最新信息的主要来源。

3. 专利文献（patent document）

是一切与专利制度有关的专利文件的统称，包括专利说明书、专利公报、专利分类表、专利检索工具以及专利的法律性文件等。

4. 学位论文（thesis，dissertation）

是著者为取得专业资格的学位而提出的论文，介绍其发现、调查或研究成果，常指硕士和博士学位论文。

5. 会议文献（conference paper）

会议文献指各种学术、专题会议上发表的论文和报告。会议文献有助于及时了解本学科的最新科技动态。分为会前文献和会后文献两种。

6. 科技报告（technical report）

科技报告是关于科研成果或进展的报告，如最著名的美国四大报告，美国商务部出版局的 PB 报告、由美国武装部队技术情报局出版的 AD 报告、由美国国家航空航天局出版的 NASA 报告和由美国能源部出版的 DOE 报告。

7. 标准（standard）

常指技术标准，是对工农业产品和工程建设的质量、规格及其检验方法等方面所作的技术规定。

8. 政府出版物（government document）

各国政府部门及其所属机构发表的文件，分行政性文件和科技性文件两大类。

9. 档案（technical records）

常指技术档案，指在生产建设和科技部门的技术活动中形成的、对一定工程对象的技术文件的总称。包括任务书、协议书、设计数据、工艺图纸等等。

10. 产品资料（product literature）

指国内外各厂商为推销其产品而印发的商业宣传品，包括产品样本、目录、说明书、厂商介绍等。

还有其他类型的文献，如报纸、统计资料、地图等，这里不一一列举。文献类型尽管多样，但几乎所有重要类型的文献均有专门的收藏部门和专门的检索工具，并且大部分被做成专门的数据库。

第三节　网络信息资源概述

3.1　网络信息资源的含义

网络信息资源又称虚拟资源、数字资源、电子信息资源、联机信息、万维网资源等，至今没有统一定义，一般可以理解为“以网络为载体和传播介质，以超文本、数字化为组织和存在方式，通过计算机网络可以利用的各种信息资源的总和。”

3.2　网络信息资源的特点

1. 从内容方面看，网络信息资源信息类型丰富，信息量大，开放性强、增长快、更新快。

2. 从存放位置看，信息广泛分布在不同的服务器上，而服务器上的操作系统、数据结构、字符集、处理方式等并不相同。

3. 从其利用方式看，网络信息资源不受时空限制，跨时空、跨行业传播。

4. 从其组织方面看，网络信息资源分布离散化。

5. 从其质量方面看，信息发布有很大的自由度和随意性，缺乏必要的过滤、质量控制和管理机制。

6. 从时效性方面看，网络信息资源时效性强，在因特网上能得到最新的资料以及某个学科和某项科研的最新动态，能检索到最近的（甚至当日的）文献。随机变化大，更新消亡无法预测。

网络信息资源还具有开放性、交互性、通用性等特点。

3.3　网络信息资源的类型

因特网上有大量的电子信息资源，这些信息异常丰富，多种多样，可以按不同的方式进行分类。

1. 按信息表现形式划分

（1）文本信息：指按知识单元的线形序列排列的信息。

（2）超文本信息：指网络中设计成模拟人类思维方式的信息结构体系，即在信息中包含有与其他信息的链接。用户单击文本中加以标注的一些关键词或图像，就能打开另一个文本。

（3）多媒体信息：多媒体信息是包括文本、图像、声音、动画等各种信息形式的总称。

（4）超媒体信息：超媒体信息是超文本信息和多媒体信息的结合。在超媒体信息系统中，用户不仅能从一个文本跳转到另一个文本，而且可以在其他形式的信息如声音、图形、图像之间方便地跳转。

2. 按信息交流方式划分

（1）非正式出版信息：指通过电子邮件、网络论坛和电子会议、电子公告栏等途径发布的信息。此类信息数量大、随意性很强，质量难以保证和控制，但很多新颖的、前沿的信息都在其中。

（2）半正式出版信息：指受到一定产权保护但没有纳入正式出版信息系统的信息。这类信息包括政府机构和非政府组织提供的信息、学术团体和研究机构提供的信息、企业和商业产品介绍以及各种内部期刊等。

（3）正式出版信息：指受到一定产权保护，信息质量稳定、利用率较高的知识性、分析性信息。正式出版信息又可按其加工层次进一步划分为一次出版信息、二次出版信息和三次出版信息。一次出版信息包括网上电子图书、网上电子期刊和电子报纸；二次出版信息包括搜索引擎、网络数据库、网络导航等；三次出版信息指网络述评、网站推荐等。

3. 按信息的载体和通讯方式划分

（1）联机信息资源是由计算机联机信息服务系统提供的信息资源，如 Dialog、ORBIT、STN 等，检索费高。

（2）光盘信息资源主要包括各种信息数据库。

（3）Internet 中的万维网信息又称 Web 信息，采用客户机/服务器的模式，以超文本的方式链接分散在 Internet 上 WWW 服务器中的信息。

网络信息资源还可以按信息来源划分为政府、研究机构、大学、公司企业、社会团体、个人等信息；按信息内容划分为政治性文件、学术研究报告、技术信息、经济活动信息、历史文献资料、文学艺术信息、娱乐性信息、电子论坛、电子邮件等信息；按信息文件类型划分为文本式文件、计算机软件、图像文件、HTML 文件、数据库文件等；按信息内容形式和用途划分为全文型信息、事实型信息、数值型信息、数据库类信息、实时活动型信息以及其他类型信息等等，在此不再详述。

第二章 信息组织与检索

第一节 信息检索概述

1.1 信息检索的含义

信息检索，从广义上说是将信息按一定方式组织和存储起来，并根据信息用户的需求找出所需的过程。即包括“信息存储”和“信息检索”。而狭义定义，就是信息的查找与索取。

1.2 信息检索的类型

1. 按存储和检索的内容划分

（1）文献检索是以文献全文为检索对象的一种检索，凡是查找某一主题、学科、时代、地区、著者、文种的有关文献均属于这一范畴。

（2）数据检索是指从资料检索系统存储的数值型资料，如科学技术常数、各种统计资料等，利用检索系统提供的运算推导能力，获得经过核实、推理的数值信息。

（3）事实检索是以事实为检索对象，查找用户所需的描述性事实，其检索对象为机构、企业、人物的基本情况、历史变迁等。

2. 按系统中信息的组织方式划分

（1）全文检索：是指检索系统中存储的整篇文章乃至整本书。用户根据个人的需求从中获取有关的章、段、节、句等信息，并且还可做各种统计和分析。

（2）超文本检索：超文本结构就类似于人类的联想记忆结构，它采用了一种非线件的网状结构组织块状信息，没有固定的顺序，也不要求读者必须按照某个顺序来阅读。采用这种网状结构，各信息块很容易按照信息的原始结构或人们的“联想”关系加以组织。

（3）超媒体检索：由于把多媒体信息引入超文本，产生了多媒体超文本，也即超媒体。因此，超媒体检索是对超文本检索的补充，其存储对象超出了文本范畴，融入了静、动态图像及声音等多种媒体信息。信息存储结构从单维发展到多维，存储空间范围不断扩大。

1.3 信息检索的意义和作用

信息检索的意义和作用主要是能有效提高人们检索信息和利用信息的效率。对大学生来说，文献信息检索是培养学生能力的基本技能和方法之一，最主要的是自学能力、研究能力、思维能力、表达能力和组织管理能力的培养。对科研工作者来说，文献信息检索更是科学研究不可缺少的一项工作。

第一、信息检索能使科技工作者及时把握科技发展的动态和趋势

科学技术的发展是具有一定继承性和延续性的，任何一项发明创造都需要积累大量前人的理论和经验资料，通过分析、总结和升华才能进行新的探索，并有所突破。因此，掌握信息检索技术，便能快速、准确地完成科技信息积累工作和及时获取到最新科研动态信息。

第二、信息检索能使科研工作达到事半功倍的效果

科研人员通过信息检索提供的快速查阅的技术手段，以尽可能少的时间和精力完成大量的资料积累工作，大大提高了工作效率，在研究前掌握研究状态和水平，在研究中能扬长避短，开拓思路，节省研究资金，并缩短整个科研所花费的时间。

第三、信息检索能使信息资源得以充分的开发和利用

信息的存储实质上是信息的采集、加工、分析、整理及优化的过程，它是人类丰富的智力资源得以深层次的开发。信息的检索即是信息资源被充分利用的捷径。信息的存储与检索工作会带来显著的社会效益。

第四、信息检索有利于实现资源共享

现代信息检索与网络通信技术的高度结合，不仅使数量急剧增长、更新频繁的科技信息得以及时地传播和交流，而且真正实现了资源共享，这是促进人类社会科学技术发展的有效手段。

第五、信息检索能提高人们的生活质量

互联网的全球普及以及网上信息的与日俱增，直接影响着人们的日常生活。衣食住行的诸多繁琐问题通过网络就能迎刃而解，坐在家里便能行走天下，这已经逐步成为现实。网上信息如此丰富，人们要想从中搜索到各自所需，就必须掌握现代信息检索技术。

第二节　信息的组织

2.1　信息组织中的检索语言

1. 检索语言定义

检索语言，是根据检索需要而编制的一种人工语言。是信息检索系统存储和检索信息时共同使用的一种约定性语言，以达到信息存储与检索的一致性，提高检索效率。

2. 检索语言的特点

（1）具有必要的语义和语法规则，能准确地表达科学技术领域中任何标引和提问的中心内容和主题；

（2）具有表达概念的唯一性，即统一概念不允许有多种表达方式，不能模棱两可；

（3）具有检索标识和提问特征进行比较和识别的方便性；

（4）既适用于手工检索系统，又适用于计算机检索系统。

3. 检索语言的类型

（1）按构成原理分：表述文献外表特征的语言、表述文献内容特征的语言。

表述文献外表特征的语言包括题名语言、著者语言、号码语言。文献的外表特征在信息组织时应按一定的顺序编排。题名语言按文献题名字顺逐字排检，西文起首冠词一律不排；著者语言按著者姓名，按姓前名后的字顺逐字排检；号码语言按文献代码，如专利号、标准号、报告号、ISBN 号、ISSN 号等的顺序排。

表述文献内容特征的语言包括分类检索语言、主题检索语言。分类检索语言又称分类法，是用分类号和类名来表达信息的主题概念，并且按照知识门类的逻辑次序将信息系统地组织和划分的语言；主题检索语言又称主题法，它是用主题词或标题词来表达文献主题概念的语言。以主题词表或标题词表作为词汇规范化的工具。

常用的分类方法有《中国图书馆分类法》、《杜威十进分类法》、《国际十进分类法》、《国际专利分类法》、《中国标准分类法》等，常用的主题词表有《汉语主题词表》。

（2）按组配方式分：先组式语言、后组式语言。

先组式语言是指在文献信息检索之前，表达文献信息内容的标识已经事先组配好了的信息检索语言；后组式语言是指表达文献主题概念的标识，在编制检索语言词表和标引文献时，都不曾预先规定组配关系，而是在进行检索时，用户根据检索需要，按照组配规则临时组配起来的信息检索语言。

（3）按照规范化程度分：规范化语言、自然语言。

规范化语言又叫受控语言，是指人为地对标引词和检索词的词义进行控制和管理的语言。简单地说，规范化语言是一种有主题词表或者分类表控制的检索语言，包括主题语言中的叙词、标题词和分类语言。自然语言是直接从原始信息中抽取出来的未经规范化处理，用以揭示信息主题概念的自由词，如关键词语言。它除一般的事物名称、科学术语外，还包括俗名、商品型号和缩写等，具有不用编制词表，及时跟上事物发展，准确表达事物新概念，选词灵活方便，专指性强，标引和检索速度快等优点，便于计算机检索。

2.2 网络信息资源的组织方式

网络信息资源的组织方式是通过对网络信息外在和内在特征的表征和序化，达到信息资源有效利用的目的。进行表征和序化方式的不同，形成的网络信息组织方式也就不同。不同方式各有长短，使用时应取长补短、相得益彰。目前，使用较为普遍的网络信息资源组织方式包括如下几种：

1. 文件方式

文件方式采用主题组织法的思想，以文件名标识信息内容，用文件夹组织信息资源，并通过网络共享实现信息传播，是成熟的文件操作技术与网络传输技术相结合的产物。文件服务器（FTP）即以此方式组织网络信息资源（多为非结构化信息：单一文本、程序、图像等），用户界面就是人们熟悉的文件夹窗口，浏览和下载信息操作简便。其主要缺点是不能有效组织结构化信息，并且随着网络信息资源的飞速增长将不断增加网络传输负载。

2. 数据库方式

数据库也是比较成熟的技术。在数据库中，数据的最小存取单位是信息项（字段），因此以数据库方式组织网络信息资源，可以根据用户需求灵活地调整查询结果集的大小，从而降低网络数据传输的负载，大大提高管理效率。数据库方式一般用于对大量的规范化数据进行管理，用户界面容易操作，如书目数据库、全文数据库等。

3. 搜索引擎方式

搜索引擎方式使用自动搜索程序访问网络中的公开区域，对网络信息资源进行不间断收集（元数据组织法的功效在此体现出来），利用索引软件对收集到的信息进行自动标引，创建一个基于 Web 的索引数据库（一般含有标题、摘要或简短描述、关键词和 URL、文件大小、语种以及检索词出现的频率和位置等信息），向用户提供按关键词查询的简洁的检索界面，如常用的百度、Google 等。这种方式自动化程度高，内容更新较快，使用方便，不足之处是收录的信息良莠不齐，耗费较多的计算机资源，查全率虽高但查准率低。

4. 主题指南方式

主题指南方式综合使用主题组织法与分类组织法，利用超文本链接技术将相关网络信息以节点为基本单位组织成为检索体系，其多级检索页面仿佛图书馆里详尽的多级张贴目录，但其类目用主题词标识而非传统类号。Yahoo！就是一种代表性的主题指南。用户检索时从较大的类目开始，通过超链的指引，逐层点击浏览，直到所需信息。该方式的优点是屏蔽了网络信息资源相对于用户的复杂性，检索和利用界面简单易用，并且具有严密的系统性、良好的包容性和可扩充性，能较好地满足用户的族性检索要求，检准率高，特别适合建立专业性或专题性的网络信息体系。

2.3 网络信息资源的组织方法

信息组织方法主要面向信息的组织者。网络信息资源的组织中，分类组织法、主题组织法等传统的文献信息组织方法仍被沿用并得到发展，此外，还出现了一种新型的符合网络信息存取特点的组织方法，即元数据组织法。

1. 分类组织法

分类组织法的作用体现在从宏观的角度揭示（馆藏）信息资源的知识内涵，为用户描绘“知识地图”。借助于网络的强大功能（海量存储、高速运行、超级链接、远程访问等），这种“知识地图”的功能越发强大、好用。所以分类仍然是网络信息资源组织所采用的一种重要方法，表现出其作为一种传统文献信息组织方法的旺盛生命力。

分类组织法的优势：①以学科分类限定检索范围，可以提高检准率；②其等级结构可以提供检索词的上下文，方便用户进行网络查询，当检索目的不明确或检索词不确定时，分类浏览方式更有效率；③以知识分类为基础，以符号为标识，可作为不同语言之间的转换中介；④非文本信息在网络信息资源中所占比例日渐增大，其内容特征难以用文字表达，分类组织法的聚类功能及号码标识为之提供了一条解决途径。

实际应用中为适应网络环境，需对传统分类法作以下调整：①增加必要的新类目来尽量包容所有网络信息资源；②修订类名，增强其表达性和通用性；③分解和标记类号的组成因素，使其能够准确表达特定主题或主题面；④不断增加新的术语作为索引词；⑤扩展分类法与其他受控词汇的联系；⑥控制使用类目的深度。

目前，有些网站和搜索引擎直接采用传统文献分类系统（主要是 DDC、LCC、UDC）来组织网络信息资源。许多自编分类系统也相继出现，其类型主要有以下 3 种：一是等级式主题分类系统，如雅虎中国（Yahoo!）就是采用该方法建立其检索系统；二是分面组配分类系统，如中文搜索引擎“中华网目”；三是学科分类系统，如“网络指南针”等。

2. 主题组织法

作为另一种传统文献信息组织方法，主题组织法以词语为检索标志，按照主题字顺组织信息，它弥补了分类组织法在检索特定事物、特定主题方面的不足。网络环境下，主题组织法利用词汇关系链揭示相关知识的最大优势得以充分显示，在网络信息资源组织中发挥了十分显著的作用。主题组织法的使用主要有两种类型：一是利用现有词表（叙词表、标题表）组织网络信息资源。现有词表通常都是控制词表，其基本功能就是通过同义词控制和词语之间的关系促进更好的检索结果反馈，通过同形异义词控制达到更高的精确度，这种类型的检索系统并不多，主要是美国《国会图书馆标题表》（LCSH）和《医学标题表》（MeSH）被一些网络信息检索系统所采用。二是关键词法。关键词法在几乎所有搜索引擎中得到了广泛的应用。网站、网页的题名、地址、摘要及正文中的自然语词都可被选作关键词来建立索引数据库，用户通过检索系统的关键词检索功能获取指向相关网络信息的超链接。其优点在于用户选择检索词时灵活方便，不受词表控制；缺点是命中过多，检准率较低。

3. 元数据组织法

元数据组织法选用一定数量的通用数据单元来描述网络信息的检索特征，描述结果或以数据库形式存在，或嵌入信息资源之中，其目的在于使网络信息资源的管理维护者及使用者可以通过元数据了解并辨别资源，促进网络环境中信息对象的发现、组织和检索利用，为由形式管理转向内容管理进而到知识管理奠定必要的基础。

使用元数据组织法对网络信息进行描述、识别和选择应用，既可以人工完成也可用计算机程序自动处理，具有简练、易于理解、可扩展等特点，这体现了元数据在处理网络信息资源中的先天优势。但元数据种类繁多，没有统一标准（无统一属性和统一格式），是其在网络信息资源组织中面临的最大问题。

第三节 信息检索技术

3.1 信息检索基本原理

信息检索的全过程包括信息存贮和信息检索两个过程。

存贮过程主要是利用检索语言对文献信息进行标引，形成文献特征标识并输入检索系统，为检索者提供有规律的检索途径。

检索过程主要是利用检索语言对检索提问进行标引，形成检索提问标识，再按照存贮所提供的检索途径，将检索提问标识与文献特征标识进行匹配，两标识相符或基本相符的则为命中的检索结果。

检索系统虽然多种多样，但其构成原理却基本相同。所谓检索原理，简单地说，就是将检索者的检索提问标识，与存贮在检索系统中的文献特征标识进行匹配运算，凡是文献特征的标识与检索提问的标识相匹配，或者文献特征的标识包含着检索提问的标识，那么具有该特征标识的文献即为命中文献，如图 2 - 1 所示。

3.2 信息检索技术

检索的查寻过程实际上就是将用户的检索提问与数据库的检索标识相比较决定取舍的过程，两者比较结果相一致者即为命中。命中的中间结果可以再次与新的提问式相比较匹配。一个检索课题通常经过如此多次的修饰匹配检索，直至最终命中检出的文献符合用户的需求。在这个查寻过程中，主要采用以下几种基本检索技术。

1. 布尔逻辑检索

用布尔逻辑算符进行检索词的逻辑组配，是常用的一种检索技术。常用的逻辑运算有三种：与、或、非（如图 2 - 2 所示）。优先顺序为 NOT，AND，OR。若有括号，先执行括号内检索式。

（1）逻辑“与”

逻辑“与”是一种具有概念交叉或概念限定关系的组配，用“ * ”或“AND”算符表示。使用逻辑“与”算符检出文献中必须同时包含被其连接的所有词或词组。如要检索“大气污染控制”方面的有关信息，它包含了“大气污染”和“控制”两个主要的独立概念（如图 2 - 2（a）所示）。使用逻辑“与”组配技术，缩小了检索范围，增强了检索的专指性，可提高检索

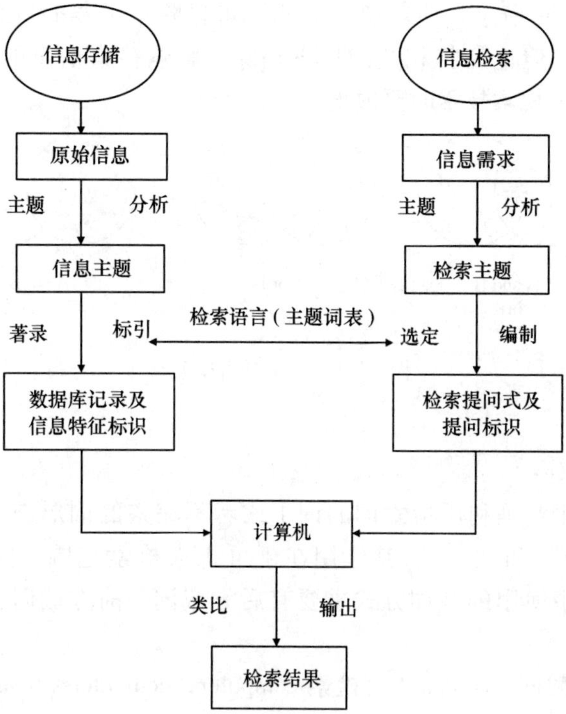

图 2－1　信息检索原理示意图

信息的查准率。

(2) 逻辑“或”

逻辑“或”是一种具有概念并列关系的组配，用“+”或“OR”算符表示。例如要检索“聚氯乙烯”方面的信息，检索词“聚氯乙烯”这个概念可用“PVC”和“Polyvinylchloride”两个同义词来表达，采用“逻辑或”组配，即“PVC OR Polyvinylchloride”，表示这两个并列的同义概念分别在一条记录中出现或同时在一条记录中出现。逻辑“或”组配的结果如图 2－2 (b) 所示，A、B 两圆及其两团相交部分均为检索命中数。使用逻辑“或”检索技术，扩大了检索范围，能提高检索信息的查全率。

(3) 逻辑“非”

逻辑“非”是一种具有概念排除关系的组配，用“－”或“NOT”算符表示。例如，检索“不包括核能的能源”方面的信息，其检索词“Energy”、“Nuclear”采用逻辑“非”组配，即“Energy NOT Nuclear”，表示从“Energy”检索出的记录中排除含有“Nuclear energy”的记录。逻辑“非”组配结果如图2-2（c）所示，使用逻辑“非”可排除不需要的概念，能提高检索信息的查准率，但也易将相关的信息剔除，影响检索信息的查全率。因此，使用逻辑“非”检索技术时要慎重。

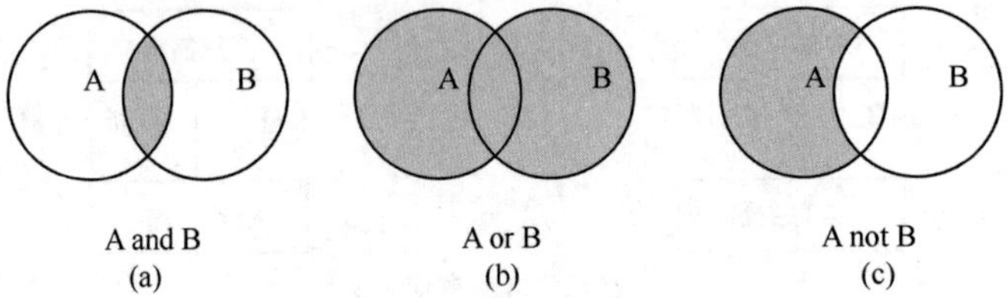

图2-2　布尔逻辑检索符

2. 截词检索

截词检索主要是利用检索词的词干或者不完整的词形进行检索。常用的截词符号有“?”和“*”，其作用在于可扩大检索范围，提高文献的查全率。截词检索中使用的截词方式主要有后方截词、前方截词、前后截词和中间截词四种。

（1）后方截词：comput? 可检索 computer，computers，computing 等。

（2）前方截词:? computer 可检索 computer，microcomputer 等。

（3）前后截词:? 大学? 可检索北京大学学报、北京科技大学学报等。

（4）中间截词：wom? n 可检索 woman，women 等。

3. 位置检索（邻近度检索）

文献中词语的相对次序或位置不同，所表达的含义可能有所不同，而同样一个检索式中词语的相对次序不同，其表达的检索意图也不一样。位置算符的作用是对用作检索词的词组或短语中的各个单词之间的相对位置进行描述。位置算符包括（W）算符、（N）算符、（F）算符、（L）算符等，常见的几种位置算符简介如下：

（1）（W）、（nW）邻近位置算符：（W）是“with”的缩写，A（W）B表示用此算符连接的两个检索词A和B的顺序不能颠倒，其间不得插入任何词，但可以有一个空格、一个标点符号或一个连接号。（nW）是“n words”的缩写，表达式为A（nW）B，用此算符连接的两个检索词A和B的顺序不能颠倒，但可以在其间插入最多n个单元词，包括9个禁用词（an，and，by，for，from，of，the，to，with）。

（2）（N）、（nN）邻词位置算符：（N）是“near”的缩写，表达式为A

(N) B，表示两个检索词之间必须连接，词序可以颠倒，其间不允许插入任何单词或者字母，但允许有空格或者标点符号。(nN) 是“n near”的缩写，表达式 A (nN) B，表示两个检索词之间最多可以插入 n 个单词，两个检索词的顺序可以颠倒。

(3) (F) 字段位置算符：(F) 是“field”的缩写，表达式为 A (F) B，表示两个检索词必须同时出现在文献记录的同一字段内，但它们的位置不限，词序可任意变化，两个词之间可任意加词。

(4) (L) 连接位置算符：(L) 是“link”的缩写，用此算符连接的两检索词之间有一定的从属关系。

4. 限制检索

限制检索是一种附加检索条件，不能单独使用，必须与检索词检索配合使用。它是通过对文献出版日期、国别、语种、文献类型等对检索结果进行约束或压缩的方法。包括字段限制检索和范围限制检索。

(1) 字段限制检索

字段限制检索指将检索词限定在特定的字段中进行。同样的检索词，选择在不同字段中进行检索，得到的结果是不同的。检索系统通常都会设置默认的检索字段，如“所有字段”。如果想指定在特定的字段中查找检索词，就需要调整检索字段，进行字段限制。

(2) 范围限制检索

指对检索词的范围（如时间、国别、语种、信息类型等）进行约束或压缩的方法，它大多通过检索系统的限制指令或菜单选择来实现。

第四节　信息检索策略

检索策略指检索前制定的概念组配和执行顺序的方案，即将课题的提问从其检索词与检索工具的收录内容、编排特点相匹配而确定的检索方案或程序。制定检索策略的主要是在内容特征分析检索课题的基础上，确定利用那些检索工具，确定查找年限和专业范围，确定检索用词并判明各词之间的逻辑关系与查找步骤等事项的科学安排。

详尽分析检索课题，从而确定检索目标，是制定良好检索策略的基础；选择适当的检索工具，是使合理的检索策略得以实施的前提条件；检索途径的确定和检索词的调节是检索过程的关键环节。只有使这些环节达到最优化，才能制定出最合理的检索策略。

信息检索大体分为分析研究课题、选择检索工具、确定检索途径、选择检索方法实施检索、原文的获取五个步骤。

1. 分析研究课题

分析研究课题，是信息检索过程中最重要的环节。能否正确全面地分析课题，将直接影响到检索的质量与效果。进行检索课题分析一般可从以下几个方面进行：

（1）分析主题内容：所谓课题的主题内容，就是课题研究的中心问题有多少个研究的中心问题，相应就有多少个主题。深入分析主题内容的目的，是要明确课题检索的目的和要求，把主题归到相应学科，按照选定的主题范围，明确该主题在学科体系中属于什么门类以及与什么知识门类有关（即属于多学科或交叉学科），以便确定检索的学科范围。并找出研究课题需要解决的关键，从而形成反映课题中心问题的概念。

（2）分析文献类型：检索工具收入的文献类型有所侧重，分析文献类型便于了解研究课题所需要的文献类型，以便选择检索工具。

（3）分析查找年代：学科发展有初期、高峰期和稳定期，分析查找年代就是分析学科发展的历史背景，以便确定查找的时间范围。

2. 选择检索工具

根据课题检索需要，选择相关的检索工具，如果是利用联机、光盘检索系统或数据库检索系统，则可按提示进行操作，其检索途径和功能远比手工检索工具多得多，文献线索的输出形式也可根据需要灵活选择。一般来说，可以先利用本单位已有的信息检索工具，再选择单位以外的信息检索工具，在与信息检索主题内容对口的信息检索工具中选择高质量的信息检索工具。如研究课题所需要的文献是期刊论文，可通过中文科技期刊数据库、中国期刊全文数据库等进行检索；如检索学位论文，可查询中国优秀博硕士学位论文全文数据库，中国学位论文全文数据库，PQDD 学位论文库等；专利文献，可通过美国专利全文数据库、中国知识产权网等进行检索。

3. 确定检索途径

每一种检索工具所提供的检索途径不是完全相同的，可根据检索工具的检索途径，结合检索课题的要求选择检索入口。归结起来有两类检索途径，一是反映信息内容特征的（主题、分类）途径，一是反映信息外部特征的（著者、题名、代码等）途径，现分别介绍如下。

（1）题名途径：利用图书、期刊、资料等的题目名称对文献进行检索的途径。

（2）著者途径：用文献的著作者、编者、译者的姓名或机构团体名称编制检索特定的个人或团体所生产的文献。

（3）分类途径：以文献的内容在分类体系中的位置作为文献的检索途径，它的检索标志就是所给定的分类号码。

（4）主题途径：通过表达文献的内容实质，经过规范化的名词或词组来检索文献，检索时直接按主题词的字顺，即可查到某个特定主题的文献。

（5）序号途径：是通过已知号码（包括序号、报告号、合同号、专利号、标准号）查找文献的一种检索方法。

（6）其他途径：分子式索引、地名索引、生物属性索引等。

检索途径确定了，再选择合适的检索标识即检索词进行检索。

4. 选择检索方法

随着网络技术和数据库的发展，数据库的检索方法逐渐成熟和完善。数据库一般会提供快速检索、高级检索、专业检索和分类浏览等多种检索方法。检索时首先了解数据库的各种检索方法，再结合检索内容、检索途径以及检索标识，选择适当的方法，以达到满意的检索效果。

利用传统的手工检索工具时，为了不至于漏查和重查，要按一定的顺序进行检索，常用的有顺查法、倒查法和抽查法三种。顺查法是由远而近，从课题发生的年代开始逐年往近查；倒查法是由近到远逆着时间顺序查找；抽查法也称循环法，先利用检索工具查出一定时期内的一批文献，再利用这些文献后面的参考文献扩大检索线索直到满足要求为止。

5. 原文的获取

获取原文是文献检索的最后一个步骤，也是至关重要的一个步骤，文献检索的最终目的就是找到全文，获得详细的参考信息。

手工检索的时代原文获取是一件不容易的事情，因为任何一个机构都不可能收藏全部的纸质文献，手工检索到文献的线索后，需要了解原文的收藏地，再去获取全文。

网上数据库很大程度解决了原文难以获取这一问题。数据库由最初的参考数据库逐渐发展成源数据库，源数据库包括全文数据库、数值数据库和图像数据库。因此对于大部分数据库，在检索结束得到题录信息后，可以立即浏览并下载全文。

第五节　检索效果评价

检索效果是指利用检索系统（或工具）进行检索时所产生的有效结果。检索效果包括技术效果和社会经济效果两个方面：技术效果主要指检索系统的性能和服务质量，是检索系统满足用户检索需求的有效程度；社会经济效果主要指检索系统完成检索服务所耗费的成本和时间，以及用户或系统本身所获得的社会和经济效益。技术效果是由检索系统实现其功能的能力所决定的，因而技术效果评价又称为性能评价；社会经济效果评价则属于效益评价，其波及公用、成本等多方面的因素。在此重点讨论系统技术效果的评价。

克莱费登（Cranfield）曾提出了评价检索系统的六条标准，即收录范围、查全率、查准率、响应时间、用户负担、输出形式。这些标准涉及了检索的质量、费用、时间等多个方面，也基本适用于对网络信息检索工具性能的评价。在这些标准中，查全率和查准率直接关系到检索结果的质量，是评价检索效果的主要标准。

查全率是指系统在进行某一检索时，检出的相关文献量与检索系统中所有相关文献总量的比率。查全率用来描述系统实有的相关文献被检出的程度，反映了检索的全面性。查全率可用下面的公式来表示：

查全率 =（检出相关文献量/文献库内相关文献总量）×100%

查准率是指系统在进行某一检索时，检出的相关文献且与检出文献总量的比率。查准率也称为相关率，用来描述系统拒绝不相关文献的能力，反映了检索的准确性，查准率可用下面的公式来表示：

查准率：（检出相关文献量/文献库文献总量）×100%

需要指出的是，查全率和查准率之间是互补的关系。在一个特定的检索系统中，在查全率不断提高的同时，查准率就会降低；反之，在查准率提高的同时，查全率又会降低。由于用户查找信息的目的各不相同，其对查全和查准的具体要求也不同。例如，用户在查询特定的事实时，更强调查准率，而在进行课题调研或撰写综述时，往往要求较高的查全率。在实际检索中，应针对不同的检索要求，合理地调节查全率和查准率，从而使检索的结果最大限度地满足检索需求。

现实中影响检索效果的因素有很多，如检索系统（或工具）的收录范围、标引质量、检索人员的自身素质以及所制定的检索策略，都与查全率、查准率存在非常密切的关系。要达到最佳的检索效果，一方面，应当深入了解各种检索工具的覆盖面、索引方式、标引质量，从中选择最适当的高质量检索工具，必要时可综合使用多种检索工具；另一方面，应当结合各种信息检索技术，灵活运用各种检索方法，优化检索策略，从而最大限度地发挥检索系统的功能。具体来讲，可以通过增加检索途径、宽泛选词（同义词、近义词、上位词、相关词等）、使用截词符、“逻辑或”组配等措施来提高查全率，可以通过提高检索词专指度、使用邻近算符、短语检索、限制检索、“逻辑与”及“逻辑非”组配等措施来提高查准率。检索人员还应注重丰富自身的信息知识，加深对检索工具的理解，在实践中不断提高检索技能。

第三章　网络信息资源检索

网络信息资源检索是指利用电子计算机及其网络来处理和查找信息的现代化信息检索方式，也叫计算机信息检索、数字化资源检索。是以计算机检索为手段、数字化信息为基础的信息存储与检索方式。它是在手工检索基础上演变而来，而且还在不断地发展。计算机信息检索已从单机检索、联机检索发展到现在的网络检索，并正向着智能化的方向发展。随着计算机技术的普及，通讯及网络技术的发展，现代信息检索技术已不再是图书情报专业人员所特有的专长，而是人人都应掌握的一种基本技能。网络信息资源检索主要包括 Internet 网络信息资源的检索和数据库信息检索。

第一节　Internet 网络信息资源的检索

从不同的角度可以给 Internet 不同的解释。从信息服务的提供上看，现代的 Internet 网是指能够提供广泛的、多层次的、从文本信息到声音图像信息的综合性网络。Internet 网络信息资源的检索方法有漫游法、网络地址法、搜索引擎等方法。在此重点介绍搜索引擎法。

1.1　搜索引擎的发展

搜索引擎是指因特网上专门提供查询服务的一类网站，这些网站通过网络搜索软件（又称为网络搜索机器人）将因特网上大量网站的页面收集到本地，经过加工处理而建库，从而能够对用户提出的各种查询作出响应，提供用户所需的信息。在 1993 年以前，多数 WWW 用户查找信息资源采用的方法是从一个 WWW 服务器中的某一个 URL 开始，沿其中的超链连接到其他 URL。但由于世界上的 WWW 服务站点数量非常大，所以这样的手工查找既费时又慢，并且很难找到令人满意的内容。

1994 年 4 月，Stanford University 的两名博士生，美籍华人 Jerry Yang（杨致远）和 David Filo 共同创办了第一代搜索引擎——Yahoo!。因为 Yahoo! 的数据是手工输入的，所以不能真正被归为搜索引擎，事实上只是一个可搜索的目录。

1998 年，以 Google 为代表的第二代搜索引擎出现在 Internet 上。其搜索原理可以看做三步：从互联网上抓取网页→建立索引数据库→在索引数据库中搜索排序。其缺点是由于搜索到的结果实在太多，以致使用者真正想要的资料有时候无法很精确地显示在前几页。最好的搜索引擎就是把使用者最想要的结果显示在第一或第二页上。因此，如何从庞大的资料中精确地找到真正所需要的资料成为下一代搜索引擎的重点课题。

Pandango 属于第三代搜索引擎。由 Digital 公司开发的全新搜索引擎 Pandango 以其先进的对等搜索理念将搜索引擎技术提升到一个新的层次。它的诞生将有可能对目前的搜索引擎产生巨大的冲击。其最大优势在于采用了其他搜索引擎从未使用过的对等（P2P）搜索理念来对互联网进行全方位的搜索，从一个全新的角度来解决按相关性排序的问题，通过大规模检查网络计算机的访问记录决定搜索结果的排序顺序，以点击率按降序排列搜索结果。目前，Pandango 搜索引擎尚未用于商业运作。

1.2 搜索引擎的类型

1. 按搜索机制划分为目录型、关键词型和混合型

目录型搜索引擎是把搜集到的信息资源按照一定的主题进行分门别类，建立目录，大目录下面包含子目录，子目录下面又包含子目录……如此下去，建立一层层具有包含关系的目录。用户查找信息时，采取逐层浏览打开目录，逐步细化，就可以查到要找到信息。

关键词型搜索引擎是通过用户输入关键词来查找所需的信息资源，这种方式方便直接，而且可以使用逻辑关系组合关键词，可以限制查找对象的地区、网络范围、数据类型、时间等，可对满足选定条件的资源准确定位。

混合型搜索引擎兼有关键词型和目录型两种查找方式，既可以直接输入关键词查找特定信息，又可以浏览目录了解某个领域范围的资源，事实上，现在大多数的搜索引擎站点都同时提供关键词检索和目录浏览检索这两种方式。

2. 按搜索内容划分为综合型、专业型和特殊型

综合型搜索引擎对搜集的信息资源不限制主题范围和数据类型，因此，利用它你可以查找到几乎任何方面的信息。

专业型搜索引擎只搜集某一行业或专业范围内的信息资源，因此，它在提供专业信息资源方面要远远优于综合型搜索引擎，如果你要查找某一方面的专业信息，最好到专业搜索引擎站点去。

特殊型搜索引擎是专门搜集特定的某一方面信息的，例如专门搜集电话、人名、地址、图像等等。

3. 按包含搜索工具的数量分为单独型和集成型

我们平时所说的搜索引擎，像搜狐、新浪网、雅虎等都是单独型的搜索引擎，它自身有一套完整的信息搜集、整理和查询机制，可为用户提供完善的服务。然而它的缺点也是显而易见的，各自为政，各有一套，所以有时为了查找一个信息要不停地在各个搜索引擎之间奔波，为了能够节省用户的时间，提高搜索效率，集成型搜索引擎应运而生了。

利用集成型搜索引擎，可以把输入的关键词同时提交到多个搜索引擎站点上进行检索，然后反馈搜索结果，节约了许多时间和金钱。与单独型搜索引擎相比，集成型搜索引擎没有自己独立的数据库，它只是提供了一个统一界面，把多个具有独立功能的搜索引擎组合起来。

1.3 搜索引擎的使用方法

搜索引擎就是帮助我们来方便地查询网上信息的，但是当你输入关键词后，出现了成百上千个查询结果，而且这些结果中并没有多少你想要的东西，面对着一堆信息垃圾，这时你的心情该是如何的沮丧。不要难过，这不是因为搜索引擎没有用，而是由于你没能很好地驾驭它，没有掌握它的使用技巧，才导致这样的后果。

每个搜索引擎都有自己的查询方法，只有熟练的掌握它，才能运用自如。不同的搜索引擎提供的查询方法不完全相同，要想具体了解，可以到各个网站中去查询，但有一些通用的查询方法，各个搜索引擎基本上都具有，下面就加以介绍。

1. 关键词检索

这是搜索引擎必备的功能。用户通过直接在输入框中输入关键词，或将多个关键词进行逻辑组配，点击“搜索”后，搜索引擎就会自动搜索 Web 网站或网页，并按一定的顺序显示搜索结果并提供链接。

2. 分类浏览

搜索引擎将因特网上信息资源汇总整理，形成类似图书馆目录一样的分类树型结构目录。可通过点击某类所需主题，逐级浏览目录，以进阶方式去检索需要的网址或相关内容。

1.4 常用中文搜索引擎

1. 百度搜索引擎（http：//www. baidu. com/）

（1）简介

百度公司是中国因特网领先的软件技术提供商和平台运营商。中国提供搜索引擎的主要网站中超过80%由百度提供。1999 年底，百度成立于美国硅谷，2000 年百度公司回国发展。百度主要提供基于全球因特网的中文网页检索服务。百度搜索引擎由蜘蛛程序、监控程序、索引数据库和检索程序 4 部分组成。2001 年 10 月百度适时地推出搜索引擎竞价排名这一全新的商业模式，吸引了各大中文门户网站、中国各地信息港以及百度提供技术支持的所有网站的积极参与。百度搜索引擎拥有目前世界上最大的中文信息库，总量达到 8 亿网页以上，并且还在以每天几十万的速度快速增长。百度搜索引擎有新闻、网页、贴吧、知道、MP3、图片、网站等频道（如图 3 - 1 所示），提供网页快照、相关搜索词、拼音提示、错别字纠正提示、天气查询等特色网页搜索功能。

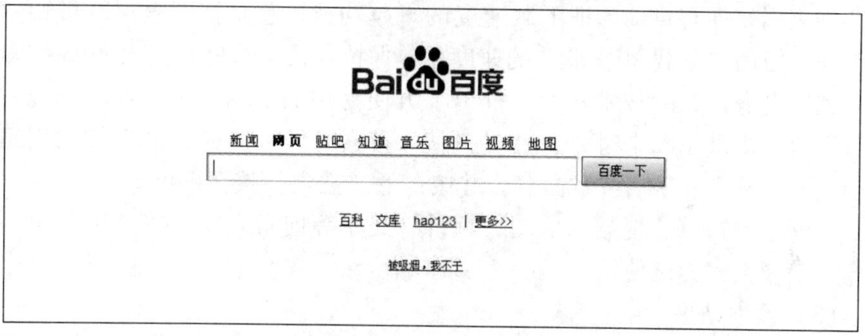

图 3 - 1　百度搜索引擎主页

（2）搜索方式

①普通搜索。在百度主页搜索框中输入需查询的关键字，可以是任何中文、英文、数字，或中文、英文、数字的混合体，点击“百度搜索”按钮，百度就会自动找到相关网站和资料。

②高级搜索。在搜索框中除了输入关键字外，还可以输入一些查询条件进行高级搜索。百度支持“—”功能，用于有目的地删除某些无关网页，但减号之前必须留一个空格，比如“A—B”表示搜索关于 A 的内容但不包括 B；使用“A B”来搜索或者包含关键词 A，或者包含关键词 B 的网页，百度

会提供跟“ ”前后任何关键词相关的网站和资料；用户在无法确定输入什么关键词才能找到满意的资料时可输入一个简单词语搜索，而百度相关搜索可以提供“其他用户搜索过的相关搜索词”作参考，点击任何一个相关搜索词，都能得到那个相关搜索词的搜索结果；在一个网址前加“site:”，可以限制只搜索某个具体网站、网站频道、某域名内的网页；在一个或几个关键词前加“intitle:”，可以限制只搜索网页标题中含有这些关键词的网页；在“inurl:”后加 url 中的文字，可以限制只搜索 url 中含有这些文字的网页。

③百度快照。如果无法打开某个搜索结果，或者打开速度特别慢，“百度快照”能帮您解决问题。每个被收录的网页，在百度上都存有一个纯文本的备份，称为“百度快照”。百度速度较快，您可以通过“百度快照”快速浏览页面内容。不过，百度只保留文本内容，所以，那些图片、音乐等非文本信息，快照页面还是直接从原网页调用。如果您无法连接原网页，那么快照上的图片等非文本内容，会无法显示。

④音乐。百度中文搜索引擎是世界最大的中文搜索引擎，百度在天天更新的中文网页中提取 MP3 下载链接，建立庞大的 MP3 歌曲下载链接库。百度 MP3 搜索引擎拥有自动验证下载速度的卓越功能，总是把下载速度最快的排在前列，使用户下载 MP3 歌曲的速度总是保持最快，百度在推出 MP3 搜索以后，利用自身强大的技术实力，推出了方便易用的歌词搜索，在歌词搜索结果右下角，提供 MP3 搜索有结果的链接。搜索时只需在百度 MP3 搜索引擎主页搜索框中输入歌手名或歌曲名，并按一下“搜索”按钮即可。

百度还有知道、视频、地图、百科、文库等搜索方式，在这里不再一一介绍，期望大家尝试使用。

（3）搜索结果

百度的查询结果包括网页标题、该网页网址、动态摘要、网页快照及更多结果的链接，并将关键字用醒目红色标明（如图 3－2 所示）。点击每条搜索结果后的“百度快照”，可查看该网页的快照内容。不仅下载速度极快，而且您搜索用的词语均已用不同颜色在网页中标明。在百度的搜索结果界面中还有一个搜索框，用户可以选择“在结果中查询”进行二次查询，也可以更新输入关键字进行新查询。

2. 其他中文搜索引擎

（1）搜狗搜索（http：//www. sogou. com/）：2004 年 8 月 3 日，搜狐正式推出全新独立域名专业搜索网站“搜狗”，成为全球首家第三代中文互动式搜索引擎服务提供商。提供全球网页，新闻，商品，分类网站等搜索服务。

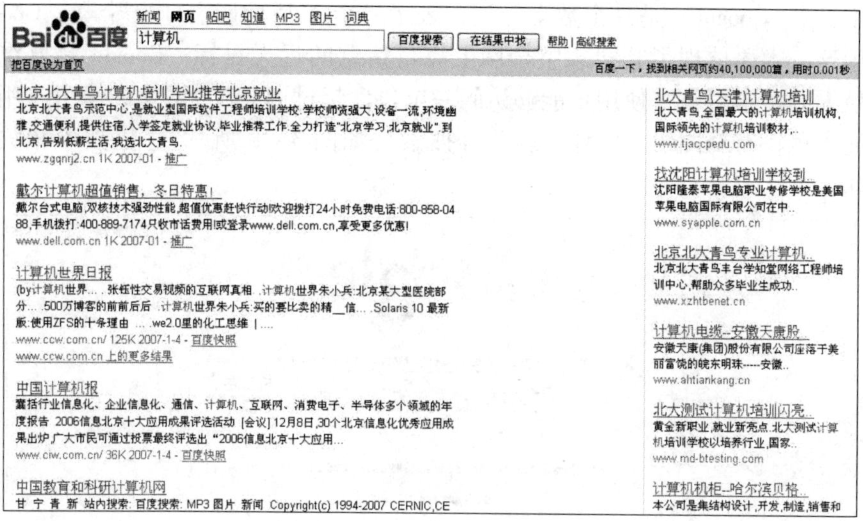

图3-2　百度搜索引擎检索结果界面

（2）爱问搜索引擎（http：//iask.com/）：“爱问”搜索引擎产品由全球最大的中文网络门户新浪汇集技术精英、耗时一年多完全自主研发完成，采用了目前最为领先的智慧型互动搜索技术，充分体现了人性化应用理念，将给网络搜索市场带来前所未有的挑战。

（3）有道搜索引擎（http：//www.youdao.com/）：网易自主研发的搜索引擎。目前有道搜索已推出的产品包括网页搜索、博客搜索、图片搜索、新闻搜索、海量词典、桌面词典、工具栏和有道阅读。

（4）360搜索（http：//www.so.com/）：2012年9月360搜索正式发布so.com独立域名，S代表Safe（安全），O代表Open（开放）。360搜索立志成为“干净、安全、可信任”的搜索引擎，让用户拥有搜索的选择权。

（5）SOSO搜搜（http：//www.soso.com/）：QQ推出的独立搜索网站。提供综合、网页、图片、论坛、音乐、搜吧等搜索服务。

1.5　国外常用搜索引擎

1. Google搜索引擎（http：//www.google.com/）

（1）简介

Google创建于1998年9月，创始人为Larry Page和Sergey Brin，他们开发的Google搜索引擎屡获殊荣，是一个用来在互联网上搜索信息的简单快捷的工具。“Googol”是一个数学名词，表示一个 1 后面跟着 100 个零。Google 使用这一术语体现了公司想整合网上海量信息的远大目标。Google 是万维网上最大的搜索引擎，使用户能够访问一个包含超过 80 亿个网址的索引。用户界面出色，有新闻组、图像、新闻等搜索（如图 3－3 所示），以搜索相关性高闻名。

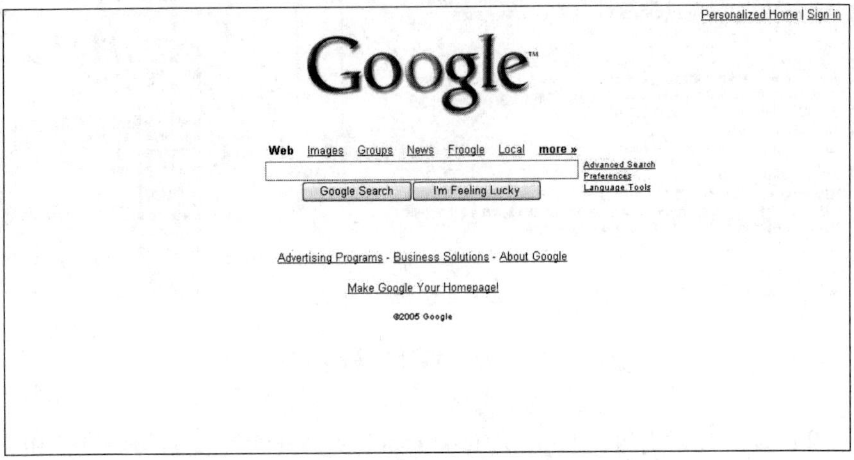

图 3－3　Google 搜索引擎主页

（2）Google 的搜索功能

①独特的搜图功能：Google 的搜图功能是其他搜索引擎所没有的，据报道，Google 能搜索近四亿多张的图片。在 Google 的首页中点击“图像”便可进入其图像搜索操作界面。在关键字栏内敲进描述图片内容的关键字，如“纪念碑”，这样就会搜到大量有关纪念碑的图片。在搜索结果显示页，搜索引擎首先提供一个很直观的缩略图，并对这个缩略图片进行简单描述，比如图像文件的大小、名称等。

②英文在线活词典：Google 搜索引擎可以充当一个在线活词典角色，既可以帮助你查找某个词的意思，也可以帮助你了解某个词的用法。进入 Google 查询界面，敲入你想查的单词，比如想查一下“computer”的用法，这时浏览器就会带你进到有关网站，然后就能看到单词“computer”下有一道横线，点这个链接，就可以查到有关的解释信息。

③出色的页面翻译：在浏览页面时，除了中文网页，还有很多英文或者其他文字的页面。Google 搜索引擎对各种语种的资料进行搜索，如果搜索出的页面是中文或英文等之外的其他文字怎么办？Google 提供了网页翻译功能。

目前能支持的语种有法语、拉丁语、德语、葡萄牙语和西班牙语等。翻译结果虽达不到专业人员的翻译水平，但至少可以使信息用户大致明白网页内容。

④极强的新闻网站群：Google 的四大功能模块之一便是新闻组搜索，Google 可以提供世界上几乎全部著名的新闻大网站的新闻信息，其内容多以英文居多。点进“新闻群组”，在检索栏敲入关键词后，google 就会在这些大网站中搜索。同时 google 提供了各种主题的讨论区，可以直接点进。

⑤新奇的“年度排行榜”：每年的年初年末，各大网站和报刊都热衷搞些年度大事评选或者排行榜之类的东西，Google 专门提供了一项特别的排行榜服务，利用其极强的搜索功能，对一年中全球网民的各种搜索请求做了整理归类与数量排行，不带主观色彩，通过联网机器记下人们集中查阅的词语，这些词语的搜索量排行自然记录了全球网民最想了解的事。

2. Yahoo!（http：//search. yahoo. com/）

Yahoo! 不同于其他搜索引擎的地方在于它提供了全面的分类体系，即提供了 WWW 服务的节点按主题建立分类索引，由专家手工进行，更具科学性（如图 3 – 4 所示）。雅虎先后斥资 26 亿美元收购了可与 Google 匹敌的 Inktomi、Overture（全球最大搜索广告商务提供商）、Fast、AltaVista、Kelkoo 等五家国际知名搜索服务商，用一年多时间打造出独特的雅虎搜索技术（YST 技术）。目前，雅虎搜索是国际两大顶级网页搜索引擎之一，也是全球使用最高的搜索引擎之一，具有全球第一的海量数据库，在全世界有 20 多个地区版本。

3. 其他国外搜索引擎

（1） Lycos（http：//www. lycos. com/）

Lycos 是搜索引擎中的元老，是最早提供信息搜索服务的网站之一，2000 年被西班牙网络集团 Terra Lycos Network 以 125 亿美元收归旗下。根据媒体调查统计机构 Nielsen/NetRatings 2002 年 10 份的数据，Lycos 以当月 3700 万次的独立访问排名第 5 大用户最常访问的网站。其特色在于除了提供普通的简单检索与高级检索外，还提供多种专题信息检索，如黄页、白页、交通线路、天气、新闻、股票、音乐、声音和图像文件等。为防止不良内容侵害青少年，Lycos 提供了检索保护功能。

Lycos 整合了搜索数据库、在线服务和其他互联网工具，提供网站评论、图像及包括 MP3 在内的压缩音频文件下载链接等等。Lycos 是目前最大的西班牙语门户网络。

Lycos 提供常规及高级搜索。高级搜索提供多种选择定制搜索条件，并允

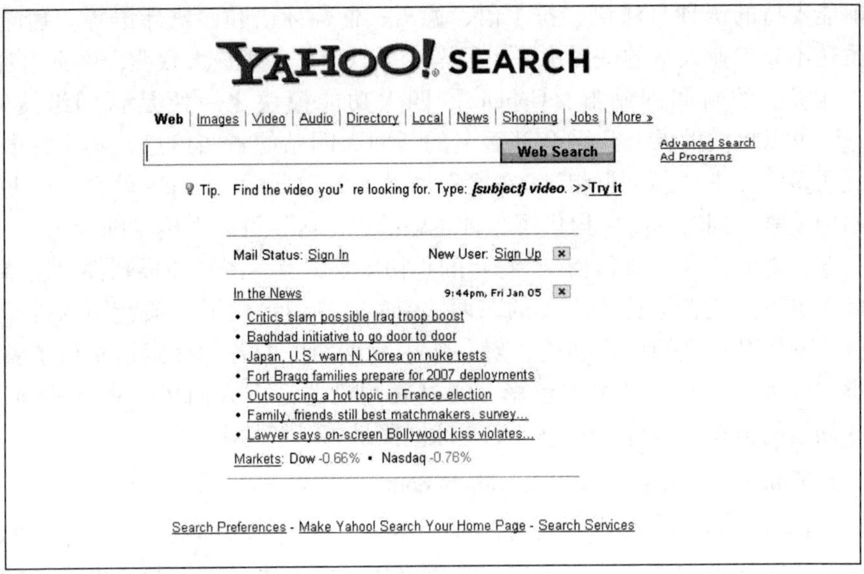

图 3－4　Yahoo! 搜索引擎主页

许针对网页标题、地址进行检索。具有多语言搜索功能，共有 25 种语言供选择。

（2）Open Directory（http：//dmoz. org/）

Open Directory 是一款国外的搜索引擎，简称 ODP。创建于 1998 年 6 月，创建者为美国加州的一名程序员 Rich Skrenta，目的是为了解决最广泛地收集、最便捷地检索、最普遍地利用资源的理念与少数参与者无法处理急剧膨胀的网络信息之间的矛盾。最初取名 Gnuhoo，同年 7 月，更名为 NewHoo，成为一个完全开放的、由网民共建的、网络共享的网络分类目录。11 月被 Netscape 收购后，更名为 Open Directory。从 1999 年 4 月起，ODP 的数据被 Lycos、Dogpile 等搜索引擎相继采用。至 2000 年 4 月，ODP 的数据库规模超过了 Yahoo!，成为 Internet 上最大的网络目录。目前（2005 4 20），ODP 由来自全球的 67885 个志愿编辑者维护管理，共设有 59 万多个类目，收录了 400 多万个站点。尤其在一些边缘学科或冷门学科上，其类目数量要比 Yahoo! 提供的全面得多。ODP 与其他网络分类目录的主要不同表现在：由网民群体免费创建和管理，并且免费提供使用。ODP 根据志愿编辑的特点，建立了一整套编辑管理体系和标引规范，可以通过网络用户的直接参与，改进网络资源的组织。目前，Google、Lycos 等著名搜索引擎都在使用 ODP 的数据库。

（3）Gigablast（http：//www. gigablast. com/）：拥有 1. 5 亿网页，提供网页快照。

第二节　数据库信息的检索

2. 1　数据库的含义

数据库是在计算机存储设备上按一定方式合理组织并存储的相互有关联的数据的集合，是计算机技术和信息检索技术相结合的产物，是网络信息资源的主体，是信息检索系统的核心部分之一。

2. 2　数据库的类型

1. 按所含信息的内容可分为：

（1）参考数据库

参考数据库是指以文档的形式组织起来，提供文献的题录、文摘等书目信息。它又包括书目数据库和指南数据库。

书目数据库存储描述如目录、题录、文摘等书目线索的数据库，又称二次文献信息数据库。如 SCI 数据库，EI 数据库。指南数据库存储关于机构、人物、产品、活动等对象的数据库。与其他数据库相比，指南数据库为用户提供有关信息，多采用名称进行检索。如机构名录数据库、人物传记数据库、产品或商品信息数据库、基金数据库等。

（2）源数据库

源数据库主要存储全文、数值、结构式等信息，能直接提供原始信息或具体数据，用户不必再转其他信息源的数据库。它主要包括全文数据库、数值数据库和图像数据库。

全文数据库存储文献全文或其中的主要部分的源数据；数值数据库的记录含有大量的原始调查数据和统计数据；图像数据库以图形、图像为记录单位。

（3）混合数据库

混合数据库是同时存储参考数据库和源数据库的数据库。

2. 按记录形式的角度可分为：

（1）文献型数据库

文献型数据库包括书目数据库和全文数据库。

(2) 非文献型数据库

非文献型数据库包括数值型数据库、事实型数据库、词典型数据库、图像型数据库、多媒体数据库。

①数值型数据库：数值型数据库的记录存入各种调查数据或统计数据。如各种物理常数、科学实验数据、化学分子式及价格等。

②事实型数据库：事实型数据库中存储的是各种有检索和利用价值的事实，如产品数据库、指南数据库、资源数据库等。

③词典型数据库：词典型数据库主要存储的是各种名词术语或语言资料。如一些有关公司、团体、或名人的信息，或诸如化学物质名称、结构、俗名和化学物质登记号之类的信息。

④图像型数据库：图像型数据库存储的是一些图像信息，如卫星图片、云图、工程设计图等，一般为内部使用。

⑤超媒体数据库：多媒体数据库是近几年发展起来的一种新型数据库，它集文字、图像和声音于一体。当我们在查找到某一信息时不仅可以看到文字和图像说明，还能听到有关的声音，使所获得的信息更加完整。

3. 按数据库的载体可分为光盘数据库和网络数据库

光盘数据库是文献信息内容记录在光盘上，由于光盘容量大、成本低，越来越多的数据库以光盘的形式存储、制作和销售。图书馆通常使用光盘库、光盘镜像服务器等将数十、上百张光盘放在局域网上供特定的用户共享使用。

网络数据库的数据存储在服务器的硬盘上，允许通过网络进行远程访问，可以在计算机上直接读取，具有存储量大，更新速度快等特点。

4. 其他类型的数据库

按文献信息数据库收录信息的学科范围，又可将其分为专门性文献信息数据库（包括专科数据库、专题数据库）、综合性文献信息数据库，如物理学文献信息数据库、生物学文献信息数据库、医学文献信息数据库等就是属于专科性数据库。

2.3 数据库的结构

数据库是由一个或多个文档构成的集合，每个文档由若干记录组成，每条记录由若干字段构成。

1. 文档

文档是书目数据库和文献检索系统中数据组成的基本形式，是由若干个逻辑记录构成的信息集合。从数据库的内部结构来看，通常一个数据库至少包括一个顺排文档和一个倒排文档。顺排文档是将数据库的全部记录按照记录号的大小排列而成的文献集合，它构成了数据库的主体内容。倒排文档是按照文献的属性列出具有同一属性的所有记录。使用倒排文档可以大大提高检索的效率。记录号倒排文档给出记录号的地址及其索引词在记录中的字段和字段中的具体位置的标识符。

2. 记录

记录是文档的基本单元。它是对某一实体的全部属性进行描述的结果。在全文数据库中，一个记录相当于一篇完整的文献；在书目数据库中，一个记录相当于一条文摘或题录。

3. 字段

字段是记录的基本单元。它用来描述实体的具体属性。在文献数据库中，记录中含有题名、著者、出版年、主题词、文摘、正文等字段。字段的设计决定着检索点的数量。

2.4 数据库信息检索

数据库信息检索包括联机数据库、光盘数据库和网络数据库检索，检索基本流程见图 3－5，下面就来简单介绍数据库的常用几种检索方式（详见本书的国内外库检索部分）：

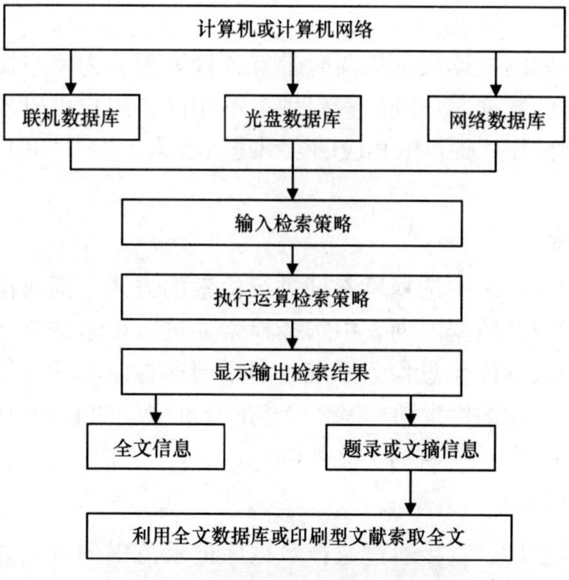

图 3－5　数据库信息检索基本流程

1. 命令检索

命令检索是使用一些特定的操作命令来实现信息检索的方法。不同的系统一般有不同的检索命令表达方式，各个命令的综合应用可以精确地表达检索提问式，灵活地进行各种检索策略的比较，简捷快速得到比较理想的检索效果。一些大型的信息检索系统都提供命令检索方式检索信息。

2. 菜单检索

菜单检索是一种方便、易掌握的检索方式。普通用户只需要根据菜单的指引，通过确定适当的选项和功能键便能够完成信息检索。大多数数据库都提供菜单方式检索。这种方式的缺点是操作步骤繁多，检索时间长，检索费用高，检索功能不如命令检索好。

3. 分类检索

检索工具按照事物的某一属性将所收集的文献信息进行分类组织，为用户提供分类途径供用户检索数据库。

4. 关键词检索

几乎所有的数据库检索系统都提供有这种方法。用户可以根据检索课题需要，选择检索词，制定检索式（检索策略），直接输入检索式进行信息检索。如 CABCD - ROM 数据库的“Search”方式检索、万方数据库的“自由词检索”、网络搜索引擎的关键词方式检索等均属于此类。

5. 索引检索

大多数数据库的机读版本均同时带有各种索引，为用户提供索引方式的检索信息。不同的数据库提供的索引种类不相同，用户可以根据检索课题的已知信息，利用数据库提供的相应的索引进行检索。如 CABCD - ROM 数据库提供的 9 种索引。

6. 词典检索

用户从数据库词表中选择检索词进行检索的方式。词典检索是指数据库提供词表，供用户从数据库词表中选择检索词进行检索的方式。尤其是对于使用叙词语言的数据库信息检索系统，利用词典检索是比较好的。它可以帮助用户排除非规范化的检索词，提高检索的查准率。如 CABCD - ROM 数据库提供的“Thesaurus”检索就属于此类检索。

7. 浏览数据库

不需输入检索词，直接通过选择数据库记录范围的方式浏览数据库中的文献记录。

第四章　数字图书馆检索

数字图书馆是网络环境下产生的一个新生事物，也是一个不断完善和发展的事物。尽管它的概念的提出仅仅有二十多年的时间，但是现在却有了一个完整的体系。本章主要介绍我国常用的几个数字图书馆的检索和利用。

第一节　数字图书与数字图书馆

1.1　数字图书概述

1. 数字图书概念

目前“数字”一词已渗透到各个领域，如数字中国、数字城市、数字社区、数字企业、数字交通、数字家庭、数字图书馆等。可以说，数字化是信息化的核心内容，只有通过数字化后才能运用计算机操作并在网上发布。

数字图书也称为电子书，它有别于以纸张为载体的传统出版物，是通过数码方式记录在以光、电、磁为介质的设备中，借助于特定的设备来读取、复制、传输。数字图书通俗地说就是“电子书籍”，是数字化的出版物，既可以理解为以 PDF、DOC、CEB、TXT 或者图片格式存在的书籍，也可以理解为是数字化的文字内容。

在网络化的今天，信息的传播和记录不再局限于传统的印刷载体，纸本图书也不是阅读的唯一选择，数字图书的问世使得阅读方式和阅读习惯发生了天翻地覆的变化，数字图书在信息载体中所占比例正逐渐增加。

2. 数字图书类型

目前，数字图书按其生产方式有以下主要几种形式：

扫描书：对印刷型图书进行电子扫描后生成的电子图像序列，书的每一页都是一张电子图像。其优势是加工技术简单，但由于是用图像的方式保存成的电子图书，所以占用较大的存储空间，而且不能进行全文检索，也无法实现页面标注、摘录、字体缩放等编辑功能。这种扫描书主要是数字图书馆发展初期使用较多的一种电子图书，随着数字加工技术的发展，这种扫描电子书将逐渐被其他数字图书所取代。但是对一些珍贵文献进行数字化加工时，扫描仍是一种无法取代的方式，例如手抄本、古籍、木刻等历史文献的数字化，扫描仍是主要手段。

OCR识别书：OCR是光学字符识别的缩写（Optical Character Recognition），是通过扫描等光学输入方式将各种票据、报刊、书籍、文稿及其他印刷品的文字转化为图像信息，再利用文字识别技术将图像信息转化为可以使用的计算机输入技术。OCR识别书不仅可以实现全文检索，而且还可以进行页面批注、摘要、字体缩放等编辑功能，存储空间相对扫描书也大大降低。但是单纯的OCR识别技术存在两个显著特点，一个是识别率不高，这些年一直保持在98%的水平；二是不能保留原书的版式，文字和图片的关联消失，公式和表格则是面目全非。

录入书：即将印刷图书重新录入生成的电子图书。可以实现全文检索，也可以实现页面标注、摘要、字体缩放等功能。但是需要人工录入、排版、校对，最终结果的质量完全取决于录入人员的水平。

排版书：目前，图书出版已经实现了数字化，一些印刷版图书的电子版作为电子图书直接存入相应数据库中可供读者阅读。但是这些数字化的排版书都要经过格式转换。这是因为用于印刷的排版文件不仅存储数据量较大，而且格式难以统一，解析成可供读者阅读的格式较为困难。采用格式转化的方式可以将上述用于印刷的排版文件直接生成为一种统一的格式，并且能完整地保留原排版文件内容和版式信息，还能把数据量降到最低。这种转换的排版书的质量与通过出版社多次校对把关的排版文件完全一致，也能实现全文检索以及各种编辑功能，这也是目前质量较高的数字图书。

3. 数字图书特点

与传统的纸质图书相比，数字图书有以下特点：

载体特殊：以计算机能识别的二进制代码形式存放在计算机存储设备上。

传播快捷：可以方便地复制传播，甚至在网上传播，而传统图书需要制版、印刷、装订、运输等繁琐的工作流程。

保存方便：保存资料十分方便，无须担忧资料因出版期太长而受损，便于携带和阅读。

便于共享：随取随用，不存在借走概念，无副本和并发用户限制。

1.2 数字图书馆概述

1. 数字图书馆定义

数字图书馆（Digital Library，简称 DL）现在已经被图书馆界人所共知，它不仅为传统图书馆未来的发展带来了无可限量的发展机遇，同时也提出了一系列严峻的挑战。最早进行“数字图书馆（Digital Library）”探讨的文献始见于1992年，这一年7月，美国国家科学基金会（National Science Foundation，简称 NSF）主持了一个“电子图书馆研讨班”（Workshop on Electronic Libraries），John Garrett 在会上介绍美国国家先导研究公司的研究项目时提到数字图书馆计划，同年12月，同样的研讨班就更名为“数字图书馆研讨班”（Workshop on Digital Libraries），美国著名数字图书馆研究专家 Michael Lesk 做了主题发言，题名为“数字图书馆：它是什么，为什么是这样的”。此后，“数字图书馆”的相关研究如雨后春笋般层出不穷，数字图书馆的概念也成为人们研究的一个热点。

数字图书馆是一个正处于不断发展变化中的新生事物，追求一个科学完整而又公认的定义是不可能的。目前中外关于数字图书馆的概念和定义有上百种之多，综合这些定义，我们可以对数字图书馆作出一个限定外延的描述性定义：数字图书馆是在分布式计算机网络环境中信息资源的组织形式，它提供国家信息基础设施（NII）的关键性信息管理技术，并提供其主要的信息资源库。根据这个定义我们可以看出，任何利用数字技术和计算机网络获取、存储、存取、发布信息的图书馆或信息机构都可以称为数字图书馆。

2. 数字图书馆的构成要素

数字图书馆有三个基本构成要素：数字化资源、网络化存取、分布式管理。

数字化资源：海量的数字化资源是数字图书馆的物质基础，没有这个基础，数字图书馆就是无源之水，无本之木。这些数字化资源应该能够直接提供给读者所需的信息，其中既有二次文献，也有大量一次文献。数字化资源的载体方式也千姿百态，其中多媒体成为数字化资源的重要组成部分。

网络化存取：数字通信网络是数字图书馆的存在基础，没有这个基础，海量的数字化信息资源就无法得到利用和传播。数字图书馆是依附于这个网络而存在的，对内的业务和对外的服务也都是以网络作为工具或载体。在网络化环境中，数字图书馆可以最大地发挥自己的资源优势，充分为读者提供各种服务。

分布式管理：这是数字图书馆发展的高级阶段，也是数字图书馆成熟的标志。全球的数字化资源通过 Internet 联为一体，组成了一个巨大的世界范围的数字图书馆，人类可以共享和共建所有的数字资源。

与数字图书馆概念相关的还有虚拟图书馆、网上图书馆等，这些概念名称不同，但有一点是相同的，都是借助于网络检索和使用数字资源。关于这类概念我们本书不作介绍了。

第二节　超星数字图书馆

2.1　超星数字图书馆简介

超星数字图书馆（http：//www. chaoxing. com/）是国家“863”计划中国数字图书馆示范工程项目，2000 年 1 月在互联网上正式开通。它由北京世纪超星信息技术发展有限责任公司投资兴建，设文学、历史、法律、军事、经济、科学、医药、工程、建筑、交通、计算机和环保等几十个分馆，目前拥有数字图书数十多万种。超星数字图书馆收录范围包括 51 个学科分类，涉及哲学、宗教、社科总论、经典理论、民族学、经济学、自然科学总论、计算机等各个学科门类。收录年限为 1977 年至今的所有文献。

2.2　超星数字图书馆使用

1. 登录方式

超星数字图书馆的登录方式有两种：

方式 1：直接从超星数字图书馆主页登录，主页网址现为 http：//www. chaoxing. com/。界面图如图 4－1 所示。

方式 2：从本地镜像服务器登录。目前我国大多数图书馆都以镜像数据的方式购买和使用超星数字图书馆，因此这种方式也是比较常用的方式。界面图如图 4－2 所示。

不论上述何种方式，其使用方法是相同的。

2. 超星阅读器下载

在使用超星数字图书馆之前，应该首先下载超星图书阅读器，它可以从超星数字图书馆主页，具体操作如下：

登录超星数字图书馆主页 http：//www. chaoxing. com/，如上图 4－1。

点击图 4－1 中的“客户端下载”，进入图 4－3 界面。

图 4－1 超星数字图书馆主页

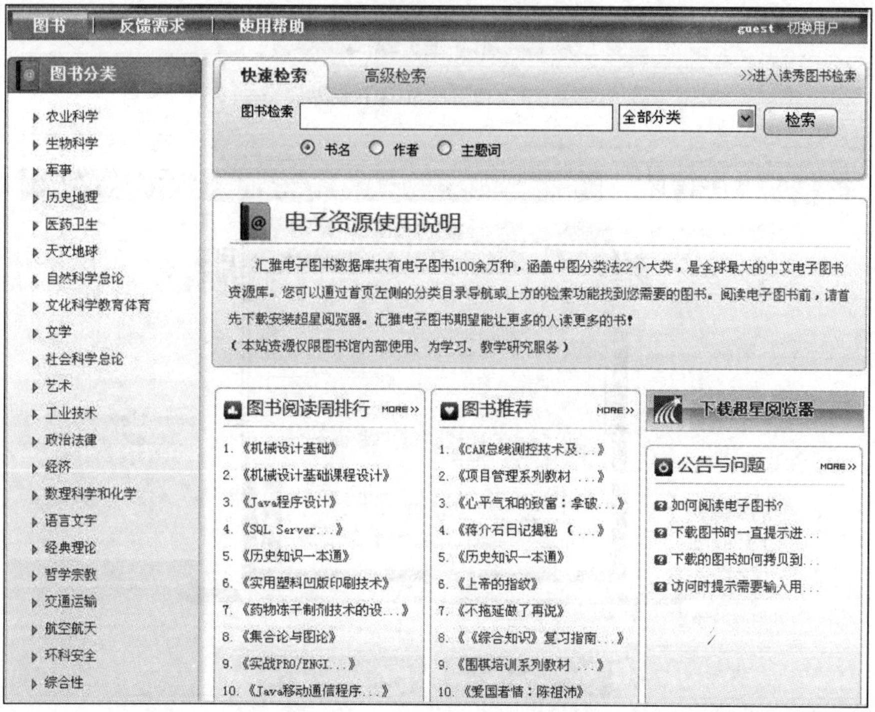

图 4－2 超星数字图书馆镜像主页

根据自己的网络环境，选择合适的镜像站点下载，如图 4 - 4。下载完成后点击安装，即可把超星阅览器安装在计算机中。当前阅览器最新版本为 SS-Reader 4. 1. 2 版本。

图 4 - 3　超星阅读器下载界面

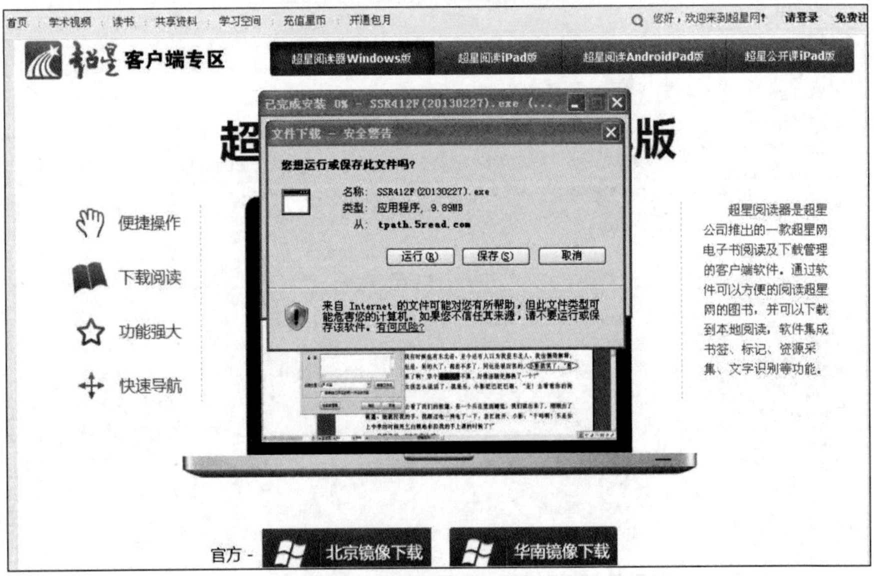

图 4 - 4　超星阅读器下载过程

3. 超星数字图书馆检索

超星数字图书馆可实现分类导航阅读图书、快速检索和高级检索。

（1）分类导航阅读图书

选中主页上（图4－1）的全部分类中的某类图书馆后点击，逐步打开直到出现图书书目，然后点击该书目下方的阅读按钮即进入阅读状态。

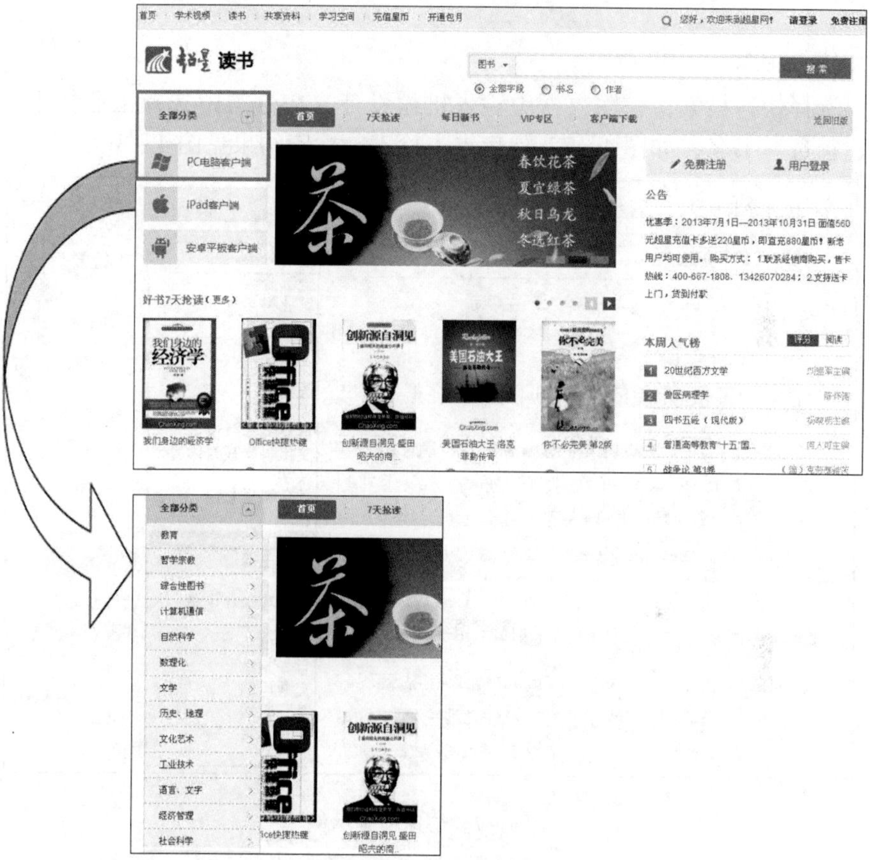

图4－5　超星数字图书馆分类导航阅读图书

（2）快速检索

快速检索能够实现图书的书名、作者、主题词的单项模糊查询。对于一些目的范围较大的查询，建议使用该检索方案。

例如：检索机械设计类图书

图 4－6　快速检索界面

检索步骤：

选择快速检索，在输入框中输入机械设计，在分类中选择工业技术，检索途径选择书名，如图 4－7，然后点击检索。检索结果见图 4－8。

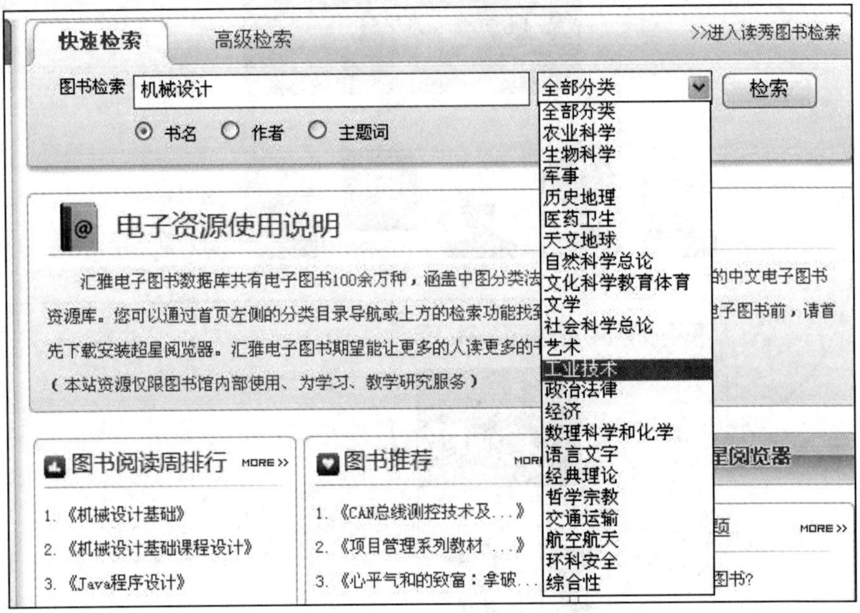

图 4－7　快速检索示例

从检索结果中选择自己所需要的图书，双击进入就可阅读。

（3）高级检索

利用高级检索可以实现图书的多条件查询，对于目的性较强的课题建议使用该检索方案。

例如：检索计算机学科中书名含有“网络”，作者为“谭浩强”，出版日期在 2001 年至 2013 年间的图书。

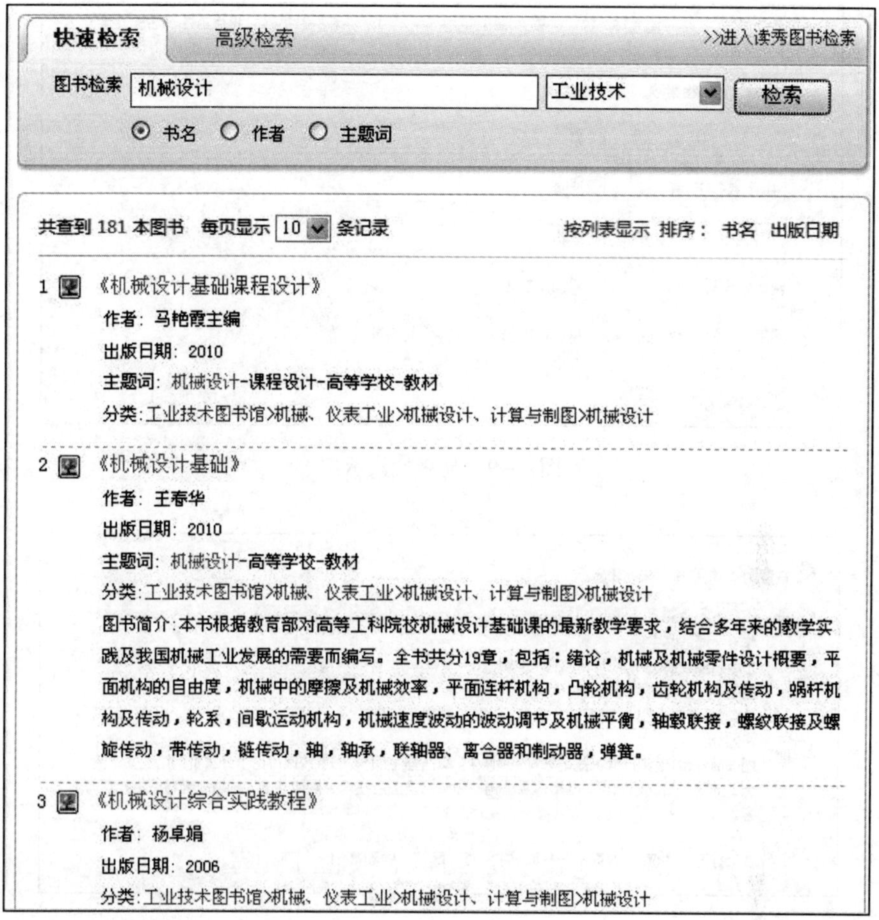

图 4－8　检索结果

检索步骤：

进入高级检索界面，书名检索途径之后输入“网络”，并且作者检索途径后输入“谭浩强”，主题词选择“计算机”，出版年代选择“2001 年至 2013 年”，点击检索，如图 4－9 所示，检索结果见图 4－10。

在图 4－10 中点击书名即可阅读图书。

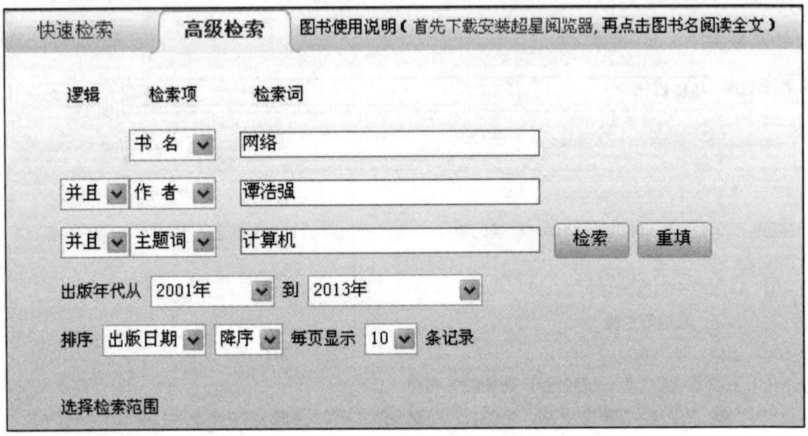

图 4－9　高级检索示例

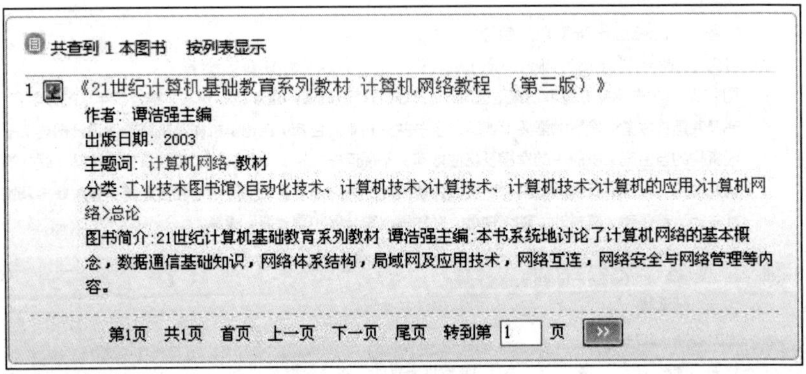

图 4－10　高级检索结果

第三节　方正 Apabi 教参书数据库

3.1　方正阿帕比（Apabi）教参书数据库概况

北京方正阿帕比（Apabi）技术有限公司是方正信息产业集团旗下专业的数字出版技术及产品提供商。Apabi 分别代表着 Author（作者）、Publisher（出版者）、Artery（流通渠道）、Buyer（读者，即购买者）以及 Internet（网络）。由阿帕比提供技术支持的方正阿帕比教学参考书电子全文书库是 CALIS（中国高等教育文献保障系统，China Academic Library & Information System，简称 CALIS）“十五”期间重点建设的子项目之一。其主要任务就是在 CALIS 管理中心的统一领导下，将我国各个高校的教学信息以及经过各校教师精选的教学参考书数字化并解决数字版权问题之后，提供给师生在网上检索和浏览阅读，并不断地将其丰富和持续发展，这对高等院校的教学工作将产生深远的影响和推动作用。

该项目由复旦大学图书馆承建；并成立了由复旦、北大、清华、上交大等四所高校各方面专家组成的项目管理小组负责该项目的建设；高校数字图书馆联盟理事馆作为首批项目参建馆参加该项目的建设。

方正 Apabi 教参书全文数据库目前已经建设了 85000 种高清晰度教参图书，对应 670 个重点学科和专业，基本建成了覆盖文、理、工、医、农、林等学科的教学参考书全文数据库。

3.2 方正阿帕比（Apabi）教参书数据库使用

1. 登录方式

方正阿帕比教学参考书数据库有两种登录方式：

方式 1：直接从 CALIS 网站上登录，其界面如图 4－11 所示。

图 4－11　方正阿帕比教参书全文数据库主页

方式 2：从镜像版登录，其界面如图 4 – 12 所示。

图 4 – 12　方正阿帕比教参书数据库镜像版主页

2. 方正阿帕比教参书数据库阅读器下载

阅读阿帕比数字图书，首先要安装 Apabi Reader 阅读器。具体安装过程和其他数据库相同，步骤如下：

首先在图 4 – 11 的界面上选择“阅读器下载”，弹出对话框如图 4 – 13。

然后根据这个提示进行安装即可。

3. 方正阿帕比教参书数据库检索

该数据库检索方式有三种：分类浏览、快速检索、高级检索。

（1）分类浏览

如图 4 – 14 所示，分类浏览就是按照中图分类法浏览图书的一种快速检索方式，这种方式适合需要按照类目来大致了解教参书数据库资源的用户。

（2）快速检索

快速检索提供了几个检索途径，如图 4 – 15 所示。利用快速检索，可以从书名、责任者、主题/关键词、摘要、出版社、出版日期、中图分类号、ISBN 号、目录、全文等几个字段检索所需要的图书。

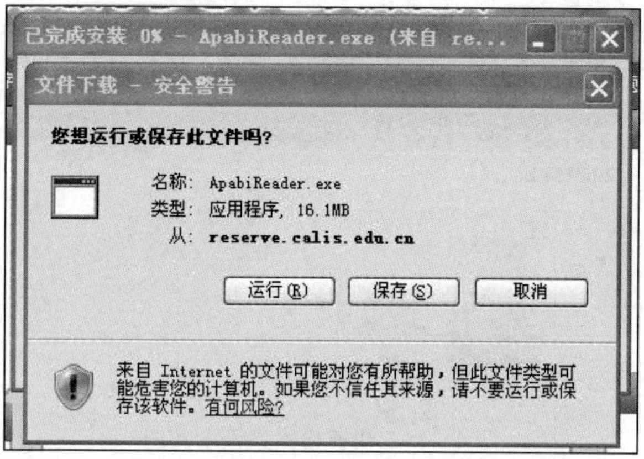

图 4-13　Apabi Reader 下载安装提示对话框

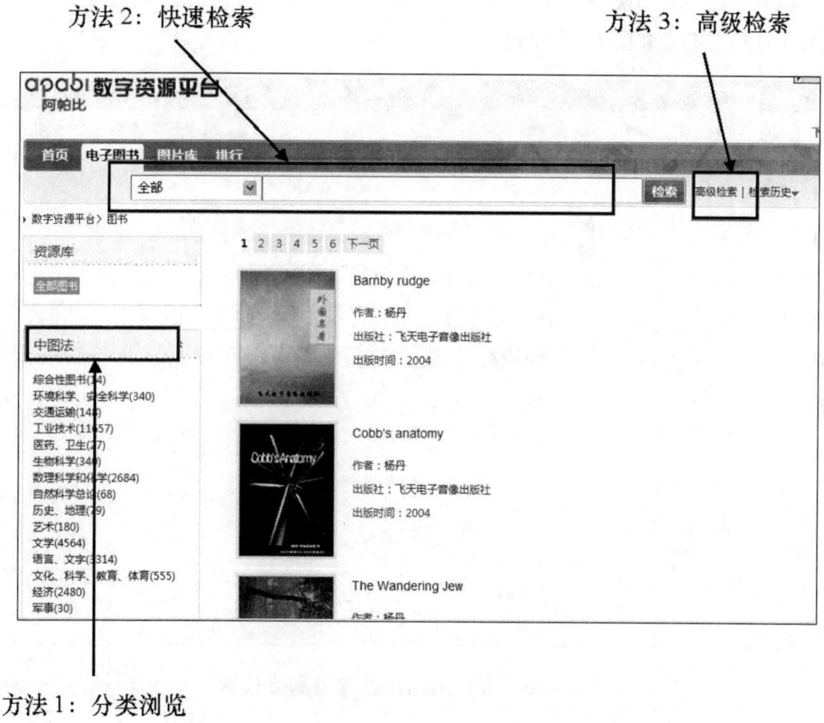

图 4-14　方正阿帕比教参书数据库检索方法示意图

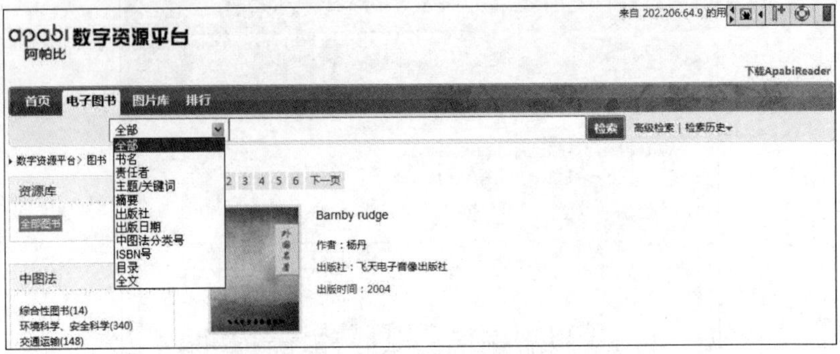

图 4－15　快速检索途径示意图

（3）高级检索

高级检索界面如图 4－16、图 4－17 所示，图 4－16 为检索电子书界面图，图 4－17 为检索图片示意图。

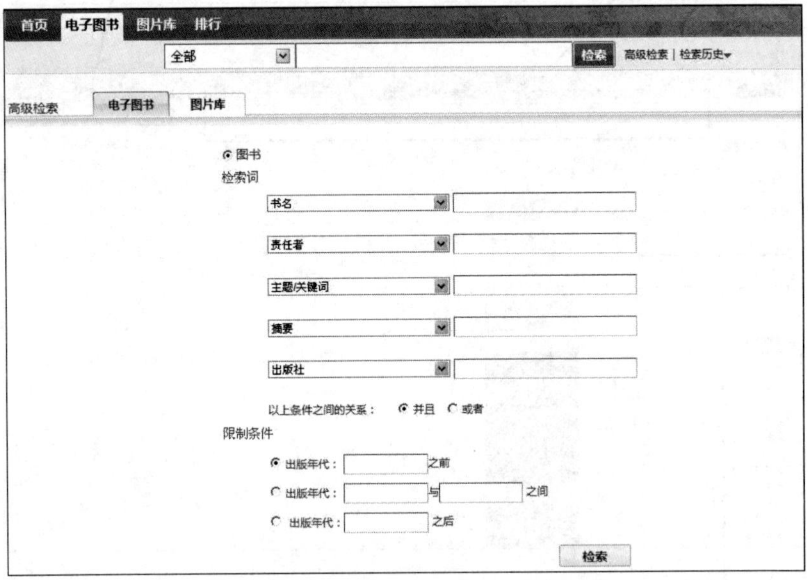

图 4－16　方正阿帕比教参书高级检索

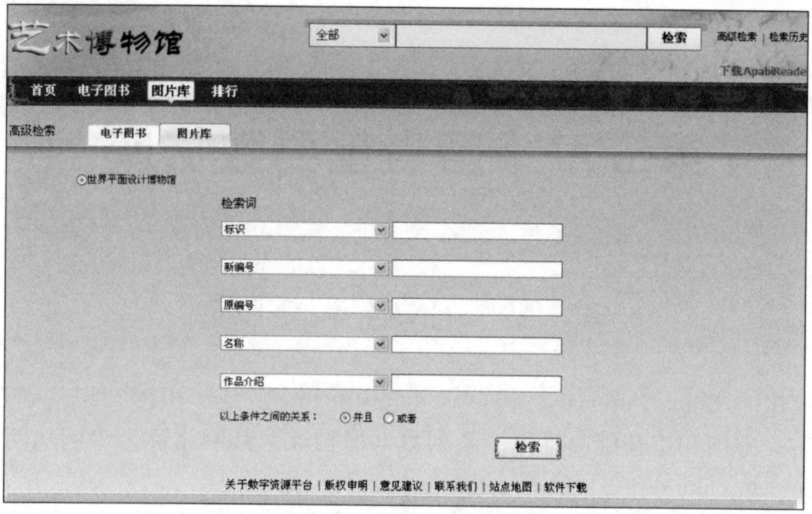

图 4－17　方正阿帕比教参书图片检索

第五章　国内重要数据库

第一节　CNKI 中国知网

CNKI（China National Knowledge Infrastructure）是“中国知识基础设施”的简称。中国知识基础设施由一系列数据库构成，其网站称为中国知网（http：//www. cnki. net/）。

CNKI 工程是以实现全社会知识资源传播共享与增值利用为目标的信息化建设项目，由清华大学、清华同方发起，始建于 1999 年 6 月。在党和国家领导以及教育部、中宣部、科技部、新闻出版总署、国家版权局、国家计委的大力支持下，在全国学术界、教育界、出版界、图书情报界等社会各界的密切配合和清华大学的直接领导下，CNKI 工程集团经过多年努力，采用自主开发并具有国际领先水平的数字图书馆技术，建成了世界上全文信息量规模最大的“CNKI 数字图书馆”。并启动建设《中国知识资源总库》及 CNKI 网格资源共享平台，通过产业化运作，为全社会知识资源高效共享提供最丰富的知识信息资源和最有效的知识传播与数字化学习平台。

CNKI 工程的具体目标有如下四个：一是大规模集成整合知识信息资源，整体提高资源的综合和增值利用价值；二是建设知识资源互联网传播扩散与增值服务平台，为全社会提供资源共享、数字化学习、知识创新信息化条件；三是建设知识资源的深度开发利用平台，为社会各方面提供知识管理与知识服务的信息化手段；四是为知识资源生产出版部门创造互联网出版发行的市场环境与商业机制，大力促进文化出版事业、产业的现代化建设与跨越式发展。

CNKI 系列数据库的出版方式有镜像版、网络版和光盘版。由于现在大多数用户使用的是网络版和镜像版，本书主要介绍这两种版本的数据库。

1.1　CNKI 数据库简介

任何网络用户对 CNKI 中的所有数据库均可免费检索，免费浏览题录、摘要和细览信息。如果需要浏览和下载全文，需要注册个人账户，并通过知网卡、银联卡、神州行卡、支付宝、短信等方式给账户充值，也可以由所在单位统一办理团购，在单位的局域网内浏览下载。下载全文前还需要下载浏览器。

网络版和镜像版数据库采用了不同的分类方法。网络版的十大专辑为：基础科学、工程科技Ⅰ辑、工程科技Ⅱ辑、农业科技、医药卫生科技、哲学与人文科学、社会科学Ⅰ辑、社会科学Ⅱ辑、信息科技、经济与管理科学。镜像版的十大专辑为：理工 A、理工 B、理工 C、农业、医药卫生、文史哲、政治军事与法律、教育与社会科学综合、电子技术与信息科学、经济与管理。两种版本的一级分类名称有所不同，下设的专题和学科专业相同，十大专辑下分为 168 个专题和近 4000 个学科专业。

CNKI 收录的文献类型有期刊论文、学位论文、会议论文、工具书、专利、标准、报纸、成果、法律、古籍等多种中文文献，还有 Elsevier 期刊、SPRINGER 期刊、英国皇家学会期刊、美国科研出版社期刊等 30 多种外文期刊。主要数据库有：中国学术期刊网络出版总库（镜像版的名称叫中国期刊全文数据库）、中国博士学位论文全文数据库、中国优秀硕士学位论文全文数据库、中国重要会议论文全文数据库、中国科技项目创新成果鉴定意见数据库（知网版）、中国重要报纸全文数据库、中国专利数据库、中国标准数据库、中国工具书网络出版总库等数据库。

1. 中国学术期刊网络出版总库

该库是世界上最大的连续动态更新的中国学术期刊全文数据库，是“十一五”国家重大网络出版工程的子项目，是《国家“十一五”时期文化发展规划纲要》中国家“知识资源数据库”出版工程的重要组成部分。内容以学术、技术、政策指导、高等科普及教育类期刊为主，覆盖自然科学、工程技术、农业、哲学、医学、人文社会科学等各个领域。截至 2013 年 5 月，收录国内正式出版的 7834 种学术期刊，全文文献总量 3 700 多万篇。

核心期刊收录率 96%；特色期刊（如农业、中医药等）收录率 100%；独家或唯一授权期刊共 2 300 余种，约占我国学术期刊总量的 34%。收录年限自 1915 年至今，部分期刊回溯至创刊。

2. 中国博士学位论文全文数据库

该库是国内内容最全、质量最高、出版周期最短、数据最规范、最实用的博士学位论文全文数据库。覆盖基础科学、工程技术、农业、医学、哲学、人文、社会科学等各个领域。截至 2013 年 5 月，收录来自 411 家培养单位的博士学位论文 20 万多篇。

收录的博士学位论文来自全国985、211工程等重点高校，以及中国科学院、社会科学院等研究院所。收录年限自1984年至今。

3. 中国优秀硕士学位论文全文数据库

该库是国内内容最全、质量最高、出版周期最短、数据最规范、最实用的硕士学位论文全文数据库。覆盖基础科学、工程技术、农业、哲学、医学、哲学、人文、社会科学等各个领域。截至2013年05月，收录来自633家培养单位的优秀硕士学位论文170万多篇。

重点收录985、211高校、中国科学院、社会科学院等重点院校高校的优秀硕士论文、重要特色学科如通信、军事学、中医药等专业的优秀硕士论文。收录年限自1984年至今。

4. 中国重要会议论文全文数据库

该库收录了国内重要会议主办单位或论文汇编单位书面授权，投稿到“中国知网”进行数字出版的会议论文，是《中国学术期刊（光盘版）》电子杂志社编辑出版的国家级连续电子出版物。重点收录1999年以来，中国科协、社科联系统及省级以上的学会、协会，高校、科研机构，政府机关等举办的重要会议上发表的文献。其中，全国性会议文献超过总量的80%，部分连续召开的重要会议论文回溯至1953年。

截至2013年5月，已收录全国1 900多家单位主办的2万多个国际、国内学术会议，累积文献总量190多万篇。收录年限自1953年至今。

5. 中国科技项目创新成果鉴定意见数据库（知网版）

该库主要收录正式登记的中国科技成果，按行业、成果级别、学科领域分类。每条成果信息包含成果概况、立项、评价，知识产权状况及成果应用，成果完成单位、完成人等基本信息。

该库唯一收录专家组对该项成果的推广应用前景与措施、主要技术文件目录及来源、测试报告和鉴定意见等内容的鉴定数据。与通常的科技成果数据库相比，《中国科技项目创新成果鉴定意见数据库（知网版）》每项成果的知网节集成了与该成果相关的最新文献、科技成果、标准等信息，可以完整地展现该成果产生的背景、最新发展动态、相关领域的发展趋势，可以浏览成果完成人和成果完成机构更多的论述以及在各种出版物上发表的文献。

截至2013年5月，共计收录成果47万多项。收录年限从1978年至今，部分成果回溯至1920年。

6. 中国重要报纸全文数据库

该库收录2000年以来国内公开发行的近600种地市级以上报纸刊载的学

术性、资料性文献，至2013年5月，累积收录报纸全文文献1 160多万篇。

7. 中国专利全文数据库（知网版）

该库包含发明专利、实用新型专利、外观设计专利三个子库，准确地反映中国最新的专利发明。专利相关的文献、成果等信息来源于CNKI各大数据库。可以通过申请号、申请日、公开号、公开日、专利名称、摘要、分类号、申请人、发明人、优先权等检索字段进行检索，并一次性下载专利说明书全文。

与通常的专利数据库相比，《中国专利全文数据库》（知网版）每条专利的知网节集成了与该专利相关的最新文献、科技成果、标准等信息，可以完整地展现该专利产生的背景、最新发展动态、相关领域的发展趋势，可以浏览发明人与发明机构更多的论述以及在各种出版物上发表的文献。

截2013年5月，《中国专利全文数据库》共计收录专利500多万件。收录年限从1985年至今。

8. 中国标准数据库

该库收录了所有的国家标准（GB）、国家建设标准（GBJ）、中国行业标准的题录信息，共计标准约13万条，标准的内容来源于中国标准化研究院国家标准馆，相关的文献、成果等信息来源于CNKI各大数据库。可以通过标准号、中文标题、英文标题、中文关键词、英文关键词、发布单位、摘要、被代替标准、采用关系等检索字段进行检索。

与通常的标准库相比，CNKI－《中国标准数据库》每条标准的知网节集成了与该标准相关的最新文献、科技成果、专利等信息，可以完整地展现该标准产生的背景、最新发展动态、相关领域的发展趋势，可以浏览发布单位更多的论述以及在各种出版物上发表的信息。

9. 中国工具书网络出版总库

该库收录了近200家出版社的字典、词典、百科全书、图录、表谱、手册、名录等共4 000多部，含1 500多万个条目，70多万张图片，向人们提供精准、权威、可信的知识搜索服务。其内容涵盖自然科学与人文社科各领域。该库为“十一五”国家重点电子出版物规划选题和国家重大网络出版工程。

10. 外文文献

外文文献收录了40多家国际著名出版商的期刊文献题录数据，其中包括Springer、Taylor & Francis、John Wiley & Sons、Wolters Kluwer、Emerald、剑桥大学出版社、ProQuest PubMed、英国皇家物理学会（Institute of Physics

）、美国数学学会（American Mathematical Society）、英国皇家学会（The Royal Society）、Informa Healthcare、J－STAGE、DOAJ 等。文献量共计超过5000万篇，可以通过篇名、关键词、作者、DOI、作者单位、刊名、ISSN 等项进行检索，免费浏览题录信息，全文下载由各大出版商平台提供。文献最早可追溯至1840年，为国内用户提供跨平台，一键式外文检索服务，部分 OA（Open Access）期刊可实现全文免费下载。

文献覆盖了 SCI，EI，SSCI 中90%的期刊，检索结果按照 Thomson Reuters 发布的影响因子进行了排序，更加快捷地获取最有学术价值的学术文献。

1.2 CNKI 数据库网络版检索方法

登陆 CNKI 中国知网（http：//www. cnki. net/）或在机构馆中点击数据库名称就可以进入网络版数据库的主页如图5－1。

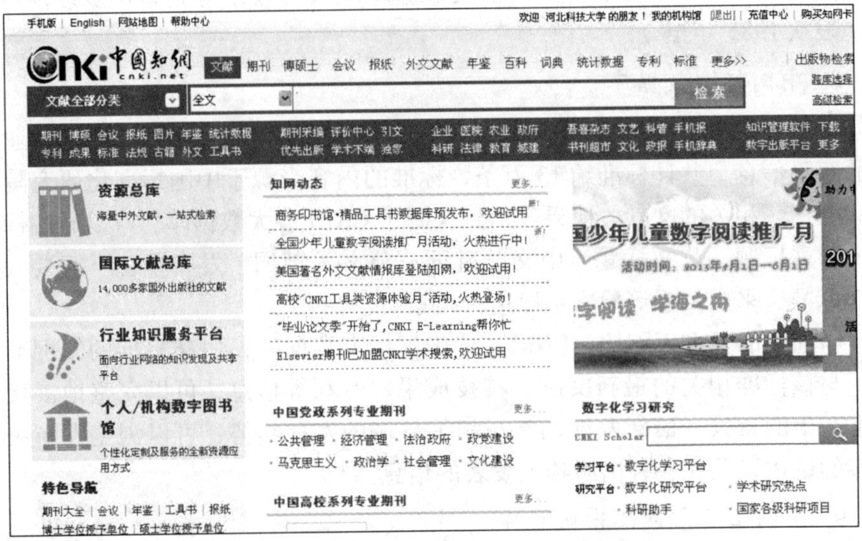

图5－1　CNKI 网络版主页

CNKI 网络版数据库可以实现跨库检索和单库检索各自的多种检索方式。跨库检索是指以同一组检索条件同时检索多个结构可能相同（同构），也可能不同（异构）的数据库。当希望一次性检索多种文献类型而检索条件又完全相同时，可选择跨库检索。在 CNKI 中，跨库检索的检索字段是各数据库的共有字段，比单库检索要少，要查找一些特殊的字段，如期刊论文的 ISSN、学位论文的指导导师、会议文献的论文集名称，则需要单库检索。

如果检索结果太多，在 CNKI 任何检索结果界面，点击“结果中检索”可实现对检索结果再检索，以缩小检索范围。

1. 跨库检索

（1）快速检索

网络版主页默认的是快速检索，也可称之为一筐式检索。这种形式类似于搜索引擎，但又不同于传统的搜索引擎，它利用知识管理的理念，实现了知识汇聚与知识发现，结合搜索引擎、全文检索、数据库等相关技术达到知识发现的目的，可在海量知识及信息中发现和获取所需信息，简洁高效、快速准确。

快速检索的可检字段有全文、主题、篇名、作者、单位、关键词、摘要、参考文献、中图分类号、文献来源等，在首页点击跨库选择，弹出的界面如图 5－2，系统默认的是图 5－2 中已勾选的数据库，用户也可以根据需要自己勾选。

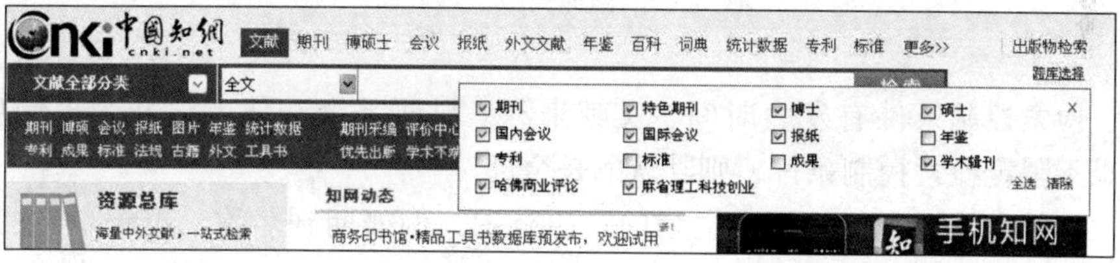

图 5－2　跨库数据库选择

简单检索只能检索单个字段，且不能对时间刊源范围等进行限定，检索功能相对较差，比较适合于查找某一已知作者、某一已知刊源或某一已知分类等文献，查找某一主题时检索结果往往不理想。

（2）高级检索

在 CNKI 首页点击高级检索进入图 5－3 跨库高级检索界面。跨库高级检索的检索界面中有“输入内容检索条件”和“输入检索控制条件”两部分。

内容检索条件的可检字段有主题、篇名、关键词、摘要、全文、参考文献、中图分类号等。除中图分类号字段项外，其他字段项都有词频控制，词频即输入的检索词在选择的字段项中出现的次数，默认的词频是一次，用户可自己选择多次。同一检索字段内可以对两个检索词进行并含（逻辑与）、或含（逻辑或）、不含（逻辑非）的逻辑运算检索。点击⊞或⊟可以增加或减少一个检索行，并与上一行实现并且（逻辑与）、或者（逻辑或）、不含（逻辑非）的逻辑运算检索，最多可以增加到 7 行。

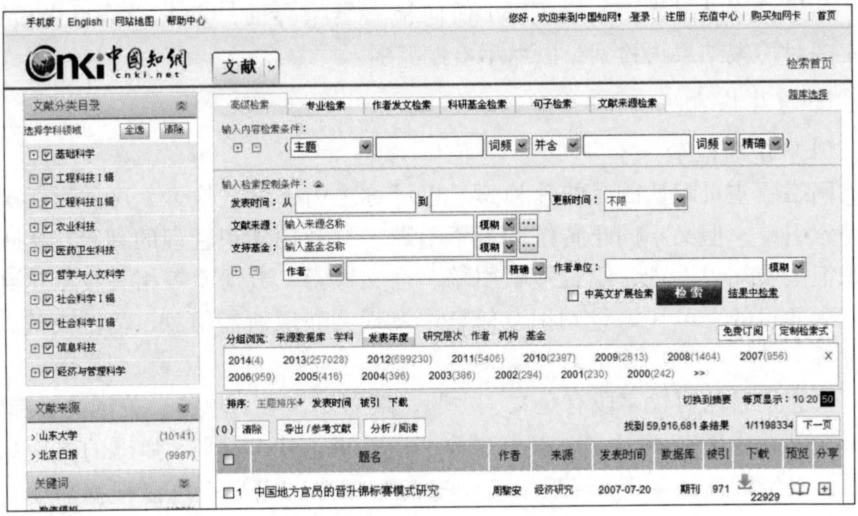

图 5－3　跨库高级检索界面

检索控制条件有发表时间、文献来源、科研基金和作者这几个控制项。如果不限定检索控制条件，则默认的是全部。

文献来源控制条件限定文献的来源范围，例如期刊名称、授予学位的单位、会议论文集名称等。可直接在检索框中输入名称，选择精确或模糊方式检索。也可以点击文献来源后面的 ··· 按钮，弹出一个界面，在弹出的这个界面中可以对各种类型的文献进行来源检索，进而选择文献的来源。

“支持基金”控制条件限定文献的支持基金或项目。可直接在检索框中输入基金或项目名称，选择精确或模糊方式检索。也可以点击科研基金后面的 ··· 按钮，在弹出的界面对科研基金进行检索或浏览，进而选择基金。

（3）专业检索

专业检索的检索界面如图 5－4 所示，用户在检索框中输入检索式进行检索，并且确保所输入的检索式语法正确，这样才能检索到想要的结果。每个库的专业检索都有说明，详细语法可以点击右侧 检索表达式语法 ，参看详细的语法说明。专业检索适用于长期从事科技查新、课题检索的检索专家和对检索语法、检索技术十分熟悉的人员。

（4）作者发文检索

作者发文检索的界面如图 5－5 所示，用于检索某作者或某单位发表的文献，用户输入作者姓名或单位名即可。

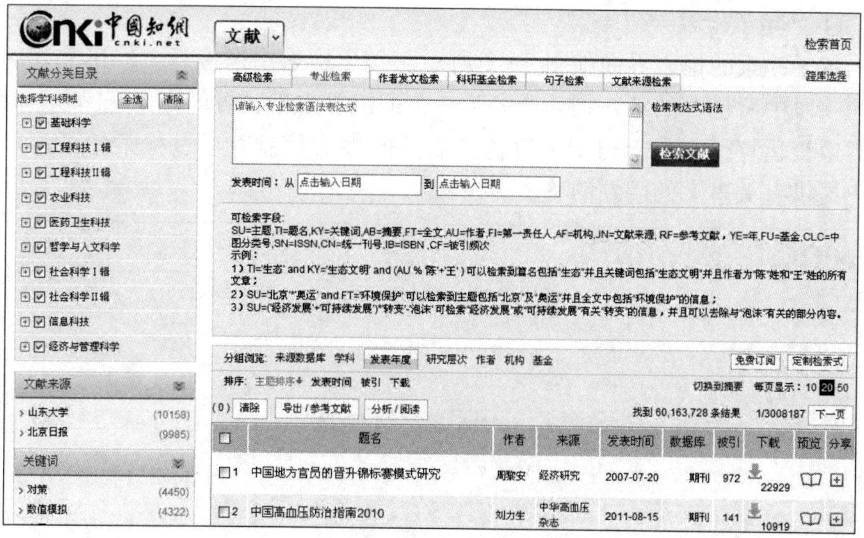

图 5－4　专业检索界面

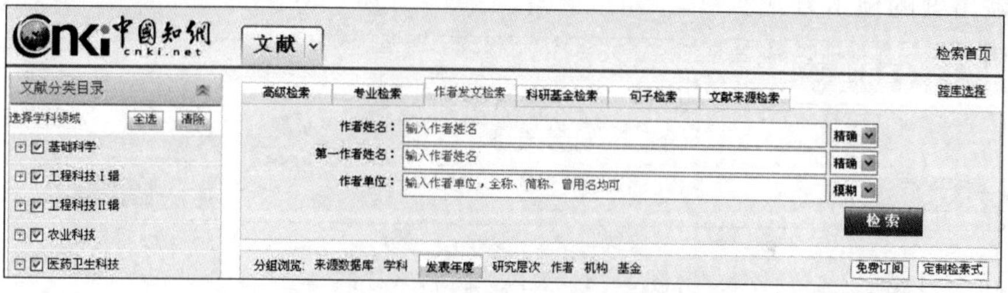

图 5－5　作者发文检索界面

（5）科研基金检索

科研基金的检索界面如图 5－6 所示。科研基金检索用于检索某基金发表的文献。点击…按钮选择基金。

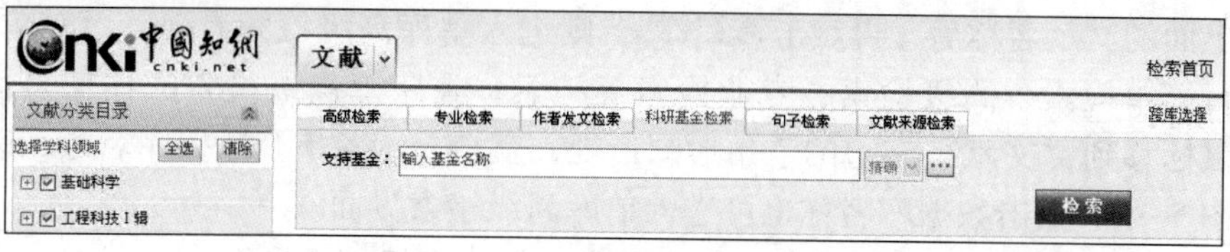

图 5－6　科研基金检索界面

(6) 句子检索

句子检索的检索界面如图 5-7 所示。句子检索用来检索文献正文同一句或同一段中所包含的某一句话或者某一个词组等文献，可以点击⊞和⊟按钮，增减逻辑运算行。由于句子中包含了大量的事实信息，通过检索句子可以为用户提供有关事实的问题的答案。

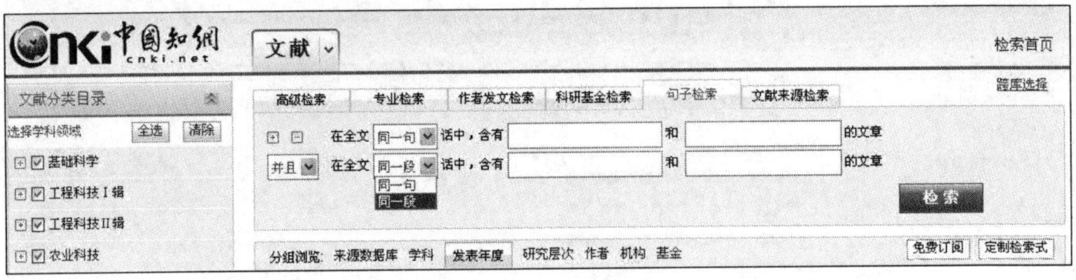

图 5-7　句子检索界面

(7) 文献来源检索

文献出版来源检索的检索界面如图 5-8 所示。文献出版来源检索是查找文献出处的检索方式。

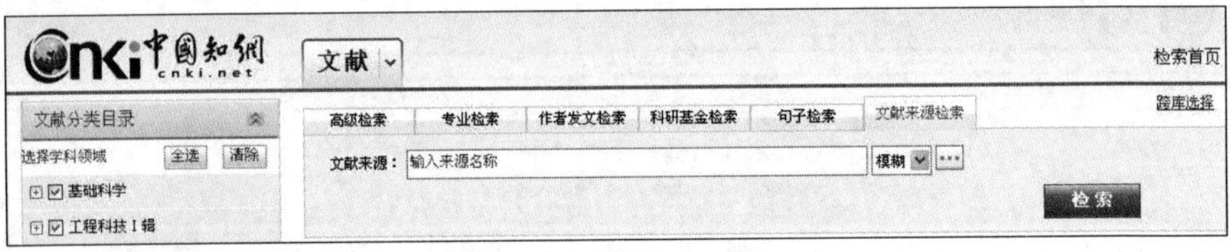

图 5-8　文献来源检索界面

2. 单库检索

实现单库检索的方式很多。在图 5-1 所示的主页点击检索框上面的文献名称，在检索框中输入的检索词则是只对该种文献进行简单检索，如点击"期刊"后，检索结果只是期刊类型的文献；在图 5-1 所示的主页点击检索框上面的文献名称后，再点击高级检索，则进入单库高级检索界面，可对单库进行简单检索、高级检索、专业检索等检索；在跨库高级检索的任何页面，将鼠标移到"文献"右边的三角形图形处，就会显示各单个数据库名称列表，如图 5-9，点击数据库名称也可进入单库高级检索界面。

这里主要介绍期刊、博硕士和工具书的单库高级检索界面。

单库检索字段是检索系统中单个数据库所设字段项的泛称，不同的数据库因收录文献不同，其检索字段也会不同。不同的字段有不同的检索功能和

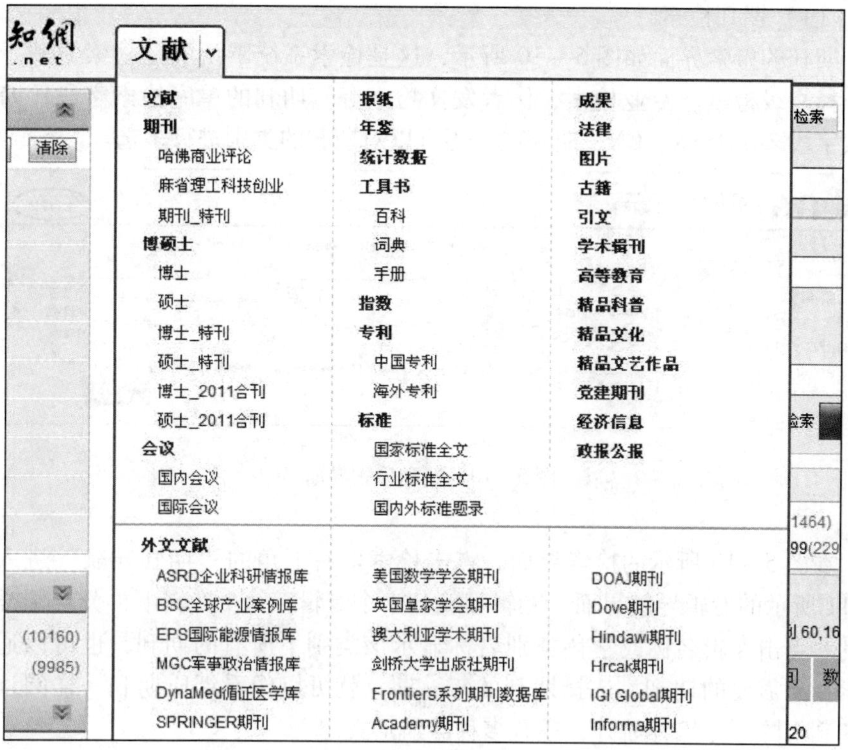

图5-9 数据库列表

价值，可满足不同的检索需求。CNKI网络版系列数据库在单库检索时设置的检索字段列表见表5-1。

表5-1 CNKI网络版数据库单库检索时可检字段列表

数据库名称	字段数	字段名
中国期刊全文数据库	14个	主题、篇名、关键词、作者、单位、刊名、ISSN、CN、期、基金、摘要、全文、参考文献、中图分类号
中国优秀硕士学位论文全文数据库、中国博士学位论文全文数据库	9个	主题、题名、关键词、摘要、目录、全文、参考文献、中图分类号、学科专业名称
中国重要会议论文全文数据库	12个	主题、篇名、关键词、作者、单位、会议名称、基金、摘要、全文、论文集名称、参考文献、中图分类号
中国重要报纸全文数据库	7个	主题、题名、关键词、作者、报纸名称、全文、中图分类号

（1）期刊检索

期刊的检索界面如图 5－10 所示，这是检索系统默认的是检索方式，还可选择高级检索、专业检索、作者发文检索等。期刊的单库检索字段比跨库检索字段多了 ISSN、CN、期等项，还可以对期刊的类别进行多选。

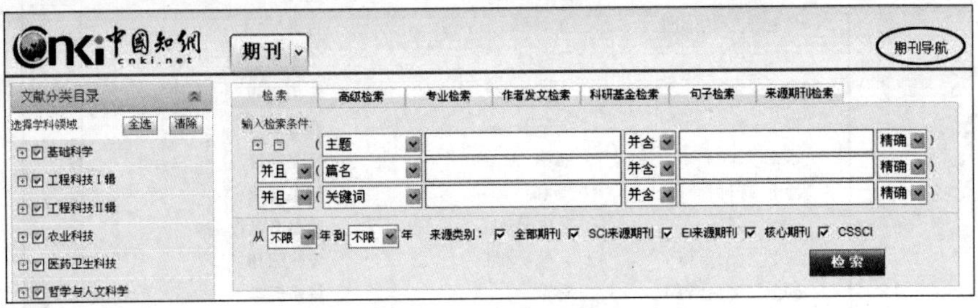

图 5－10　期刊检索界面

在图 5－10 所示的检索界面，点击检索框右上角的“期刊导航”进入图 5－11 所示的专辑导航界面。专辑导航分十个专辑，每个专辑下再分若干学科类别。点击专辑名称或学科类别名称显示该类别下所有的期刊，也可以通过检索找到需要的期刊，选择期刊的年、期，就可以像看纸质期刊一样阅读一种期刊。除了专辑导航外，还有多种导航形式。

（2）博硕士论文检索

博硕士论文的检索界面如图 5－12 所示。博硕士论文可以同时查找，也可以点击博士/硕士分开检索，博硕士分开检索时检索界面设置了“学位授予单位导航”。博硕士的单库检索字段比跨库的多了导师、目录、学科专业名称等项。

（3）工具书检索

工具书检索的界面如图 5－13 所示。该库除实现了库内知识条目之间的关联外，每一个条目后面还链接了相关的学术期刊文献、博士硕士学位论文、会议论文、报纸、年鉴、专利、知识元等，帮助人们了解最新进展，发现新知，开阔视野。

3. 检索结果

中国知网的检索结果页面以列表形式将检索结果展示出来。检索结果页面还提供检索平台、统一导航，方便用户进行二次检索。用户还可以使用检索筛选历史返回到前次检索的结果。CNKI 的检索结果页面提供了分组浏览、排序、导出/参考文献、分析/阅读等功能。

图 5－11　期刊导航界面

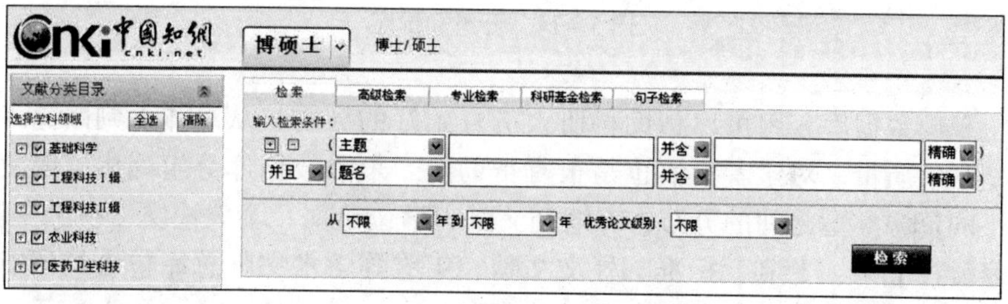

图 5－12　博硕士论文检索界面

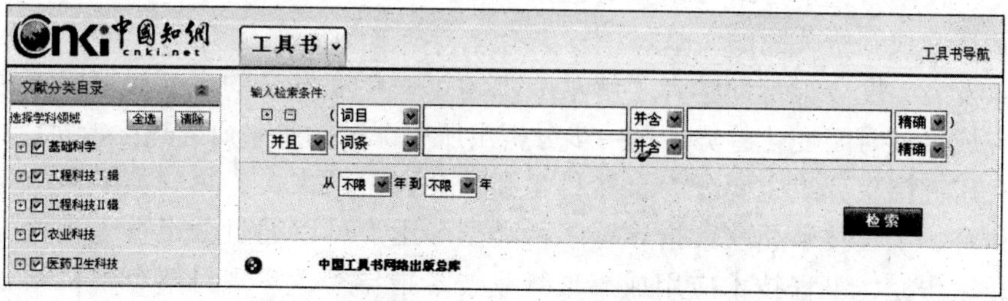

图 5－13　工具书检索界面

(1) 检索结果分组

跨库检索和单库检索的检索结果其分组形式不尽相同，跨库检索的检索结果分组包括：来源数据库、学科、发表年度、研究层次、作者、机构、基金等，如图5－14所示。点击“分组浏览”后面的某个分组名称，就会显示该分组下面的文献数量，再点击某分组的名称，就会在检索结果列表中只显示该分组的文献。系统默认的是按发表年度分组，则年份后面括号中的数字就是该年的文献数量，如点击“2013”，检索结果列表中显示2013年的文献。

图5－14 分组和排序

来源数据库分组可以帮助科研人员查到好的刊物，从总体上判断这一领域期刊的质量，对学者投稿也是很有帮助的。来源数据库分组列出文献集合在不同资源类型之间的分布，有期刊文献、学位论文、会议论文、报纸文献、国家科技成果、专利、标准、外文文献、年鉴等学术文献总库包含的所有数据库。

学科分组是将检索结果按照168个专辑分类下级近4 000个学科类目进行分组。按学科类别分组可以查看检索结果所属的更细的学科专业，进一步进行筛选，找到所关注的文献。

发表年度分组帮助学者了解某一主题每一年度发文的多少，掌握该主题研究成果随时间变化趋势，进一步分析出所查课题的未来研究热度走向。

研究层次分组主要分为自然科学和社会科学两大类，每一类下再分为理论研究、工程技术、政策指导等多种类型。用户可以通过分组查到相关的国家政策研究、工程技术应用成果、行业技术指导等，实现对整个学科领域全局的了解。

作者分组可以帮助用户找到学术专家、学术榜样，帮助用户跟踪已知学者的发文情况，发现未知的有潜力学者。

机构分组帮助用户找到有价值的研究单位，全面了解研究成果在全国的全局分布，跟踪重要研究机构的成果，也是选择文献的重要手段。

基金分组是指将研究过程中获得国家基金资助的文献按资助基金进行分组。用户可以了解国家对这一领域的科研投入如何，研究人员可以对口申请课题，国家科研管理人员也可以对某个基金支持科研的效果进行定量分析、评价和跟踪。

（2）检索结果排序

除了分组，数据库还为检索结果提供了主题排序、发表时间排序以及被引、下载等评价性排序，如图 5 – 14 所示。系统默认按降序排序的主题排序形式。

主题排序是根据检索结果与检索词相关程度进行排序。反映了结果文献与用户输入的检索词相关的程度，越相关越排前，通过主题排序可找到文献内容与用户检索词最相关的文献。

发表时间是根据文献发表的时间先后排序。可以帮助学者评价文献的新旧，找到最新文献，找到库中最早出版的文献，实现学术跟踪，进行文献的系统调研。

被引频次是根据文献被引用次数进行排序。按被引频次排序帮助学者选出被学术同行认可的好文献以及好出版物。

下载排序是根据文献被下载次数进行排序。下载次数最多的文献往往是传播最广，最受欢迎，文献价值较高的文献，根据下载次数排序可以帮助学者找到那些高质量但未被注意到的文献类型。

单库检索的检索结果分组和排序形式针对各个数据库的特征设置，与跨库的有些不同。表 5 – 2 是每个数据库对应的分组和排序方式。

表 5 – 2　各个库的分组和排序名称

数据库名称	分组	排序
期刊	学科、发表年度、基金、研究层次、作者、机构	主题排序、发表时间、被引、下载
麻省理工科技创业	年、相关度	
博硕士学位论文	来源数据库、学科、学位年度基金、导师、学科专业、研究层次	主题排序、发表时间、被引、下载、学位授予年度
博士学位论文	学科、学位年度、基金、导师、学科专业、研究层次	发表时间、相关度、被引、下载、学位授予年度

续表

数据库名称	分组	排序
优秀硕士学位论文	学科、学位年度、基金、导师、学科专业、研究层次	发表时间、相关度、被引、下载、学位授予年度
会议论文	来源数据库、学科、发表年度主办单位、基金、研究层次、作者、单位	主题排序、时间、被引、下载
国内会议	学科、发表年度、主办单位、基金、研究层次、作者、单位	时间、相关度、被引、下载
国外会议	学科类别、发表年度、主办单位、研究资助基金、研究层次、文献作者、作者单位	时间、相关度、被引、下载
报纸	学科、发表年度、作者、单位	主题排序、报纸日期
年鉴	学科、年检年份、地域、年鉴级别	年鉴年份、相关度、下载
工具书	学科	相关度、文字量
外文	来源数据库、学科、年、语言	发表时间、相关度

（3）检索结果处理

①检索结果保存

CNKI 提供了跨库检索结果的组合显示，检索结果界面如图 5－15 所示。如需要将检索结果的题录保存以供他用时，勾选要保存的文献记录后，点击导出 / 参考文献，系统以列表格式显示选中的条目，如图 5－16 所示，可将结果导出、定制、生成检索报告。在此页面进一步勾选需要导出的文献，再点击，则显示 5－17 所示的导出结果，系统默认的是"CAJ－CD 格式引文"形式，即参考文献格式，还可以其他形式显示，如查新、CNKI E－Leaning、Ref-

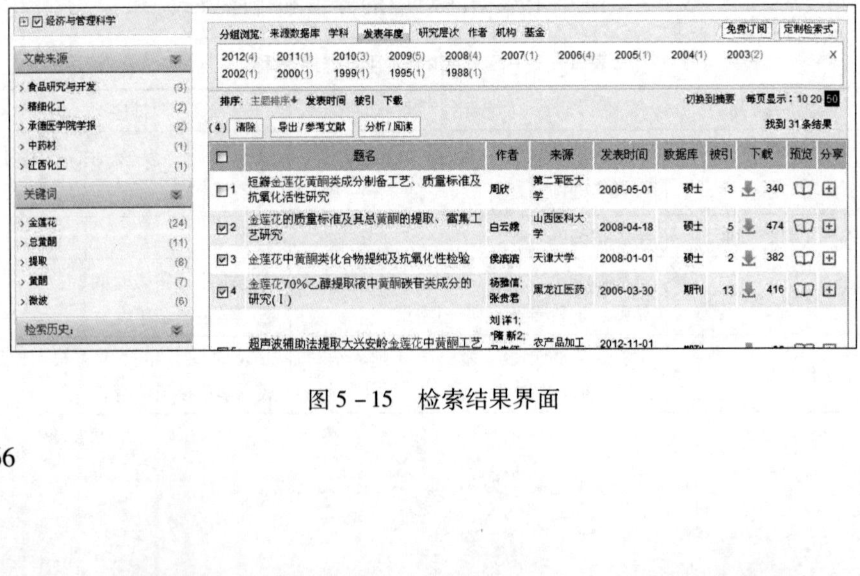

图 5－15　检索结果界面

Work、EndNote 、NoteExpress 和自定义等形式。

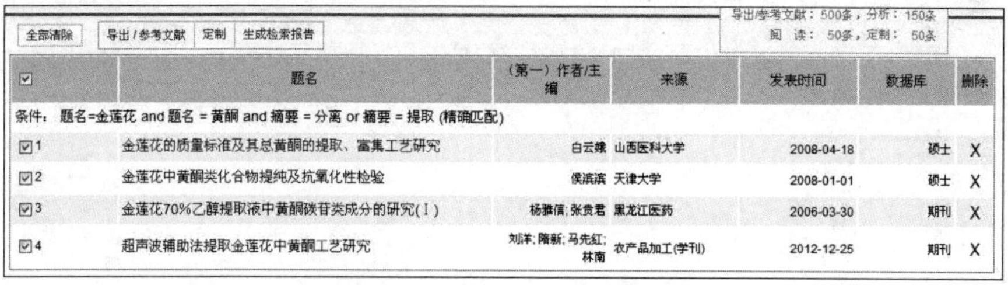

图 5－16　导出选中的检索结果

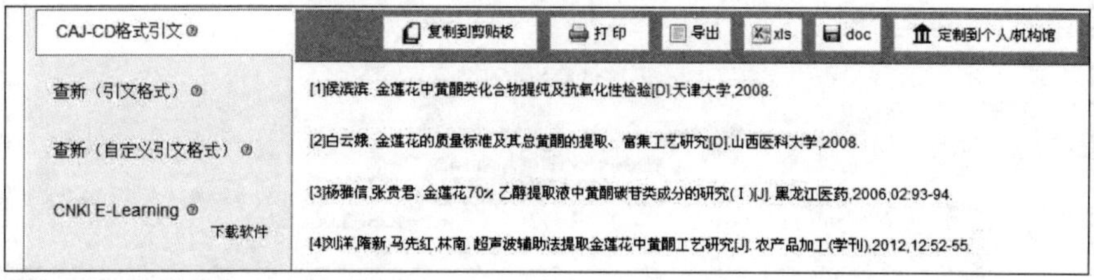

图 5－17　导出引文格式

②检索结果分析

在图 5－15 所示的检索结果页面勾选需要分析的文献，点击［分析/阅读］，显示如图 5－18 所示的界面，在此界面进一步勾选要分析的文献，点击［分析］，显示如图 5－19 所示的界面，蓝色球型是选择的文献，他们之间的互引关系以箭头表示，绿色小球表示参考文献，黄色小球表示引证文献。在图的下方列出了参考文献、引证文献、关键词文献、读者推荐分析、H 指数分析（本组文献中至少有 H 篇文献被引频次不少于 H 次）、文献分布分析（来源分析、机构分布等）。并提供了这些文献的全文连接。

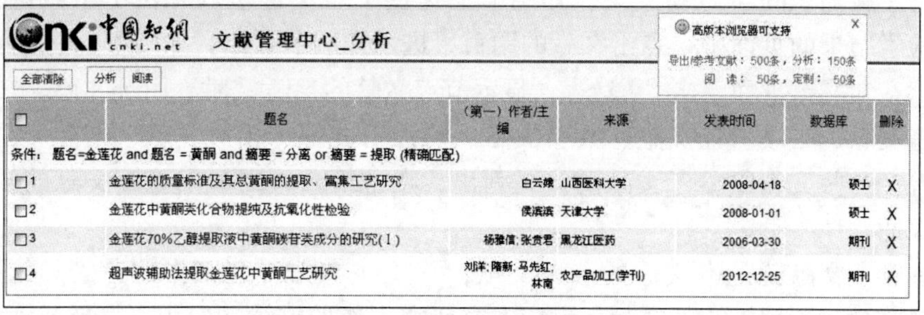

图 5－18　检索结果分析/阅读

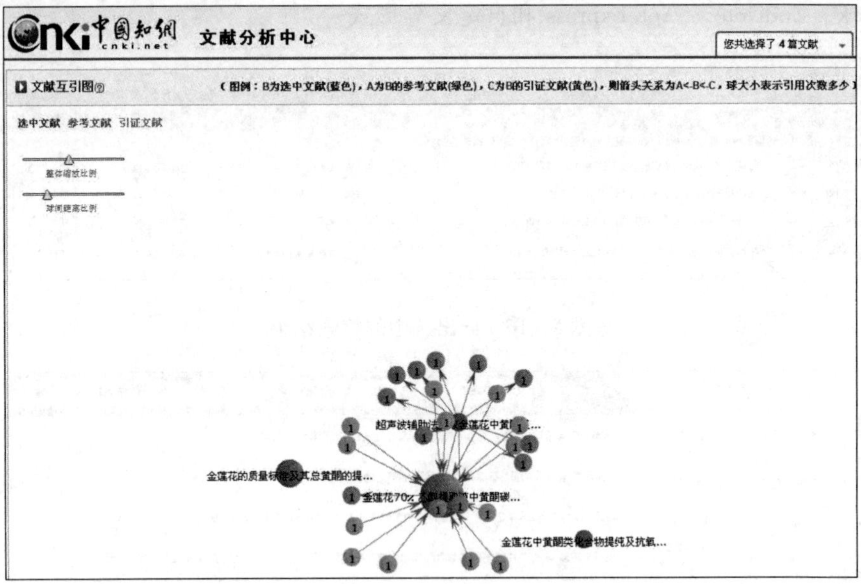

图 5－19　检索结果分析

从检索结果分析图中，能够直观看到文献之间的相互联系。

③全文预览

在图 5－16 所示的检索结果页面中，点击图标，表即可进入预览页面预览全文。

④知网节

知网节是知识网络节点的简称，它提供单篇文献的详细信息，即细览页和扩展信息浏览的页面。单篇文献的详细信息有题名、作者、机构、来源、摘要、关键词、时间等。浏览扩展信息，有助于了解研究背景和发展动态，有助于新知识的学习和发现。知网节还提供了全文链接和知网节下载链接。在检索结果的页面中，点击文献的题目，进入知网节页面，如图 5－20 所示。

在知网节页面点击 知网节下载，显示节点文献的参考文献、引证文献、二级参考文献、二级引证文献、共引文献、同被引文献、相似文献、同行关注文献等，这些文献以参考文献的格式列出，点击篇名，则显示该篇文献的知网节页面。

参考文献就是本文后的参考文献，它反映本文研究工作的背景和依据；引证文献是引用本文的文献，反应本文研究工作的继续、应用、发展或评价；二级参考文献是本文参考文献的参考文献，进一步反映本文研究工作的背景

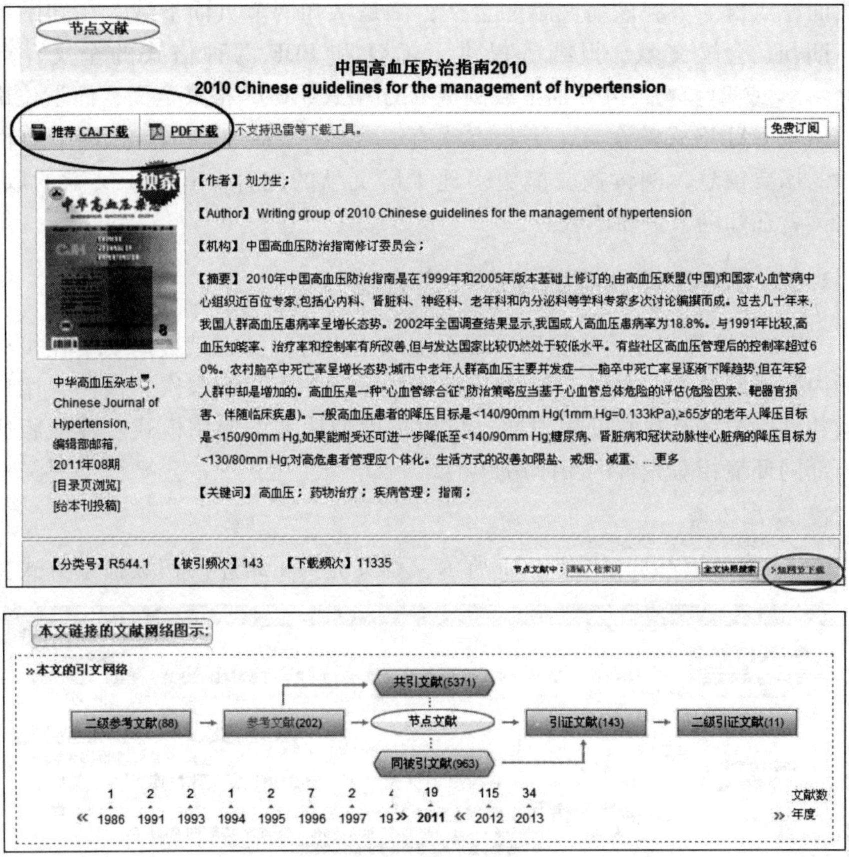

图 5-20　知网节页面

和依据；二级引证文献是引证文献的引证文献，进一步反应本文研究工作的继续、应用、发展或评价；共引文献也称同引文献，是与本文有相同参考文献的文献，与本文有共同研究背景或依据；同被引文献是与本文同时被作为参考文献引用的文献，与本文共同作为进一步研究的基础；相似文献是通过动态聚类算法得到的与该文献相关的其他文献；同行关注文献是与本文同时被多数读者关注的文献。同行关注较多的一批文献具有科学研究上的较强关联性。这些扩展信息从多个角度和方面反映了文献之间不同类型的关系。这些信息能帮助我们更全面、更广泛地了解和获取文献。

⑤全文下载

只有成为 CNKI 的正式用户，再下载 CAJ 和 PDF 阅读器，才可以浏览和下载保存文献全文。检索系统提供了两种途径浏览下载全文：一是从检索结果页面，点击下载该篇文献的全文；二是从知网节页面下载。在知网节页面，期刊、会议文献、报纸等提供了 CAJ 和 PDF 两种格式的全文，点击 推荐 CAJ下载 或 PDF下载，可分别下载浏览 CAJ 格式、PDF 格式全文，而学位论文只提供了 CAJ 格式的全文，下载方式有 分页下载 分章下载 整本下载 在线阅读。知网节页面有文献的摘要信息，阅读摘要能更多地了解文献的内容，有利于文献的取舍，建议读者在知网节页面下载。

1.3　CNKI 镜像版数据库检索方法

CNKI 的镜像版是将数据库管理系统和用户订购的文献数据安装在机构用户的内部网网站上，在限定 IP 地址范围内，用户可以不限次数使用，用户按所购数据库产品及其并发用户数支付数据库使用费的使用模式。镜像版适用于内部网环境相对完善的团体用户。

1. 跨库检索

CNKI 镜像版首页如图 5－21 所示，首页提供了跨库的初级检索方式。单

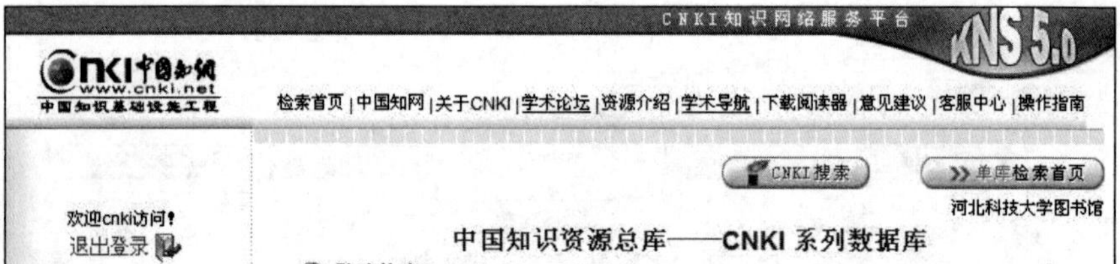

图 5－21　CNKI 镜像版首页

库检索时，在任何数据库的任何检索界面的右上角点开下拉菜单，也可以进入跨库检索的首页。

（1）跨库检索字段

跨库检索字段是从所选数据库的检索字段中汇集而成的共性字段项，也就是说，当前所选数据库同时都拥有的字段项自动形成跨库检索字段。跨库检索字段为动态显示，选择不同的数据库跨库检索，则跨库检索字段数量和名称有可能不同。

跨库基本检索字段是根据基本检索需求，为多个数据库统一检索而设定的、能与各个数据库检索字段建立对应关系的基本检索字段。目前为跨库检索设置了 11 项基本检索字段，跨库与四个源数据库检索字段对应表见表 5－3。

表 5－3　跨库与四个源数据库检索字段对应表

序号	跨库检索字段	期刊库检索字段	博硕库检索字段	会议库检索字段	报纸库检索字段
1	题名	篇名	题名	题名	标题
2	关键词	关键词	关键词	关键词	关键词
3	摘要	摘要	摘要	摘要	摘要
4	全文	全文	全文	全文	全文
5	作者	作者	作者	作者	作者
6	第一责任人	第一责任人	作者	第一责任人	第一责任人
7	单位	单位	学位授予单位	单位	/
8	来源	刊名	学位授予单位	会议录名称	报纸名称
9	主题	主题	主题	主题	主题
10	基金	基金	基金	基金	/
11	参考文献	参考文献	参考文献	参考文献	/

（2）跨库检索控制

跨库检索提供以下 10 个检索控制项：逻辑检索行、逻辑组合、词频、最近词、词扩展、词间关系、起止年份、匹配、排序、中英文扩展。

①逻辑检索行

逻辑运算行是为进行多个字段间的逻辑组合检索而设置的字词输入框，如图 5－22 所示。点击⊞增加一逻辑检索行，点击⊟减少一逻辑检索行，最多可增加 5 行。

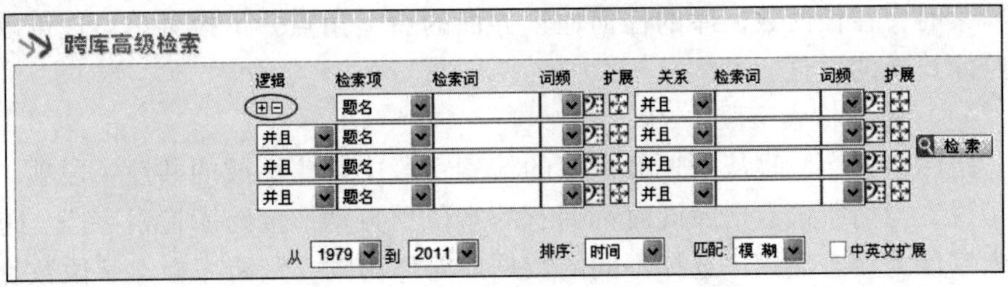

图 5－22　检索控制－逻辑检索行

②逻辑组合

如图 5－23 所示，当选择多个检索字段并在相应项内输入检索词时，可选择它们之间的逻辑关系进行组合检索。提供三种关系组合：逻辑与（并且）、逻辑或（或者）、逻辑非（不包含）。“并且”、“或者”、“不包含”的优先级相同，即按先后顺序进行组合。

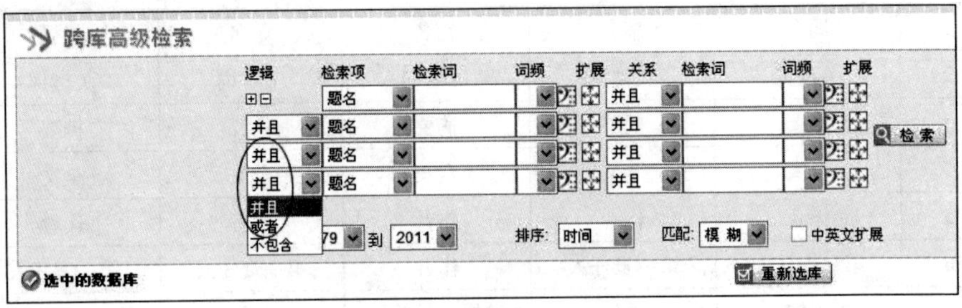

图 5－23　检索控制－逻辑组合

③词频

如图 5－24 所示，指检索词在相应字段内容中出现的次数，可从下拉列表中选择。词频为空，表示至少出现 1 次，如果为数字，例如 3，则表示至少出现 3 次，以此类推。不是所有检索字段都有必要支持词频控制，适用词频控制，则词频项显白（可选），否则显灰（不可选）。

④最近词

检索系统记录本次登录最近输入并进行检索操作过的 10 个检索词。点击图标，在弹出窗口上所列出的检索词中选择，点击您所需要的检索词，则该检索词自动进入检索框中。

⑤扩展词

点击图标，弹出一个窗口，显示以输入词为中心的相关词。

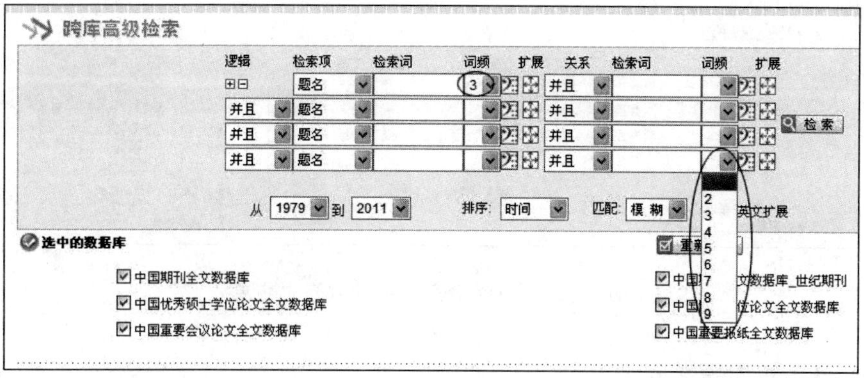

图 5－24　检索控制－词频

⑥词间关系

指同一检索字段中两个检索词的词间关系，适用于单项双词检索功能。可选择“或者”、“不包含”、“并且”逻辑运算以及“同句”、“同段”等 5 种关系。同句指两个标点符号之间；同段指 5 句之内。利用这些关系可达到精确检索的目的。

⑦起止年份

系统默认的检索时间从 1979 年至今，根据检索的时间范围，用户可以自己选择起止年份。

⑧匹配

提供检索字段内容与检索词的匹配选择，有精确与模糊两种选择。精确指检索结果完全等同或包含与检索字/词完全相同的词语；模糊指检索结果包含检索字/词或检索词中的词素。

⑨排序

指输出检索结果的排列顺序。提供时间和相关度两种排序选择。当选择时间排序时按文献入库时间逆序输出，当选择相关度排序时按词频和位置的相关程度从高到低顺序输出。

⑩中英文扩展

如图 5－25，勾选“中英文扩展”，即可实现中英文扩展检索功能，这是由所输入的中文检索词，自动扩展检索相应检索字段里英文词语的一项检索控制功能，前提条件是数据库里该字段的内容同时以中英文两种文字提供，例如期刊和学位论文中篇名、摘要、关键词通常都有中英文两种文字。仅在选择“匹配”中的“精确”时，“中英文扩展”功能才可使用。

图 5－25　单库检索控制－中英文扩展

(3) 跨库检索方式

跨库检索有三种检索方式，即跨库初级检索、跨库高级检索和跨库专业检索。在这三种方式下均可进行导航检索，跨库检索比单库检索多了中图分类法导航。

①跨库初级检索

CNKI 镜像版的主页提供了跨库初级检索界面，如图 5－21 所示，初级检索只能进行单个字段的检索。检索系统默认在勾选的数据库内跨库检索，用户通过点击数据库名称前的选择框可以增减数据库。再选择检索字段，输入检索词，点击 跨库检索 即可得到检索结果。

②跨库高级检索

跨库高级检索界面如图 5－26 所示，用户在初级检索界面下勾选了数据库进入高级检索界面时，则系统在勾选的数据库内检索。如果用户不选择，则是在系统默认的数据库内检索，通过点击默认数据库前的选择框可以去掉某个数据库，如果这时想增加数据，库点击 重新选库 即回到初级检索界面，在该界面下选择数据库，再回到高级检索界面。

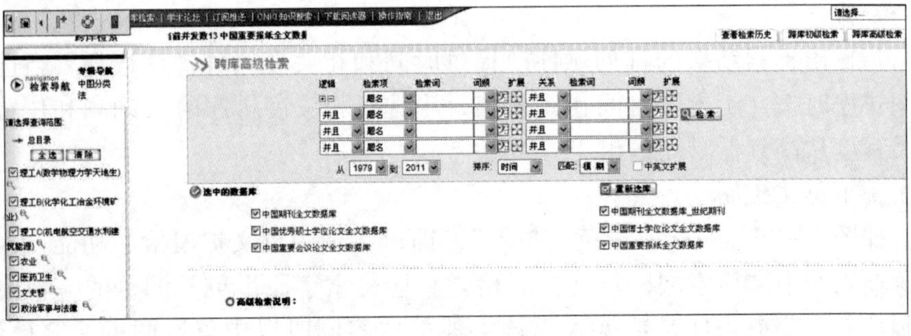

图 5－26　跨库高级检索界面

界面左边的查询范围有两种形式：一是专辑导航的分类形式，二是中图分类法的分类形式。系统默认在全部范围内检索，用户也可以根据需要自己选择。跨库高级检索的检索字段比单库少。

高级检索具备了各种检索控制项，利用各种检索控制条件可以使检索结果更全更准确，从而达到满意的检索效果。

③跨库专业检索

跨库专业检索是指使用跨库检索字段名称、采用检索系统提供的检索语法构造检索式，对所选择的一个及其以上的数据库进行检索的方法。检索界面如图 5 - 27 所示，跨库专业检索是对若干个数据库执行的统一的专业检索，执行统一的检索语法表及控制手段。专业检索提供以下组合功能：逻辑组合、距离匹配（字距、词距、同句、同段）、包含匹配、模糊匹配、前方一致、词频控制、数值匹配。

跨库专业检索适用于长期从事科技查新、课题检索的检索专家和对检索语法、检索技术十分熟悉的人员。

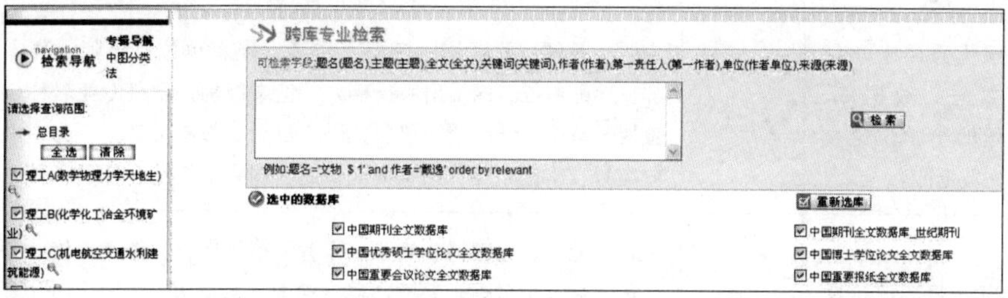

图 5 - 27　跨库专业检索界面

④跨库导航检索

导航检索为不熟悉检索技术的用户，提供了从分类类目检索文献的一种检索方式。在任何检索界面的左边列有以 CNKI 十大专辑分类的导航总目录，点击“中图分类法”则显示以中图分类法分类的导航总目录。点击目录名称，显示该目录的下级目录，可层层展开直到最后一级，点击类目名称后面的🔍，检索结果显示该级类目下文献的题录信息。

通常情况下，即使是最后一级类目的导航检索，其检索结果也非常多，为使检索结果更准确还需要进行二次检索。

2. 单库检索

单库检索是指用户只选择某一数据库所进行的检索及其后续的相关操作。

在 CNKI 中跨库检索的检索字段是所有文献都具备的字段项，要查找一些特殊的字段，如期刊论文的 ISSN 学位论文的指导导师，则需要单库检索。

在图 5 - 21 所示的 CNKI 镜像版首页，点击数据库名称，即可进入相应数据库的检索界面，或者点击右上角的

，再选择单个数据库检索。

（1）单库检索字段

镜像版的单库检索字段比网络版的要多，CNKI 镜像版单库检索时几个源数据库设置的字段项列表见表 5 - 4。

表 5 - 4　CNKI 镜像版单库检索时的字段项列表

数据库名称	检索字段数	检索字段名
中国期刊全文数据库	16 个	主题、篇名、关键词、摘要、作者、第一作者、作者单位、刊名、参考文献、全文、年、期、基金、中图分类号、ISSN、统一刊号
中国优秀硕士学位论文全文数据库、中国博士学位论文全文数据库	21 个	主题、题名、关键词、摘要、作者、作者单位、导师、第一导师、导师单位、网络出版投稿人、论文级别、学科专业名称、学位授予单位、学位授予单位代码、目录、参考文献、全文、中图分类号、学位年度、论文提交日期、网络出版投稿时间
中国重要会议论文全文数据库	25 个	主题、题名、关键词、摘要、作者、第一作者、作者单位、会议名称、会议录名称、参考文献、全文、年、基金、中图分类号、主办单位、学会、主编、编者、出版单位、会议地点、ISSN、统一书刊号、ISBN、网络出版投稿时间、网络出版投稿人
中国重要报纸全文数据库	11 个	主题、标题、作者、第一责任人、关键词、全文、报纸名称、日期、版次、栏目、统一刊号

（2）单库检索控制

单库检索控制项与跨库的基本相同，根据文献的特征有的单库会比跨库多一两个控制项，如中国期刊全文数据库还有数据更新、期刊范围这两个控制项。

（3）单库检索方式

各单个数据库均设置三种基本检索方式：初级检索、高级检索、专业检索，每一种检索方式在任何数据库中的页面设计、命名、操作均力求准确与统一，检索结果排序以及数据库使用过程中出现的图标和符号，各单个数据

库也是统一的，总之各单库的检索界面基本一致，只是每个单库的检索字段有所不同。这里以中国期刊全文数据库为例介绍单库检索

①单库初级检索

在 CNKI 主页点击中国期刊全文数据库或在其他检索方式的检索界面下点开页面右上方的数据库名称列表，选择中国期刊全文数据库即可进入初级检索界面。期刊的单库检索，针对期刊的来源范围，系统提供了全部期刊、EI 来源期刊、SCI 来源期刊、核心期刊几种选择。

③单库高级检索

单库高级检索和跨库高级检索的界面基本一致，只是检索字段不同，如图 5－28 所示。

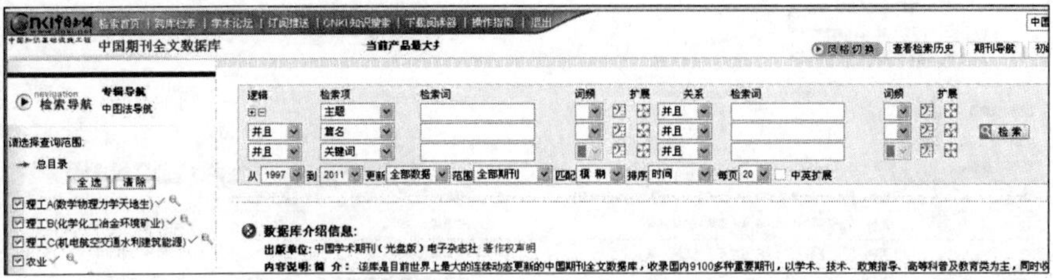

图 5－28　单库高级检索界面

④单库专业检索

单库专业检索同跨库检索一样适用于长期从事科技查新、课题检索的检索专家和对检索语法、检索技术十分熟悉的人员。

⑤单库导航检索

在单库检索的各种检索页面中，各源数据库均采用相同的导航检索。单库导航检索只采用 CNKI 专辑分类系统中的类目名称，同跨库检索相比少了中图分类法的导航形式，使用方法则和跨库相同。

3. 检索结果

跨库检索结果页如图 5－29 所示，检索结果列表上方显示检索结果的总数，并在每一个数据库名称的后面标出了该数据库里检出的文献数量，检索结果列表有文献的题名、来源、发表时间、来源数据库等信息。点击某篇文献的题名，可得到这篇文献细览信息，如图 5－30 所示，在检索结果中各数据库有统一的相关文献链接设置，为每一篇文献构造了各自的主题文献网络，并通过不同的链接点，将整个 CNKI 平台上的文献资源编织成纵横交错的文献网络、知识网络。主要有如下链接类型：参考文献、共引文献、二级参考文

献、相似文献等。

在跨库检索结果页面不能直接保存检索结果的题录信息，必须显示单一类型的文献信息后才可以保存题录信息。例如，在图 5－29 所示的页面中点击☑中国期刊全文数据库 (10)，则检索结果列表中只显示中国期刊全文数据库的检索结果，如图 5－31 所示，这也是中国期刊全文数据库单库的检索结果列表形式，在列表的右上方有(全选)(清除)(存盘)三个按钮，点击(全选)，下面列表中的 10 条记录全部勾选上，也可以根据需要有选择的逐个勾选，点击(清除)表示不选择。点击(存盘)则是保存勾选的文献的题录信息，如图 5－32 所示。系统默认的是引文格式，即参考文献的格式（缺页码信息），还有其他输出格式。

图 5－29 跨库检索结果页面

图 5－30 检索结果细览页

图 5－31　在跨库检索结果页面选择的单库结果

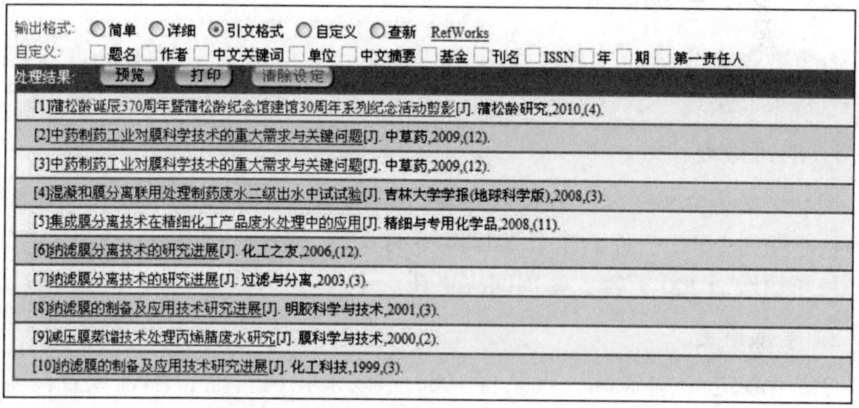

图 5－32　引文格式输出

4. 全文下载

只有成为 CNKI 的正式用户，再下载 CAJ 和 PDF 阅读器才可以浏览和下载保存文献全文。在 CNKI 主页点击上方的“下载阅读器”即可下载阅读器。检索系统提供了两种途径浏览下载全文：一是从检索结果页面，点击题名前的下载浏览 CAJ 格式全文；二是从细览页下载。对于期刊论文、学位论文、会议文献、报纸等文献，在细览页点击 CAJ下载 或 PDF下载，可分别下载浏览 CAJ 格式、PDF 格式全文，而学位论文只有 PDF 格式全文，其下载方式有 在线阅读 整本下载 分章下载 分页下载。

第二节　万方数据库

万方数据股份有限公司是由中国科技信息研究所以万方数据（集团）公司为基础，联合山西漳泽电力股份有限公司、北京知金科技投资有限公司、四川省科技信息研究所和科技文献出版社发起组建的高新技术股份有限公司。

万方数据知识服务平台是万方数据库的网络版形式，网址是 http：//www. wanfangdata. com. cn/。

万方的机构用户一般是内部网络环境好规模比较大的企业、高校和研究单位。个人用户可以在网上注册成会员并购买万方数据检索阅读会员卡或充值卡进行检索和全文下载，并拥有整个万方数据资源系统信息资源的完全使用权，而非会员只可以免费检索，不能下载全文。

2.1　万方数据库介绍

万方数据库收录的文献类型有期刊论文、学位论文、会议文献、专利、标准、成果、法规等。

1. 期刊论文

期刊论文是全文资源。收录自 1998 年以来国内出版的各类期刊 7 千余种，其中核心期刊 2 800 余种，截至 2013 年 6 月 6 日，论文总数量达 23 889 472 万篇，每年约增加 200 万篇，每周两次更新。

2. 学位论文

学位论文是全文资源。收录自 1980 年以来我国自然科学领域各高等院校、研究生院以及研究所的硕士、博士以及博士后论文共计 2 547 963 篇，其中，211 高校论文收录量占总量的 70% 以上，每年增加约 30 万篇。

3. 会议论文

会议论文是全文资源。收录了由中国科技信息研究所提供的，1985 年至今世界主要学会和协会主办的会议论文，以一级以上学会和协会主办的高质量会议论文为主。每年涉及近 3 000 个重要的学术会议，截至 2013 年 6 月 4 日总计 2 257 649 篇，每年增加约 20 万篇，每月更新。

4. 外文文献

外文文献包括外文期刊论文和外文会议论文。外文期刊论文是全文资源。收录了 1995 年以来世界各国出版的 20 900 种重要学术期刊，部分文献有少量回溯。每年增加论文约百万余篇，每月更新。外文会议论文是全文资源。收录了1985年以来世界各主要学协会、出版机构出版的学术会议论文，部分文献有少量回溯。每年增加论文约20余万篇，每月更新。截至2013年1月21日共计23 584 017篇。

5. 学者

学者检索中的学者信息来自万方学术圈。万方学术圈是业内率先实现读者与学者近距离接触的平台，可最快检索学者的学术成果，获取学者最新情况、最新研究领域，促进学者间的交流合作。

6. 专利技术

专利是全文资源。截至2013年5月13日共收录了国内外的发明、实用新型及外观设计等专利32 606 902项，其中中国专利700多万项，外国专利2 500多万项。内容涉及自然科学各个学科领域，每年增加约25万条，中国专利每两周更新一次，国外专利每季度更新一次。

7. 中外标准

标准是题录资源。综合了由国家技术监督局、建设部情报所、建材研究院等单位提供的相关行业的各类标准题录。包括中国标准、国际标准以及各国标准等302 617万多条记录。每月更新，保证了资源的实用性和实效性。目前已成为广大企业及科技工作者从事生产经营、科研工作不可或缺的宝贵信息资源。

8. 科技成果

科技成果是题录资源。主要收录了国内的科技成果及国家级科技计划项目。内容由《中国科技成果数据库》等十几个数据库组成，截至2013年6月6日收录的科技成果总记录共781 921项，内容涉及自然科学的各个学科领域，每月更新。

9. 图书

收录新方志、专业书、工具书等特种图书。内容涵盖各学科领域，为教学、科研提供有力辅助。截至2013年1月26共收录49 607种图书。

10. 政策法规

政策法规是全文资源。截至2013年5月13日收录自1949年建国以来全国各种法律法规共537 050条。内容不但包括国家法律法规、行政法规、地方法规，还包括国际条约及惯例、司法解释、案例分析等。关注社会发展热点，更具实用价值，被认为是国内最权威、全面、实用的法律法规数据库。

11. 机构

机构信息系统是在《中国企业、公司及产品数据库》的基础上扩展的数据库系统，截至2013年6月6日收录了共206 279多万家企业机构、科研机构、信息机构和教育机构的详尽信息，分别针对各类机构的特点进行分类导航，并整合了各类机构的科研产出（包括发表论文、承担科技成果、申请专利、起草标准）和媒体报导情况，对获取、了解与分析相关机构的社会信用、科研能力、经营状况、发展方向等情况，可以起到重要的作用。

12. 科技专家

《中国科技专家库》收录了国内自然科学技术领域的专家名人信息，介绍了各专家在相关研究领域内的研究内容及其所取得的进展，为国内外相关研究人员提供检索服务，有助于用户掌握相关研究领域的前沿信息。该数据库的主要字段内容包括：姓名、性别、工作单位、工作职务、教育背景、专业领域、研究方向、研究成果、专家荣誉、获奖情况、发表的专著和论文等三十多个字段。截至2013年1月13日共收录11 183位专家名人信息。

2.2 万方数据知识服务平台检索

1. 检索字段

针对不同类型的文献，万方设置的检索字段不同，见表5－5。当选择跨库检索时，各数据库相同的字段项如主题、题名或关键词、题名、创作者等作为公共字段项出现，各个数据库不同的字段项则都分别列出。

表5－5 各种类型文献的检索字段

数据库名称	检索字段数	检索字段
期刊论文	11	全部、主题、题名或关键词、题名、创作者、作者单位、关键词、摘要、日期、期刊－来源、期刊－期
学位论文	13	全部、主题、题名或关键词、题名、创作者、作者单位、关键词、摘要、日期、学位－专业、学位－学位授予单位、学位－导师、学位－学位
会议论文	13	全部、主题、题名或关键词、题名、创作者、作者单位、关键词、摘要、日期、会议－来源、会议－会议名称、会议－主办单位、会议－会议id
学者	5	全部、题名或关键词、题名、作者单位、关键词

续表

数据库名称	检索字段数	检索字段
专利技术	15	全部、主题、题名或关键词、题名、创作者、作者单位、摘要、日期、专利－申请、专利号、专利－专利权人、专利－公开、公告号、专利－主权项、专利－优先权、专利－代理人
中外标准	8	全部、主题、题名或关键词、题名、作者单位、关键词、日期、标准－发布单位
科技成果	20	全部、主题、题名或关键词、题名、创作者、作者单位、关键词、摘要、日期、成果－省市、成果－类别、成果－成果水平、成果－成果密级、成果－获奖情况、成果－行业、成果－鉴定单位、成果－申报单位、成果－登记部门、成果－联系单位、成果－联系人
图书	6	全部、题名、创作者、日期、图书－出版单位、图书－ISBN
法律法规	10	全部、主题、题名或关键词、题名、作者单位、日期、法规－发文文号、法规－效力级别、法规－时效性、法规－终审法院
机构	10	全部、题名或关键词、题名、关键词、日期、机构－负责人、机构－经营项目、机构－研究范围、机构－办学层次、机构－行业类名
专家	5	全部、题名、专家－工作单位、专家－专业领域、专家－研究成果

万方数据知识服务平台主页如图 5－33 所示，检索方法按所选数据库的范围来说有跨库检索、单库检索，按数据库的检索功能来说有一筐式检索、高级检索、专业检索。

图 5－33 万方数据知识服务平台首页

2. 跨库检索

(1) 跨库一筐式检索

在图5－36所示的主页，系统默认“学术论文”一筐式检索，“学术论文”则包含了后面的期刊、学位、会议、外文文献这几种文献类型，实际上“学术论文”检索就是同时在这几个数据库跨库检索。

一筐式检索可以直接在检索框内输入检索词进行检索，默认检索词在篇名、摘要、关键词字段范围内检索，通常一次检索不能达到检索目的，需要进一步缩小搜索范围。在一筐式检索的结果页面提供了在“结果中检索”的对话框，可使检索结果更为准确。

知识服务平台首页、检索结果等页面的一筐式检索框，还支持 PairQuery 也就是 PQ 表达式的用法，这种检索方式类似于专业检索，其字段表达比一般数据库的专业检索更随意灵活，用户容易掌握和使用。

PQ 表达式由多个部分组成，多个部分之间支持“与”、“或”、“非”等布尔逻辑运算，每个部分由冒号分隔符“:”分隔为左右两部分，“:”左侧为限定的检索字段，“:”右侧为要检索的词或短语。布尔逻辑算符由多种形式表达，见表5－6，在使用逻辑算符时，逻辑算符的前后需要键入空格。

表5－6　布尔逻辑算符表示及含义

布尔逻辑算符	含义	举例
空格、*、and	表示“与”运算	包含大学生和信息素质的检索：大学生 * 信息素质、大学生 and 信息素质
+、or	表示“或”运算	包含信息或文献的检索：信息 + 文献、信息 or 文献
－、not	表示“非”运算	包含信息但不含文献的检索：信息 － 文献、信息 not 文献
^	表示“非”运算	当需要仅限定某一检索项不应该包含的检索词时使用，包含信息素质但摘要不含“中学生”：信息素质^摘要：中学生

其他操作符，括号“( )”表示括号内的先执行，引号“”表示精确匹配检索，破折号“－”表示年份范围的闭区间，如2010至2013年的文献，日期：2010—2013。

万方数据为论文检索提供了多种检索字段，每个字段允许多种 PQ 表达方式。表5－7列举了常用字段及其表达方式

表 5-7　字段的 PQ 表达方式

字段名称	PQ 表达方式	举例
标题	t、title、titles、题、标题、题目、题名、篇名	标题：地质构造
责任者	a、creator、creators、author、authors、人、作者、著者	作者：张三
机构	Organizations、机构、单位	单位：河北科技大学
关键词	k、keyword、keywords、词、关键字、主题词	关键词：信息素质
摘要	Abstract、abstracts、概、概要、概述、摘要、简述、文摘	摘要：信息素质

例如，检索篇名中含有“大学生”和“信息素质”的文献，在检索框内输入“篇名：(大学生 * 信息素质)”或者“题目：(大学生 * 信息素质)”；检索篇名中含有信息素质或信息素养，摘要中含有大学生的文献，在检索框内输入“篇名：(信息素质 + 信息素养) * 摘要：大学生”。

(2) 跨库高级检索

在主页点击“高级检索”，显示如图 5-34 所示的高级检索界面，左边是默认的文献类型，有期刊论文、学位论文、会议论文、外文期刊、外文会议，用户也可以根据需要选择。高级检索可以进行多个字段的逻辑与、或、非检索，并且字段内的多个词之间也可键入空格实现逻辑与的运算检索。

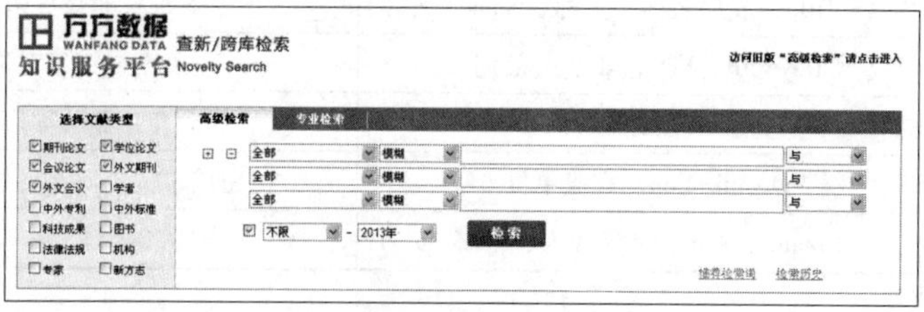

图 5-34　高级检索页面

(3) 跨库专业检索

在高级检索界面，设置了专业检索的链接，其检索方法和一筐式 PQ 表达式的检索相同。

3. 单库检索

(1) 单库一筐式检索

在万方数据知识服务平台的首页，点击检索框上方的文献名称实现只对该种文献的单库检索，其检索功能和一筐式跨库检索相同。

期刊、学位、会议、外文文献这几种文献单库检索时的逻辑算符和字段表达与跨库一致，对于专利、成果、法规等文献，PQ 表达式分别如表 5 - 8，表 5 - 9，表 5 - 10。

表 5 - 8　专利文献字段及表达方式

字段名称	可表达字段	举例
申请号	申请号	申请号：CN200810044830.9
名称	标题、Patent name、Name、专利名称、名称、题名	名称：饮水机
发明设计人	发明人、设计人、Inventor	发明人：张三
申请（专利权）人	申请人、专利权人、Applicant	申请人：河北科技大学
申请日	申请日期、Application	申请日期：2000—2008
公开（公告）号	公开号、公告号、Publication No	公开号：CN1897038
公开（公告）日	公开日期、公告日期、Publication Date	公开日期：2000 - 2003
主分类号	主分类号、Classmain	主分类号：G06T17
摘要	Abstract、摘要	摘要：饮水机

表 5 - 9　成果文献字段及表达方式

字段名称	可用表达字段	举例
名称	Title、成果名称、名称、Name	名称：非对称信息
关键词	Keyword、Keywords、关键词	关键词：不对称
摘要	Abstract、摘要、简介	简介：非对称信息
完成单位	Organization、完成单位	完成单位：河北科技大学
完成人	Creator、Author、完成人、作者	完成人：张三

表 5 - 10　法规文献字段及表达方式

字段名称	可用表达字段	举例
标题	标题、T、Title、题名、名称	标题：专业贷款
颁布部门	颁布部门、Iu 、Issue department、Issue unit	颁布部门：商务部
终审法院	终审法院、Fc、Final count	终审法院：最高人民法院
内容分类	分类、内容分类、Cc、Content class	内容分类：港澳事务
行业分类	行业代码、行业分类、Tctrade class	行业分类：银行业

（2）单库高级检索

在万方知识服务平台的主页，点击“高级检索”后显示的图 5 - 34 所示的页面中，只勾选某一种文献类型，即可对该种文献进行单库高级检索，检索字段随着选择的文献类型不同而变化，检索界面全部一致。

4. 知识脉络分析

知识脉络检索是以年度为横坐标，以年度每百万篇期刊论文的命中数为纵坐标对检索结果作趋势图。在趋势图的下方列出了与检索词相关的热词（热词是指与被检索词共同出现在关键词字段较多次数的词），可以了解相关主题的学术研究趋势及热点。在知识脉络检索结果页面还可以进一步“比较分析”。

在万方知识服务平台主页，点击知识脉络分析显示图 5－35 所示的页面，在检索框内输入需要分析的检索词，例如对“4G”进行知识脉络分析时得到的检索结果如图 5－36 所示，从图中可以直观看到对 4G 研究热度的变化。点击“比较分析”按钮，显示如图 5－37 所示的页面，该页面对与 4G 相关的词作趋势图，可以了解相关学科的发展趋势。

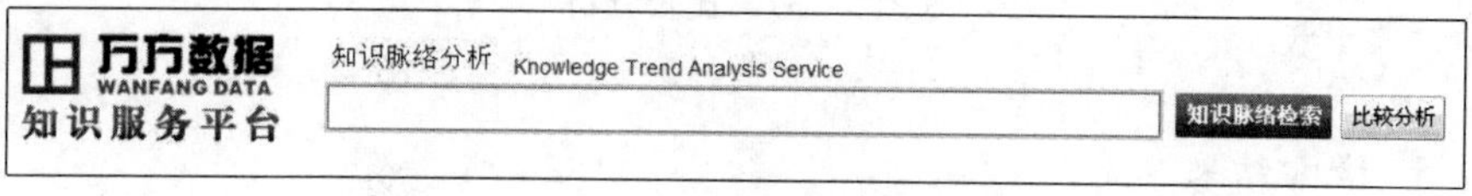

图 5－35　知识脉络分析检索

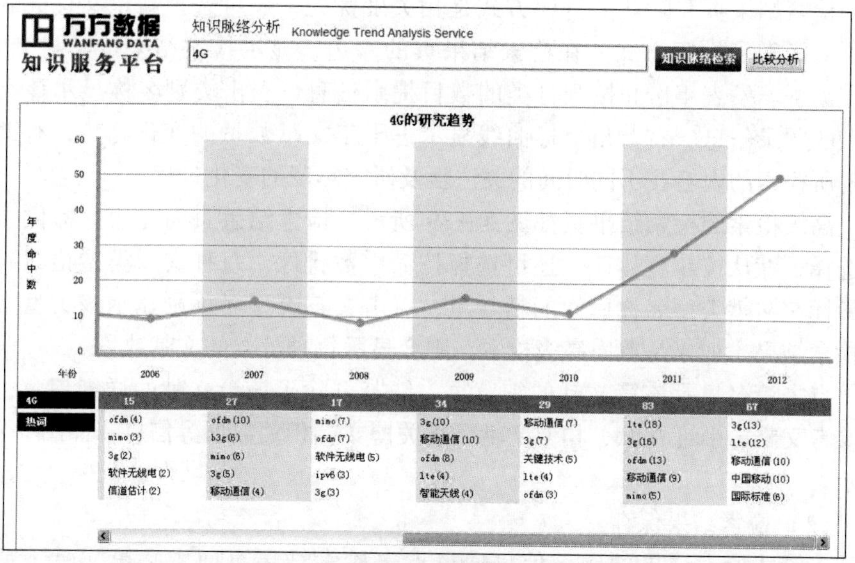

图 5－36　知识脉络分析检索结果

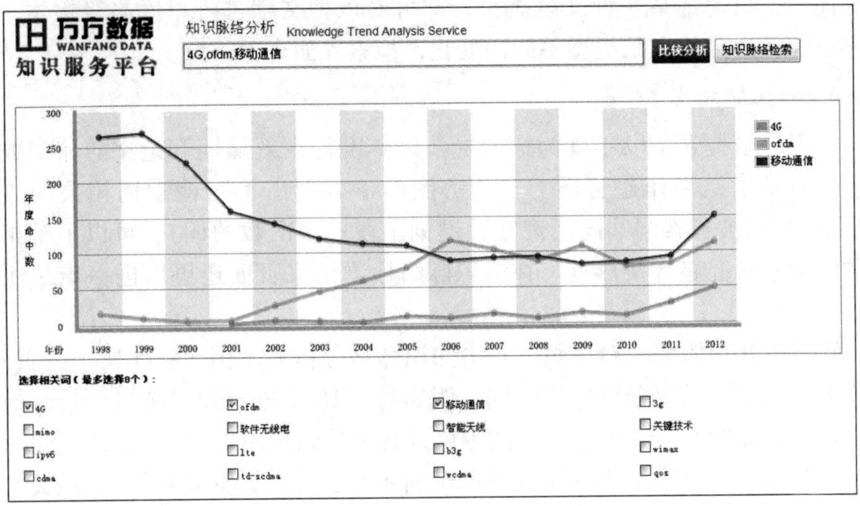

图 5－37　比较分析

5. 检索结果

（1）检索结果显示

一筐式检索和高级检索的检索结果页面不尽相同，图 5－38 是一筐式检索的检索结果页，默认的排序方式是相关度优先，还可选择新论文优先、经典论文优先等排序方式。在检索结果页的左边，显示检索结果按学科分类、论文类型、发表年份和按刊分类的数目提示信息，点击类别名称显示该类别文献的题录信息。右上角坐标曲线显示近十年文献数量的变化趋势，有助于了解所检索的内容在不同时间的关注度及研究热度的变化过程。

高级检索的检索结果页如图 5－39 所示。检索结果页面左边，提供了排序选择，默认按年度排序，还可选择按命中数排序。每种文献类型检索到的数量标在文献类型名称后面的括号里，点击文献类型名称则显示该类型文献的检索结果，如果是单库高级检索，则会显示每种分类的文献数量。

点击篇名显示该篇文献的细览页，细览页除了该篇文献的详细信息，还有参考文献、引证文献、相似文献、相关博文、相关数据等信息，如图 5－40 所示。

（2）检索结果保存

一筐式检索结果的题录信息通过点击检索结果页面中每篇文献下面的“导出”链接逐篇保存，高级检索结果的题录信息先将需要保存的文献勾选，

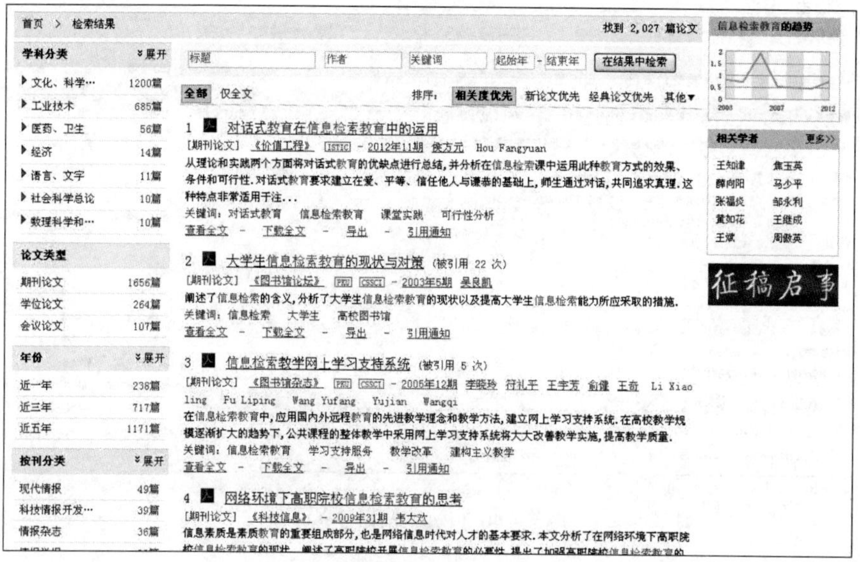

图 5-38　一筐式检索结果页

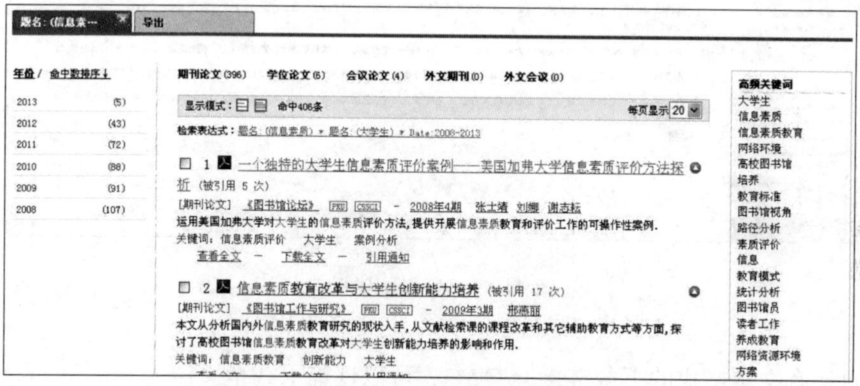

图 5-39　高级检索结果页

点击导出一次性保存。这两种方式导出的结果完全相同，如图 5-41 所示，图中选择的是参考文献格式，还有文献列表、NoteExpress、自定义格式等保存方式。

6. 全文下载

检索结果页面和细览页都提供了 PDF 格式全文下载的链接图标，在细

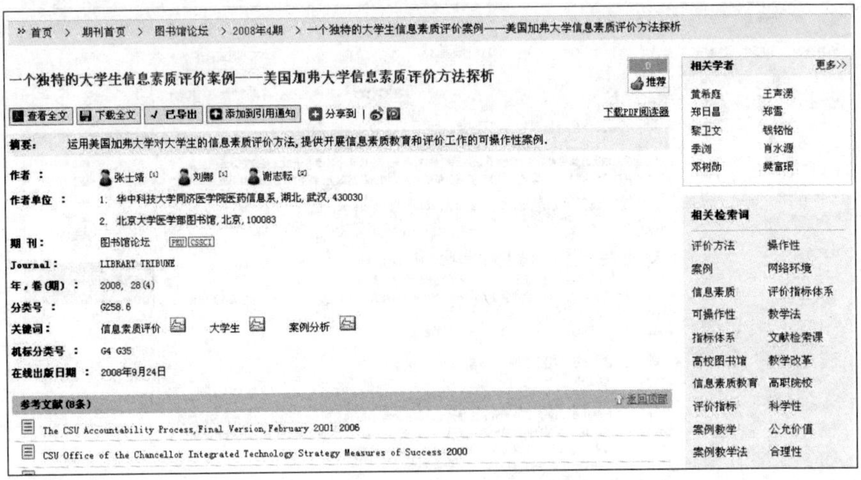

图 5－40　检索结果细览页

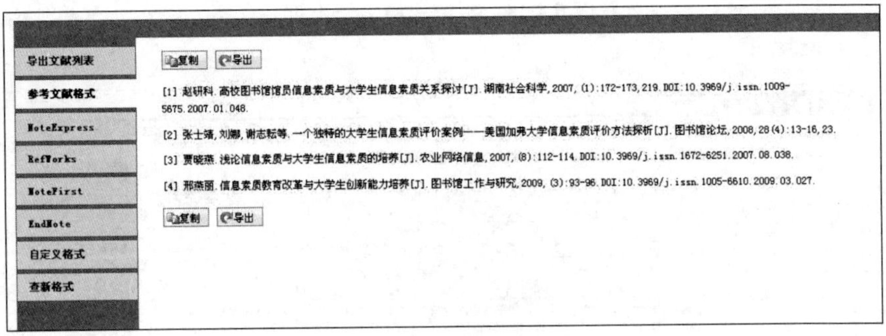

图 5－41　检索结果保存

览页还有文本格式的下载链接[下载全文]，可以逐篇下载全文。

第三节　中文科技期刊数据库

重庆维普资讯有限公司成立于 1993 年，其前身是中国科技情报所重庆分所数据库研究中心。维普是中国数据库产业的开拓者，一直致力于电子与网络信息资源的研究、开发和应用。维普的业务范围包括数据库出版发行、知识网络传播、期刊分销、电子期刊制作发行、网络广告、文献资料数字化工程以及基于电子信息资源的多种个性化服务。

中文科技期刊数据库（全文版）是重庆维普资讯有限公司的主要产品。维普的数据库产品除了中文科技期刊数据库（全文版）以外，还有中文科技期刊数据库（引文版）、外文科技期刊数据库（文摘版）和外文科技期刊整合服务。

3.1 中文科技期刊数据库（全文版）简介

中文科技期刊数据库收录期刊 12 000 余种，核心期刊近 2 000 种，截至 2013 年 2 月全文文献量 3 500 多万篇，文献最早回溯至 1955 年。学科范围覆盖社会科学、自然科学、工程技术、农业科学、医药卫生、经济管理、教育科学和图书情报，中心网站每日更新。

中文科技期刊数据库有镜像站和网络版两种检索形式，镜像站检索通常是面向高等院校、公共图书馆、研究机构、企业、医院等机构用户。网络版“维普网”（http：//www. cqvip. com）于 2000 年建成，经过多年的商业运营，已经成为全球著名的中文信息服务网站，是 Google 搜索的重要战略合作伙伴，是 Google Scholar 最大的中文内容合作网站。

以下分别介绍中文科技期刊数据库的镜像站检索和网站检索。

3.2 中文科技期刊数据库（全文版）镜像站检索

中文科技期刊数据库镜像站的主页如图 5－42 所示，在主页默认快速检索的界面，还设有传统检索、高级检索、分类检索和期刊导航的链接。

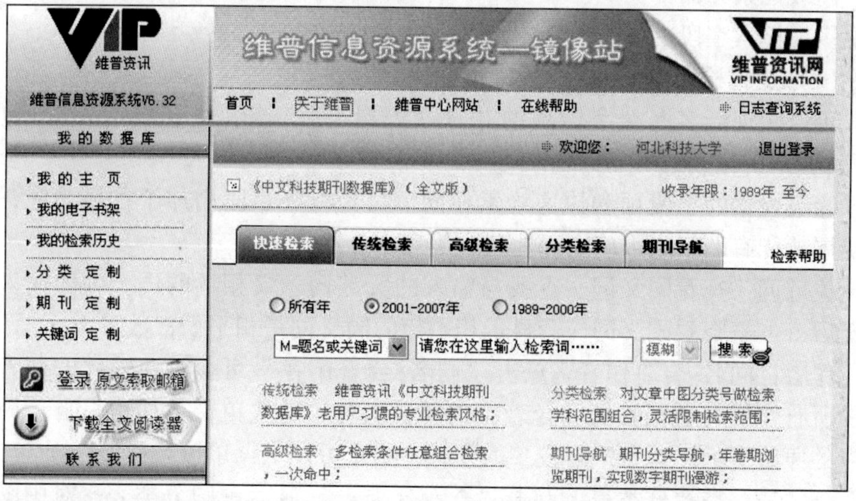

图 5－42 中文科技期刊数据库镜像站主页

1. 快速检索

快速检索界面如图 5 – 42 所示，快速检索提供的可检字段有题名或关键词、关键词、刊名、作者、第一作者、机构、题名、文摘、分类号、作者简介、基金资助、栏目信息。用户只需要在相应的字段内输入检索词，点击搜索即可。检索词可以有多个，多个检索词之间用空格或者“ * ”代表“逻辑与”，“ + ”代表“逻辑或”，“ – ”代表“逻辑非”。

2. 传统检索

传统检索是维普信息资源系统最初的检索方式，它是单字段的检索，可在检索结果中进行二次检索。许多老用户习惯了这种检索，改版后的维普信息资源系统保留了传统检索方式。其检索界面如图 5 – 43 所示。

图 5 – 43　传统检索界面

3. 高级检索

高级检索界面如图 5 – 44 所示，高级检索界面提供了两种检索方式，一种是多个检索字段的逻辑检索，一种是检索式检索。

（1）逻辑检索

可以实现最多 5 个字段项的并且（逻辑与）、或者（逻辑或）、不包含（逻辑非）的逻辑运算检索。

高级检索的字段项和快速检索相同，只是有些字段增加了扩展功能，这些扩展功能有助于更准确全面地获取信息，分别如下。

关键词：查看同义词。查找与输入的关键词意义相近的词。例如输入相平衡后，点击查看同义词，会显示相平衡的同义词是相平衡常数。

作者：同名/合著作者。点击“同名/合著作者”可显示与输入的作者同名的所有作者（包括独著和合著）的单位名称，这些单位名称均来自于同名作者的原始文献。对于重名较多的作者，用户可以依据单位名称加以限定。

分类号：查看分类表。点击“查看分类表”显示中图分类表，对中图分类表层层展开可以得到各分类等级的分类号。

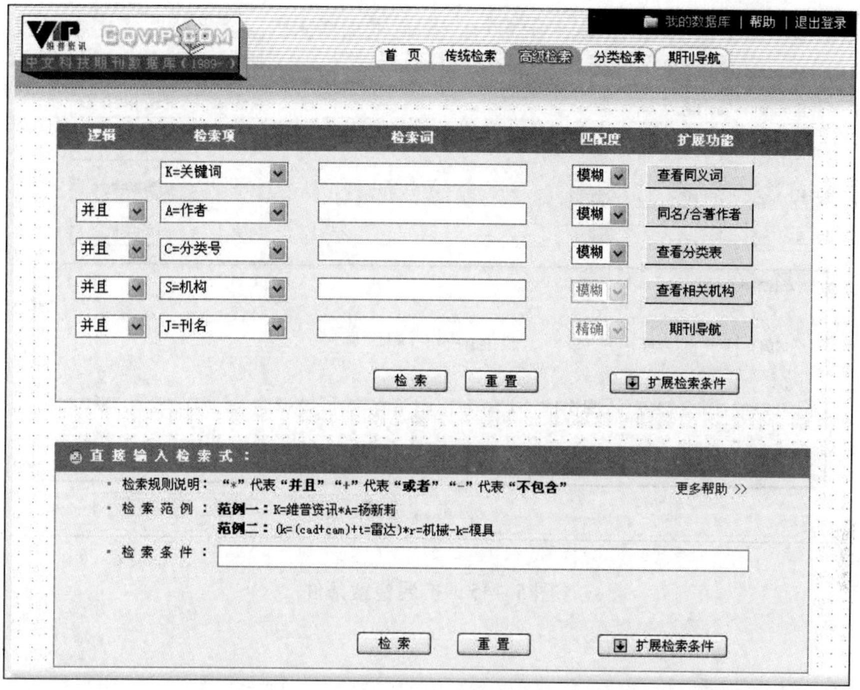

图 5－44　高级检索界面

机构：查看相关机构。输入机构名称后点击“查看相关机构”，可以查看与该机构名称相关的机构名称，通常是包含输入机构名称在内的所有机构名称。

刊名：期刊导航。查看相关期刊，即包含输入刊名在内的所有期刊名称。

另外检索字段的匹配功能有精确和模糊两种方式。

（2）直接输入检索式检索

这种检索方法与中国知网和万方数据库的专业检索相同，是使用数据库的所有字段项，采用系统所提供的检索语法，将各种检索条件构造成检索表达式，并将其直接输入到检索框中进行检索的方法。

以上两种检索方式中，系统还设置了扩展检索条件的功能。点击

在检索界面展开图 5－45 所示的检索条件。可以对时间、专业和期刊范围限定。

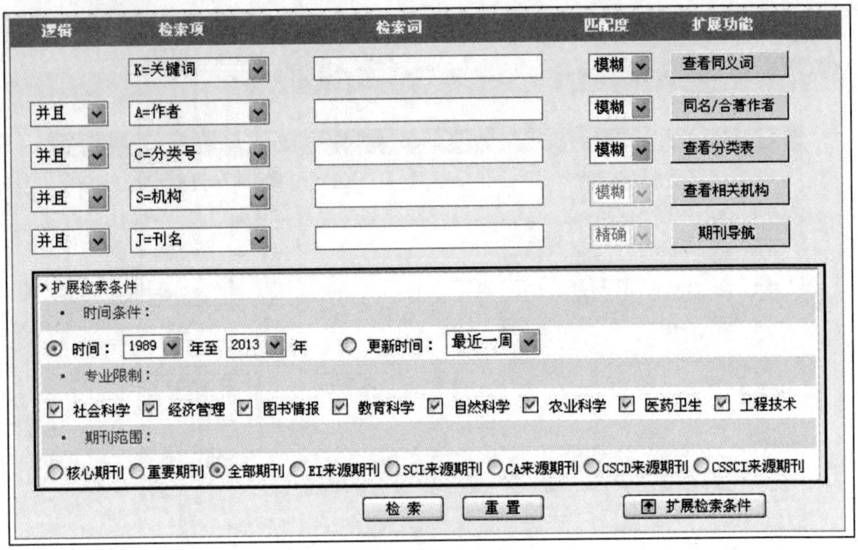

图 5－45　扩展检索条件

4. 分类检索

在镜像站主页点击“分类检索”按钮，即可进入分类检索界面，在分类检索界面有中图分类表，可以逐级展开，选择所需类别，勾选后点击>>，将选中的类别添加到右边方框“所选分类”中，例如图 5－46 选择的是化学工程分类下制药工业的多肽族抗菌素制药。可以选择多个分类分别添加到右边方框“所选分类”中。如果要删除某一所选分类，可以在点击分类后直接双击或点击分类后再点击<<按钮来删除。

选好分类后在，下方的快速检索入口选择检索字段，输入检索词，选择年代，点击搜索即可显示所选类别下符合检索词条件的文献。如果不选择检索字段，只选择年代，点击检索后则显示的是所选分类在选择的年代期间内的所有文献。

5. 期刊导航

期刊导航的检索界面如图 5－47 所示。系统提供了按期刊学科分类导航和按拼音字顺查找两种方式。

按期刊学科分类导航提供“核心期刊”或“核心期刊和相关期刊”的选择，便于用户查找某一类别的核心期刊。查看时点击期刊类别，如点击社会科学总论下的学报及综合类，显示如图 5－48 所示的这类期刊的列表，点击

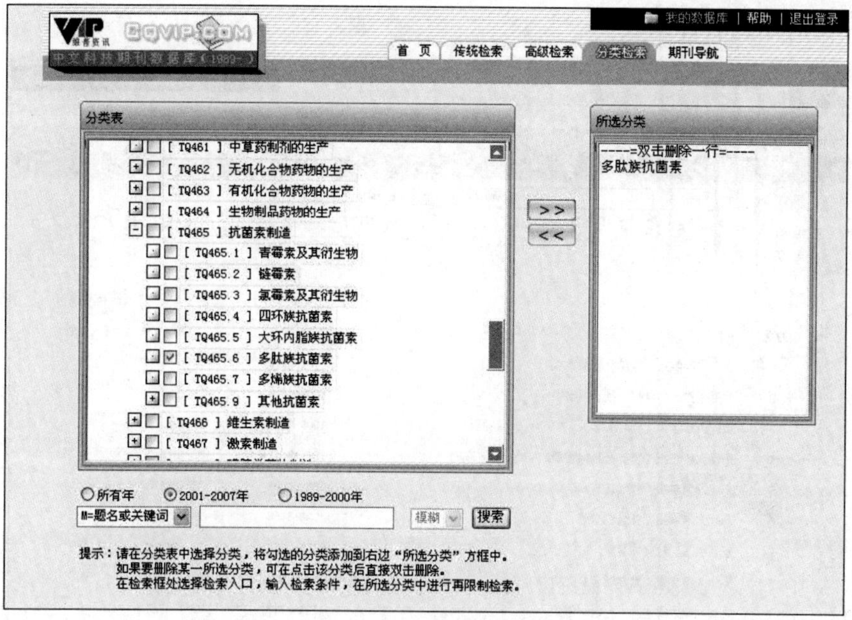

图 5－46　分类检索界面

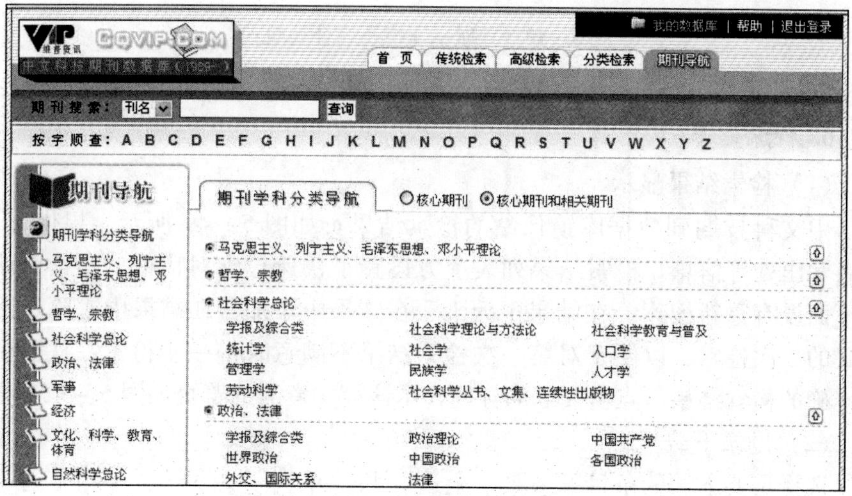

图 5－47　期刊导航界面

期刊名称可查看该期刊的文章。按字查找时点击某个字母，可以得到以该字母开头的期刊名称列表。

图 5－48　导航—学报及综合类期刊

6. 检索结果

（1）检索结果显示

中文科技期刊数据库镜像站的检索结果页如图 5－49 所示，提供标题、作者和出处等信息。检索结果列表上方设置了快速检索对话框，检索对话框的下面设有重新搜索、在结果中搜索、在结果中添加、在结果中去除这四个方式的二次检索，以便于对第一次检索结果不满意时进一步检索，从而得到更准确的检索结果。点击文献的标题显示该篇文章的细览页如图 5－50 所示。

（2）题录下载

选择需要下载的条目可采取“全选”和“单选”两种方式。“全选”只要勾选检索结果列表上方的全选框，即可将题录全部勾选；单选则是一一勾选所要保存的题录。

在检索结果列表上方有 下载 打印 加入电子书架 的链接。点击 下载 是下载

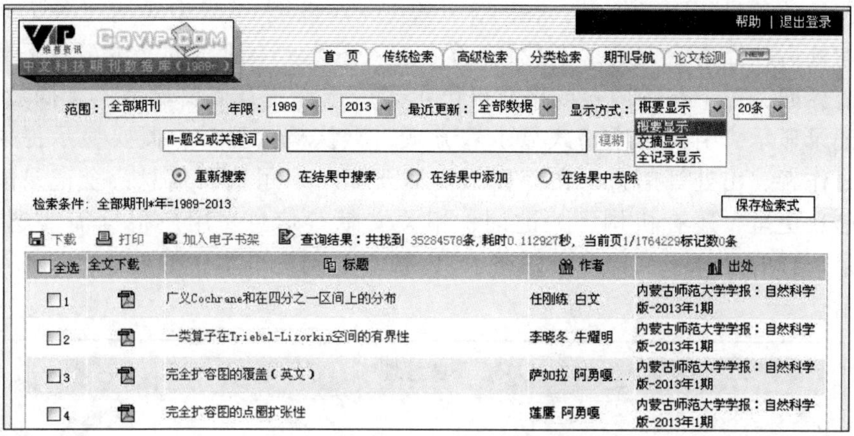

图 5－49　检索结果页

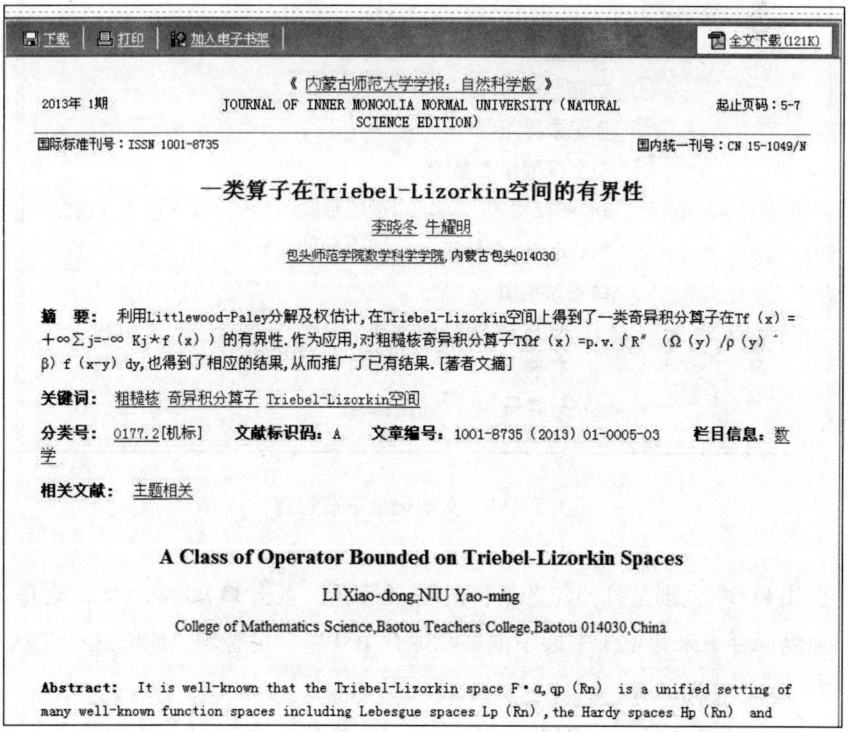

图 5－50　细览页

勾选好的条目的题录信息，在图 5 - 49 所示的检索结果中对前三条记录一一勾选后，点击上方的“下载”，首先进入图 5 - 51 所示的文本记录下载管理的界面，对下载的内容或格式提供了多个选择，有概要显示、文摘显示、全记录显示，引文标准格式显示等方式，默认概要显示。概要显示提供标题、作者、出处等信息；文摘显示比概要显示多了摘要信息；全记录显示的信息更全，还有机构、关键词、相关文献等信息。用户根据需要选择，如果选择的是“引文标准格式显示”，则下载到记事本中的记录如图 5 - 52 所示。

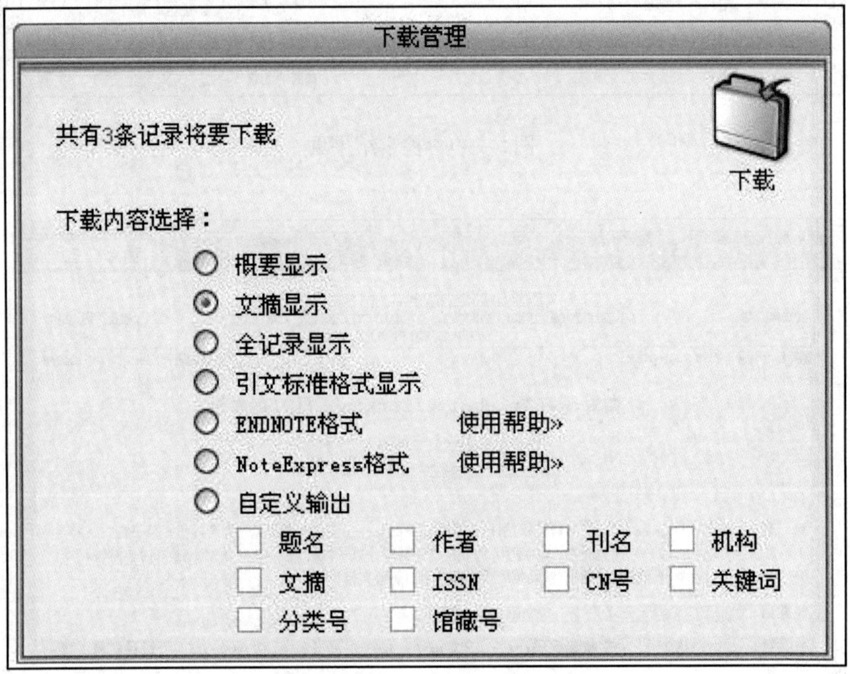

图 5 - 51　文本记录下载管理

点击 打印，则是打印勾选条目的题录信息，点击 加入电子书架，则是将勾选的文献保存下来，电子书架中最多能保存 100 条，可整理、删除这些文献。

7. 全文下载

系统提供了两种途径浏览下载全文：一是从检索结果页面，点击标题名前的 下载；二是在细览页点击 全文下载 下载保存全文。在细览页可查看除全文以外的该篇文献的信息，阅读细览页的信息进一步了解文献的内容。维普

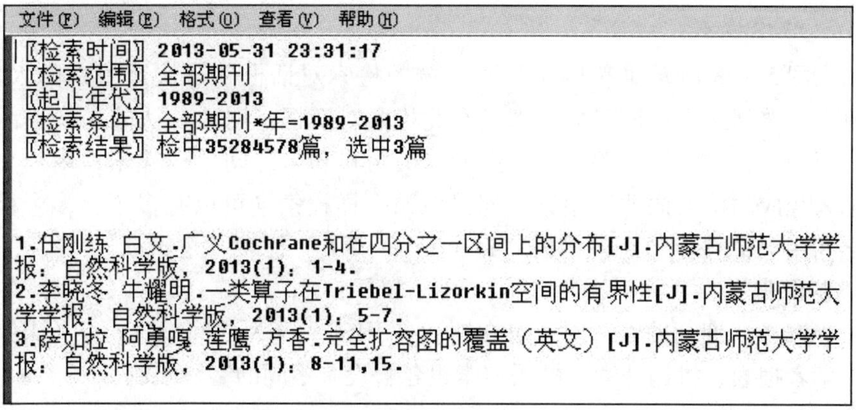
文件(F) 编辑(E) 格式(O) 查看(V) 帮助(H)

［检索时间］ 2013-05-31 23:31:17
［检索范围］ 全部期刊
［起止年代］ 1989-2013
［检索条件］ 全部期刊*年=1989-2013
［检索结果］ 检中35284578篇，选中3篇

1.任刚练 白文.广义Cochrane和在四分之一区间上的分布[J].内蒙古师范大学学报：自然科学版，2013(1)：1-4.
2.李晓冬 牛耀明.一类算子在Triebel-Lizorkin空间的有界性[J].内蒙古师范大学学报：自然科学版，2013(1)：5-7.
3.萨如拉 阿勇嘎 莲鹰 方香.完全扩容图的覆盖（英文）[J].内蒙古师范大学学报：自然科学版，2013(1)：8-11,15.

图 5-52　引文标准格式题录

的全文格式是 PDF 格式，下载全文前首先下载 PDF 软件。

3.3　中文科技期刊数据库（全文版）网站检索

用户在维普网主页可以免费检索中文科技期刊数据库（全文版），免费浏览题录、细览页和文献的第一页，付费后获取全文。维普提供了包括手机短信、银行卡、维普阅读卡等多种方便快捷的付费方式。

登陆维普的网站（http：//www.cqvip.com/）主页，如图 5-53 所示。主页提供了快速检索界面，并设有高级检索链接。

图 5-53　维普网主页

1. 快速检索

在图5－53所示维普网主页正上方的检索对话框就是快速检索的入口，并且在维普网站内的任何页面都设有此检索对话框。网站默认的是“作品搜索”，用户可以在题名/关键词、作者、机构和刊名之间单选检索，用户只需要输入相应的检索词即可检索。同镜像站一样检索词可以有多个，多个检索词之间用空格或者“*”代表“逻辑与”，“+”代表“逻辑或”，“－”代表“逻辑非”。

当选择“期刊搜索”时，可在期刊名、ISSN、CN之间单选检索。店铺搜索、学者搜索、机构搜索、帖子搜索也各自设有不同的字段限制。

2. 高级检索

在主页点击“高级检索”进入高级检索页面，网络版的高级检索页面和镜像版的基本相同，这里不再重复。

3. 检索结果

(1) 检索结果显示

网络版的检索结果页面如图5－54所示，提供篇名、摘要和出处等信息。

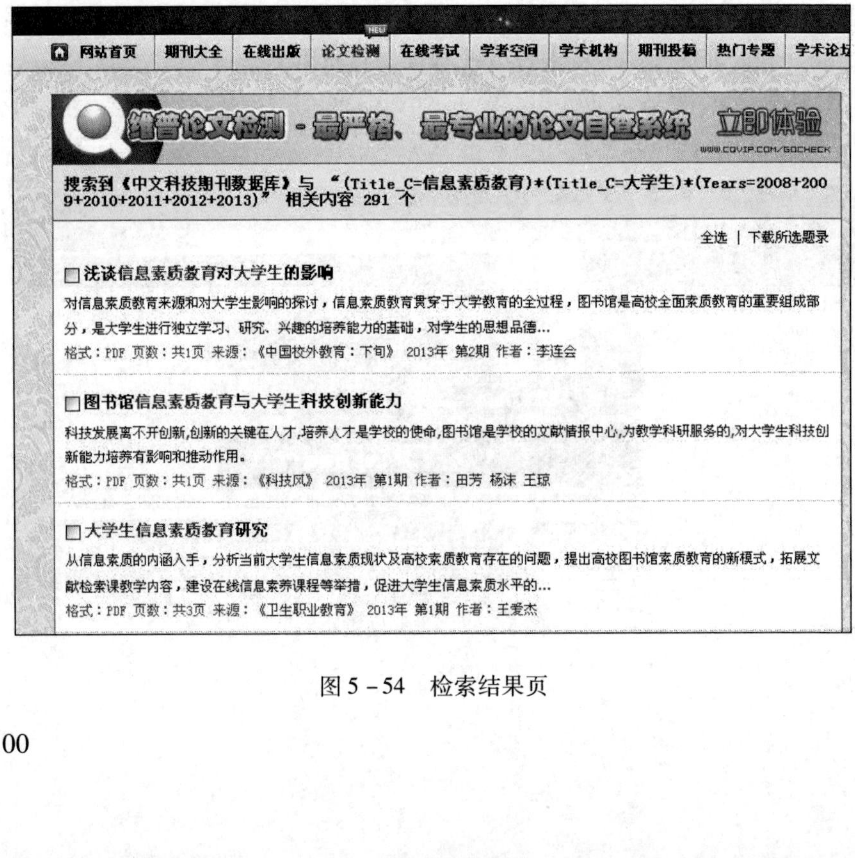

图5－54 检索结果页

（2）题录保存

在检索结果页面勾选所要下载的文献后，点击“下载所选题录”显示5－55所示的文本记录下载管理页面，选择要下载的内容，即可下载勾选文献的题录信息。此页面和镜像站的有些不同，下载的题录信息格式和镜像站的也有些不同。

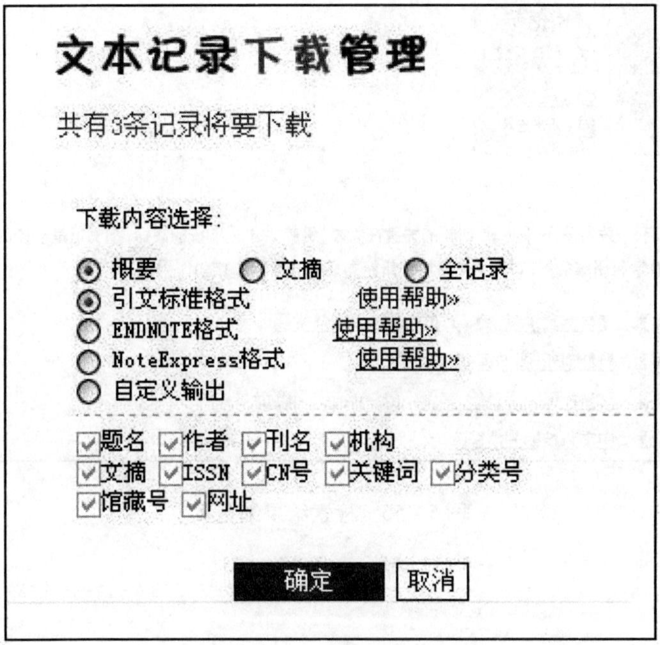

图5－55　文本记录下载管理

4. 全文下载

在检索结果中点击文献的篇名可以查看该篇文章的细览页如图5－56所示，免费用户可以在线阅读文献的第一页，用户注册并付费后才可以阅读和下载PDF格式全文。

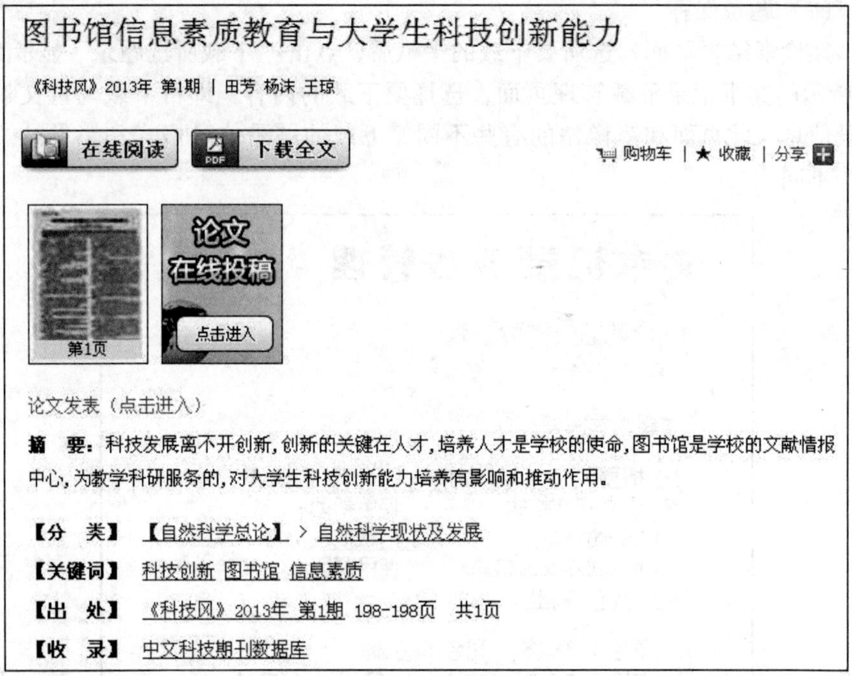
图书馆信息素质教育与大学生科技创新能力

《科技风》2013年 第1期 | 田芳 杨涞 王琼

在线阅读 下载全文

购物车 | ★ 收藏 | 分享

第1页

论文 在线投稿 点击进入

论文发表（点击进入）

摘　要：科技发展离不开创新，创新的关键在人才，培养人才是学校的使命，图书馆是学校的文献情报中心，为教学科研服务的，对大学生科技创新能力培养有影响和推动作用。

【分　类】【自然科学总论】 > 自然科学现状及发展

【关键词】科技创新 图书馆 信息素质

【出　处】《科技风》2013年 第1期 198-198页 共1页

【收　录】中文科技期刊数据库

图 5－56　检索结果细览页

第六章　外文数据库检索

本章介绍了几个著名的国外检索系统，包括科学引文索引（SCI）、工程索引（EI）、化学文摘（CA）、爱斯维尔（ScienceDirect）等，通过这章的学习我们可以了解这些检索系统的收录范围、报道情况、使用方法以及检索技巧。

第一节　科学引文索引

科学引文索引（Science Citation Index，简称 SCI）是由美国科学情报研究所（Institute for Scientific Information，简称 ISI）编制的世界著名期刊文献检索工具，创刊于 1961 年。

SCI 和其他检索系统相比有以下独特功能：

引文索引功能：即通过文献之间的相互引证关系，可以检索内容相关领域的科技文献。这种独特的检索方法不仅能将不同领域的文献有机地结合起来，还能反映出科技文献在不同时期的发展特点和科学研究之间的相互关系，有利于迅速查询某一研究课题的历史和渊源，或跟踪其最新的进展和研究动态与趋势。

引文评价功能：即通过科技文献之间相互引证的关系（被引频次）评估文献的学术水平和科学价值。正因为如此，SCI 已经成为国际上最具权威的科研评价体系，通过分析 SCI 对论文的收录和引用数量，可以从一个方面评价一个国家或地区、机构、个人的科研能力和学术水平。

1997 年，ISI 公司推出了 SCI 的网络版数据库——Web of Science，其信息资料更加翔实，收录期刊更多，同时该系统充分利用互联网的网罗天下的强大威力，检索功能更加强大、更新更加及时。由于国内检索的都是 SCI 网络版数据库 Web of Science，所以我们这里仅把网络版作为 SCI 的重点学习内容。

1.1　Web of Science 数据库概述

Web of Science 数据库是综合性文摘索引数据库，是汤森路透 Web of Knowledge 平台下的产品之一。数据库收录了自然科学、工程技术、生物医学、社会科学、艺术与人文等领域10 000多种高影响力的学术期刊。提供多角度的分析及后处理功能，链接了课题组网站、研究人员博客、科技新闻等互联网上的学术信息。

Web of Science数据库由3个引文数据库、2个会议论文引文数据库和2个化学数据库构成。

3个引文数据库分别为：

科学引文索引扩展版（Science Citation Index Expanded，简称SCI - EXPANDED）

社会科学引文索引（Social Sciences Citation Index，简称SSCI）

艺术和人文科学索引（Arts & Humanities Citation Index，简称A&HCI）

A&HCI数据库收录考古学、建筑、艺术、亚洲研究、电影/广播/电视、民俗、历史、哲学、语言、语言学、文学评论、文学、音乐、哲学、诗歌、宗教、戏剧等学科领域，且除常规的引用外，还对论文作者提及的油画、照片、建筑图、乐谱等文献进行标示。

2个会议论文引文数据库分别为：

会议录索引——科学辑（Conference Proceedings Citation Index - Science，简称CPCI - S）

会议录索引——社会科学和人文科学辑（Conference Proceedings Citation Index - Social Science & Humanities，简称CPCI - SSH）

2个化学数据库分别为：

化学反应数据库（Current Chemical Reactions，简称CCR - EXPANDED）

化合物数据库（Index Chemicus，简称IC）

其中CCR - EXPANDED收录一步或多步反应的新方法，数据源自重要期刊和专利授权机构的专利，每一步反应都提供精确的反应式及反应详细信息；IC收录国际期刊中报导的新颖有机化合物结构及重要的相关数据，许多记录具有从原料到最终产物的反应过程。

1.2 Web of Science检索方法

数据库为用户提供了普通检索、被引参考文献检索、化学结构检索、高级检索等检索方式。登录后，系统默认为普通检索界面。

1. 普通检索

提供研究主题、标题、作者、ResearcherID、团体作者、编者、出版物名称、DOI、出版年、地址、机构扩展、会议、语种、文献类型、基金资助机构、授权号、入藏号等17种检索字段。其检索界面见图6-1。

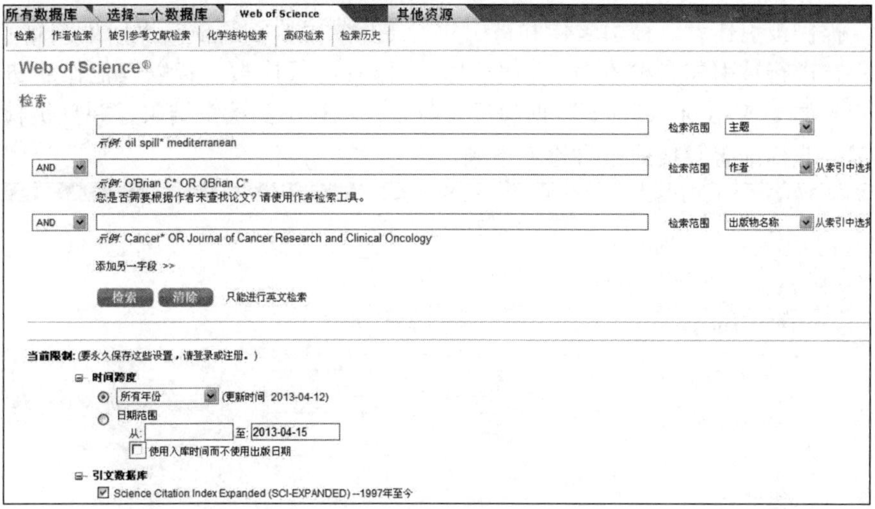

图6-1 普通检索

支持截词符（?、*）进行截词检索及逻辑算符（AND、OR、NOT、SAME）连接单词或短语检索。其中?为中间截断，代表一个字符；*为后截断，代表无限个字符；SAME算符连接的检索词的位置更近，一般出现在同一个字段中。

2. 作者检索

作者检索途径与普通检索途径下作者检索相比，增加了研究领域选择及组织机构选择。其检索界面见图6-2。

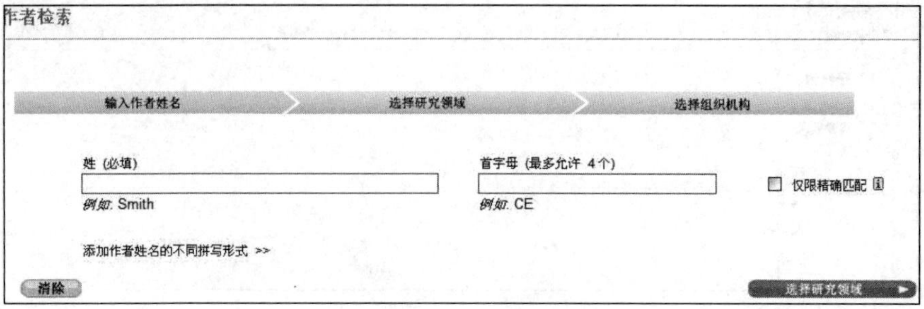

图6-2 作者检索

3. 被引参考文献检索

提供被引作者、被引著作和被引年份等检索字段。其检索界面见图 6－3。

在进行被引作者检索时，一般以第一作者进行检索，若以其他作者进行检索，如果 Web of Science 数据库没有收录，将得不到检索结果，并且被检索文献的非标准著录格式也将检索不到。

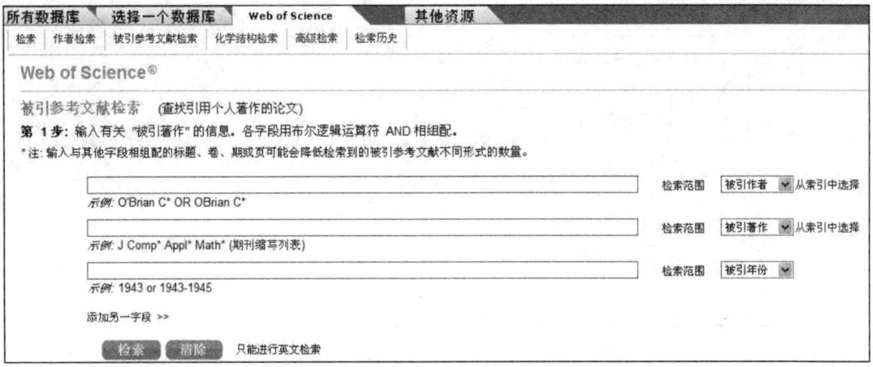

图 6－3　被引参考文献检索

4. 化学结构检索

提供化学结构式或反应式、化合物数据、化学反应数据三种检索方式。其检索界面见图 6－4 和图 6－5。

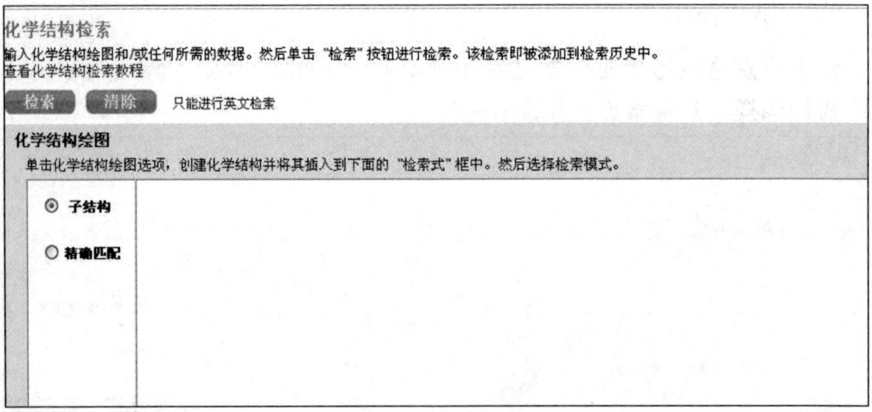

图 6－4　化学结构式检索

进行化学结构式或反应式检索时需要下载并安装插件 Chemistry Plugin，

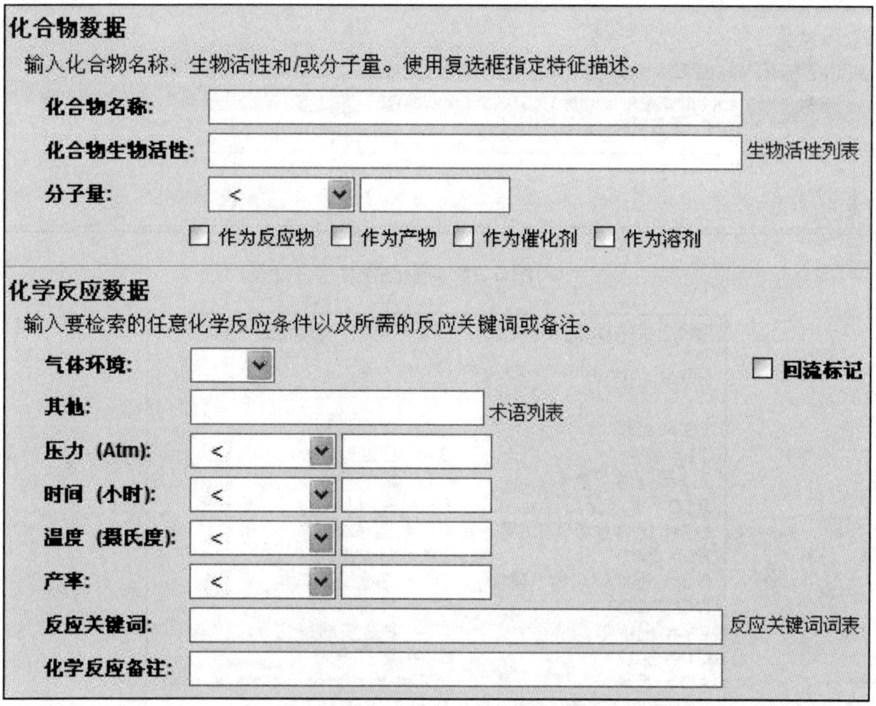

图6-5　化合物数据及化学反应数据检索

用于绘制和显示结构式或反应式。其检索步骤为：点击 Draw Query，弹出画图界面→绘制化学结构式或反应式→点击绿箭头，将检索式添加到检索框中→选择检索式匹配方式为子结构或精确匹配→检索。

化合物数据检索提供化合物名称、化合物生物活性、分子量三种检索字段。还可以对化合物在反应过程的作用进行限定。

化学反应数据检索提供气体环境、气压、温度、反应时间、产量、反应关键词（组）、反应注释、其他等反应条件作为检索字段。

5. 高级检索

高级检索提供两种检索方式：一是运用逻辑运算符、字段标识符、括号来构建检索式进行检索；二是通过对该检索界面下的检索历史进行逻辑运算。其高级检索界面见图6-6，其字段标识符见图6-7，检索历史见图6-8。

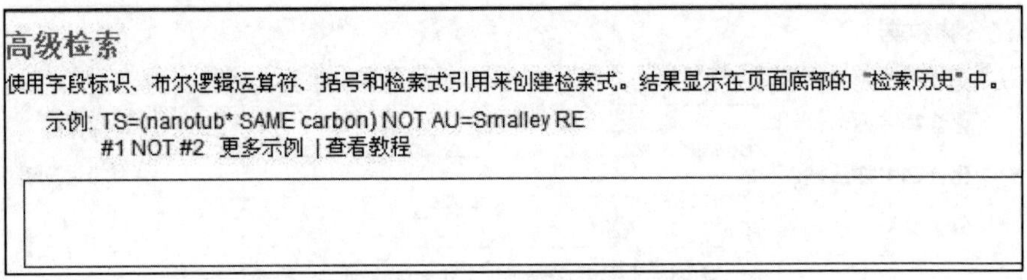

图 6－6 高级检索

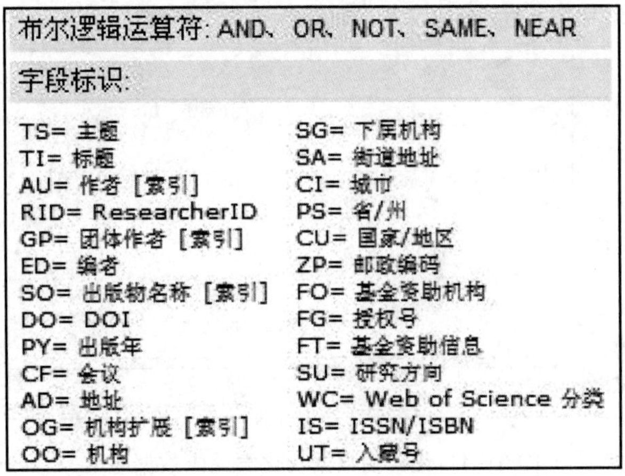

图 6－7 字段标识符

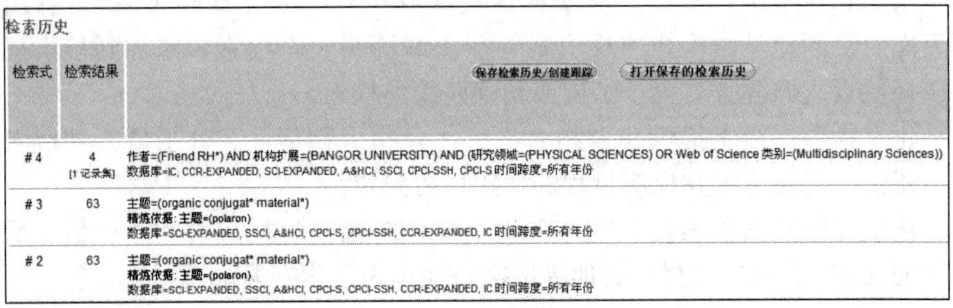

图 6－8 检索历史

1.3 检索实例

1. 文献检索

检索课题：检索“有机共轭聚合物”的相关文献

检索步骤：

（1）输入检索词

在普通检索界面，选择检索字段为“主题”，在检索框内输入检索词“organic conjugat * polymer *”，可以限定文献时间跨度、选择数据库，点击“检索”，得到检索结果。见图6-9。

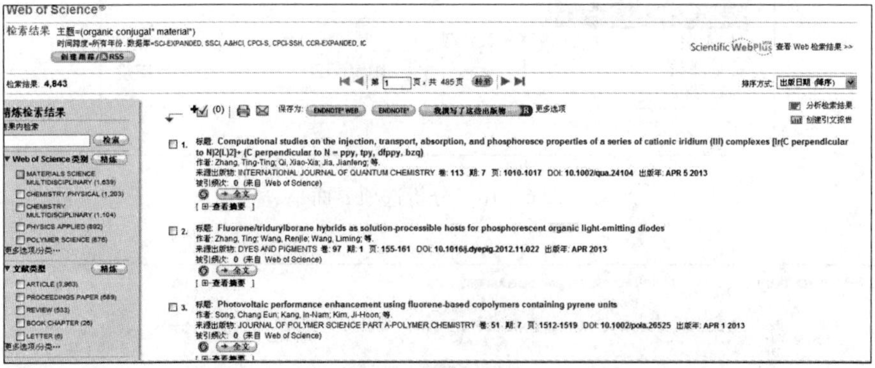

图6-9 检索结果

（2）检索结果排序

在检索结果界面，利用 排序方式: 出版日期 (降序) 下拉框，选择出版日期降序（或升序）、入库时间降序（或升序）、被引频次降序（或升序）、相关性、第一作者降序（或升序）、来源出版物降序（或升序）、会议标题降序（或升序）对检索结果进行重新排序。被引频次降序可以快速获得该领域高影响力文献。

（3）检索结果分析及引文报告

在检索结果界面，点击检索结果界面右侧上方的 分析检索结果，进入分析选项界面，见图6-10。

提供作者、丛书名称、会议名称、国家/地区、出版年、来源出版物、文献类型、机构、基金资助机构、授权号、团体作者、语种、学科类别、编者、组织、组织扩展、研究方向等分析选项。选择分析字段为“来源出版物”，设置显示结果记录数及排序方式，得到该领域发文量排在前10位的期刊，从而发现目标投稿期刊，见图6-11。作者分析可发现该领域主要研究人员及潜在的合作者。出版年分析可了解该领域的研究历史和发展。

在检索结果界面点击 创建引文报告，以柱状图形式显示总体文献每年的引文数，以列表形式显示单篇文献每年的引文数，见图6-12。通过引文数

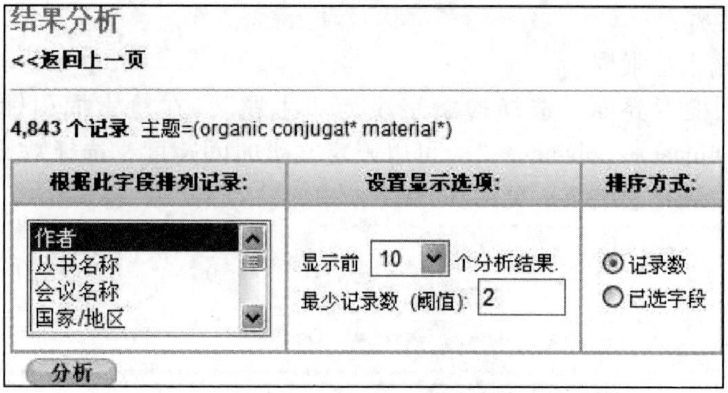

图 6－10　分析选项界面

请使用以下复选框查看相应记录. 您可以选择查看已选择的记录, 也可以排除这些记录(并查看其他记录).

→ 查看记录 × 排除记录	字段: 来源出版物	记录 计数	%, 共 4843	柱状图	将分析数据保存到文件 ⦿ 表格中显示的数据行 ○ 所有数据行
☐	JOURNAL OF MATERIALS CHEMISTRY	207	4.274 %	▮	
☐	SYNTHETIC METALS	189	3.903 %	▮	
☐	CHEMISTRY OF MATERIALS	159	3.283 %	▮	
☐	JOURNAL OF THE AMERICAN CHEMICAL SOCIETY	148	3.056 %	▮	
☐	MACROMOLECULES	145	2.994 %	▮	
☐	ADVANCED FUNCTIONAL MATERIALS	143	2.953 %	▮	
☐	PROCEEDINGS OF THE SOCIETY OF PHOTO OPTICAL INSTRUMENTATION ENGINEERS SPIE	135	2.788 %	▮	
☐	JOURNAL OF POLYMER SCIENCE PART A POLYMER CHEMISTRY	107	2.209 %	▮	
☐	APPLIED PHYSICS LETTERS	98	2.024 %	▮	
☐	ADVANCED MATERIALS	90	1.858 %	▮	
→ 查看记录 × 排除记录	字段: 来源出版物	记录 计数	%, 共 4843	柱状图	将分析数据保存到文件 ○ 表格中显示的数据行 ○ 所有数据行

图 6－11　来源出版物分析结果

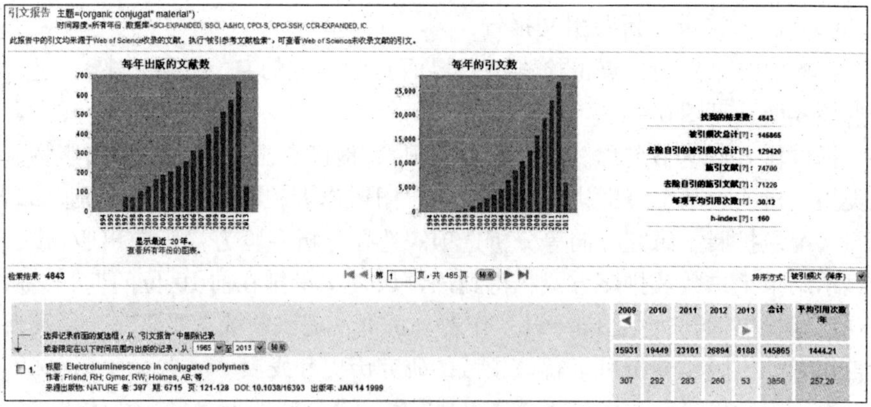

图 6－12　引文报告

量的变化，可以看出该领域研究方向的变化趋势。

（4）检索结果的精炼

支持二次检索，可在检索框内输入检索词，进行二次检索。并提供 Web of Science 类别、文献类型、研究方向、作者、来源出版物等多途径限定。如在检索框内输入“Polaron”，进行二次检索，检索结果见图 6 – 13。如果想对该领域的进展进行快速了解，可以通过“文献类型”精炼方式，将“文献类型”限定为“review”，得到综述型文献。

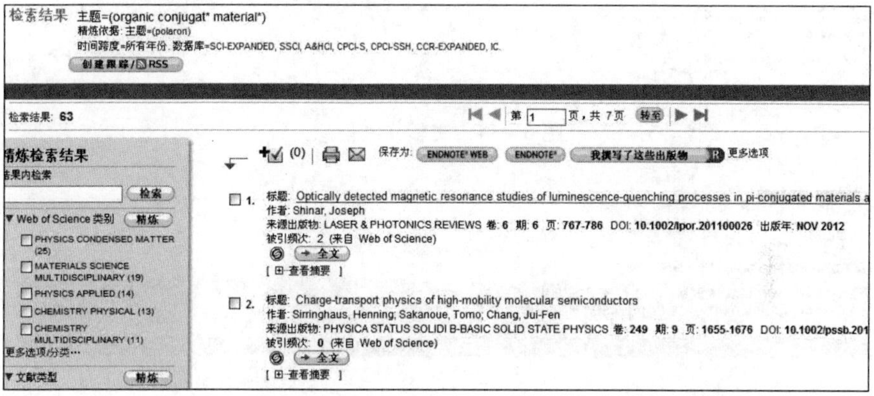

图 6 – 13　二次检索结果

（5）检索结果浏览

在检索结果界面，文摘的阅读有两种途径，一是点击 ⊞查看摘要，阅读文摘；二是点击文献标题，显示文献的详细信息，见图 6 – 14。

在详细信息界面，提供被引频次、参考文献、相关文献、引证关系图等链接，扩大检索。提供作者的电子邮件地址，方便与作者的交流及原文文献获取。提供期刊目录浏览、期刊影响因子链接，点击右侧下方 查看期刊目录，浏览期刊该期目录，见图 6 – 15；点击 查看 期刊的impact factor，查看该期刊近几年的影响因子，见图 6 – 16。

（6）检索结果下载

对于目标文献，点击文献标题前的☐，选中文献，然后点击✚☑，选中的文献数量显示在✚☑后，如选中 4 篇文献，则显示为✚☑ (4)。点击文献数量，显示文献输出项选择，见图 6 – 17。选择后，点击🖶，则输出文献，见图 6 – 18。

（7）检索结果原文获取

在检索结果页或文献详细信息页，点击 → 全文，可获得原文链接，见

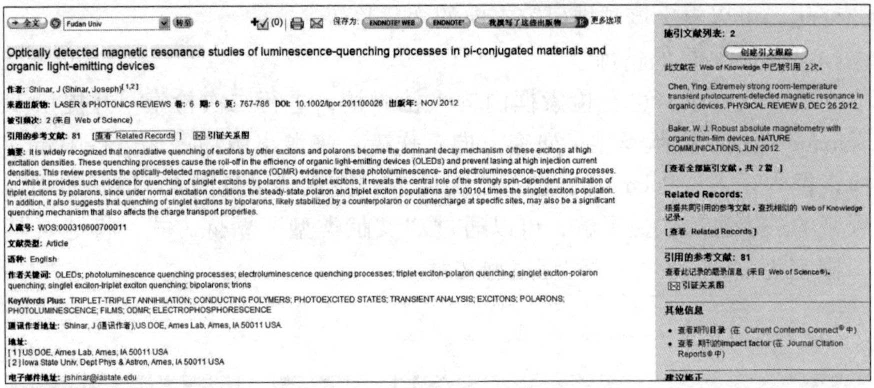

图 6－14　文献详细信息

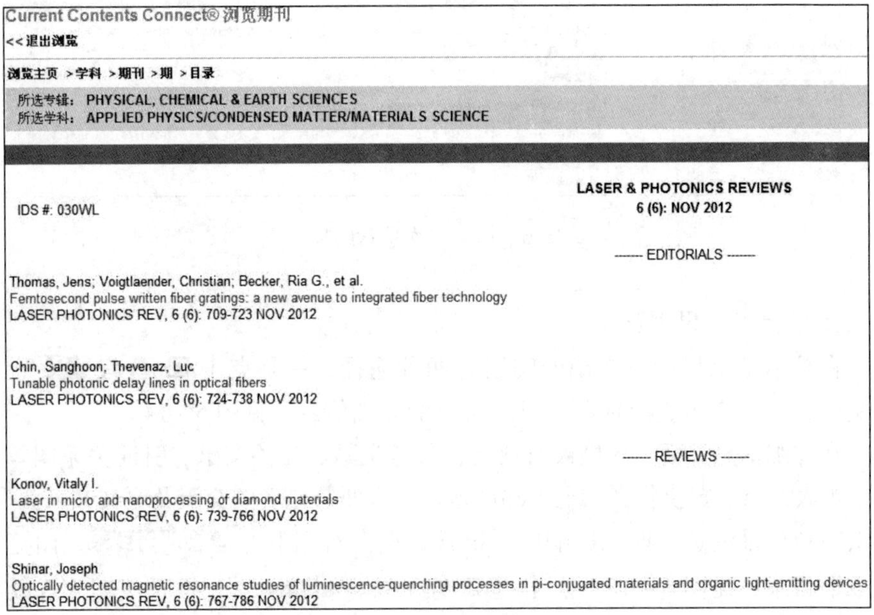

图 6－15　期刊目录浏览

图 6－19。如果是该机构已经购买的资源，则可阅读原文全文。

（8）Web 信息获取

在检索结果界面，点击界面上方的**查看 Web 检索结果**，链接到互联网上课题组的学术动态、作者的 Blog 等。

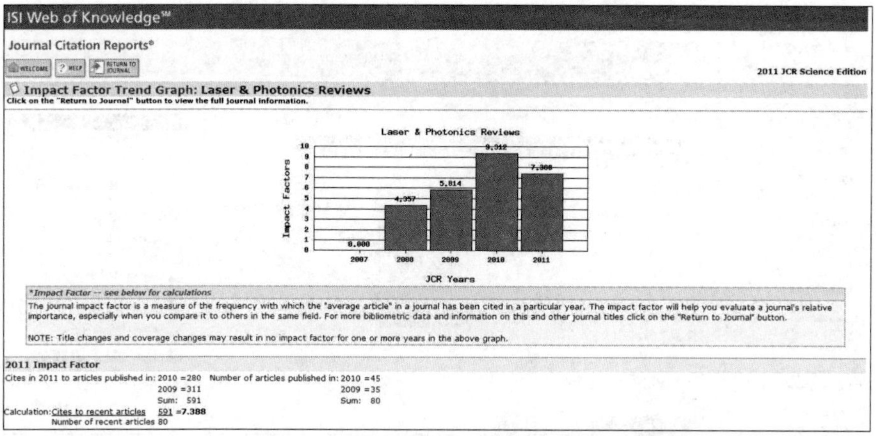

图 6-16　期刊影响因子

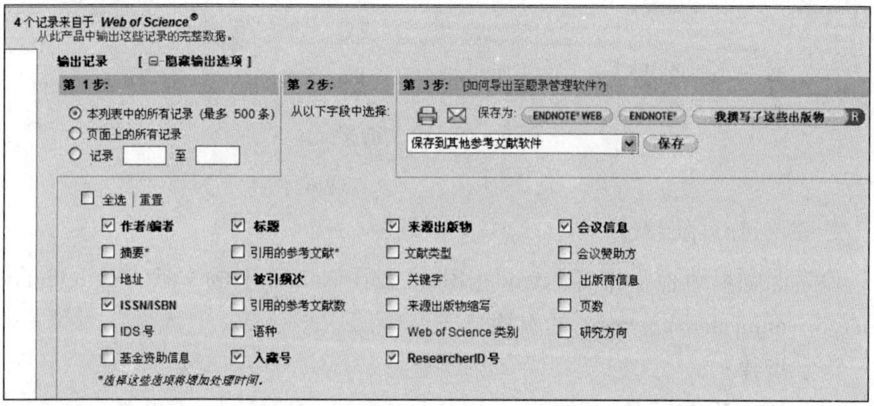

图 6-17　输出项选择

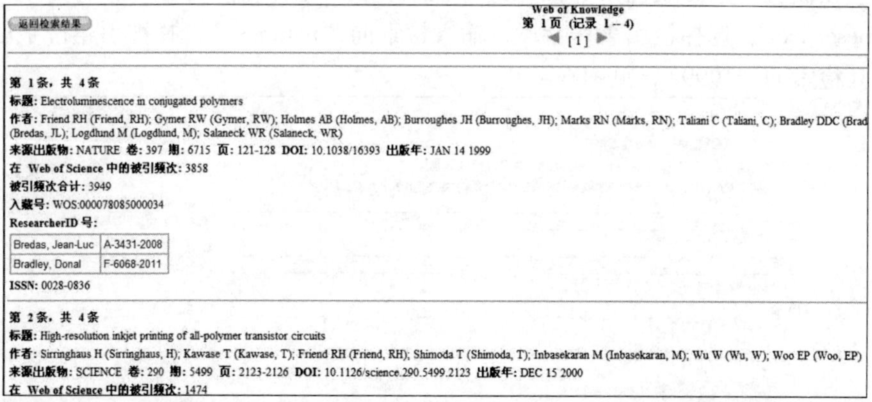

图 6-18　检索结果输出

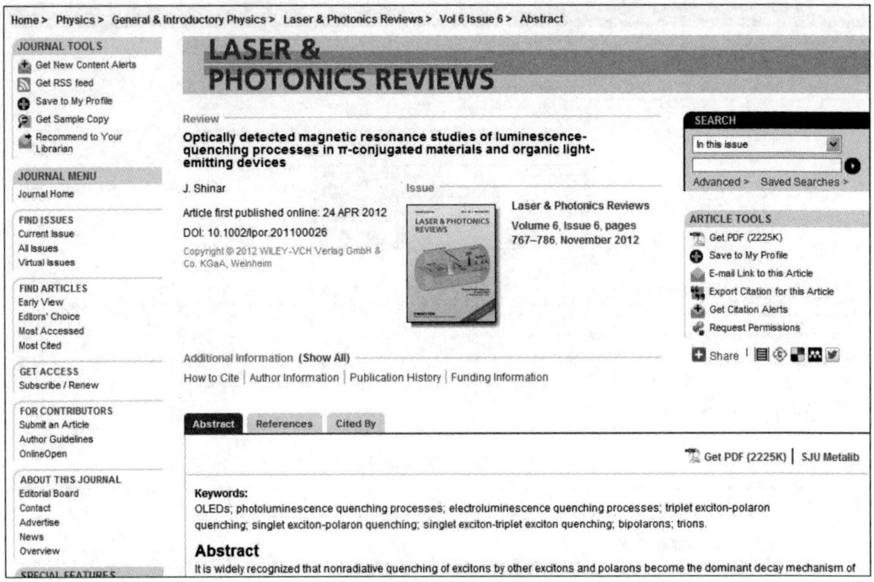

图 6－19　全文链接

2. 其他引文献检索

检索课题：请检索作者 Friend，Rh 发表在 Nature 上的文献 Electroluminescence in conjugated polymers 的引用情况

检索步骤：

（1）输入检索词

在被引参考文献检索界面，选择被引标题字段，输入检索词“Electroluminescence”；选择被引著作字段，输入检索词“nature”；选择被引年份字段，输入检索词“1999”，见图 6－20。

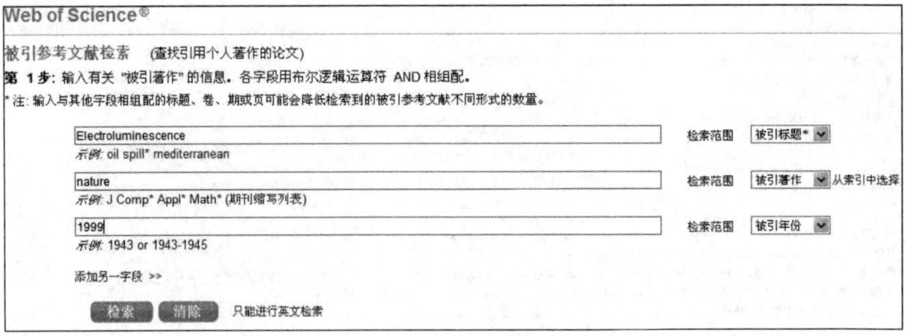

图 6－20　输入检索词

（2）选择被引文献

点击检索，显示可供选择的被引文献，见图 6－21。选中被引文献，点击“完成检索”，得到文献的引用结果，见图 6－22

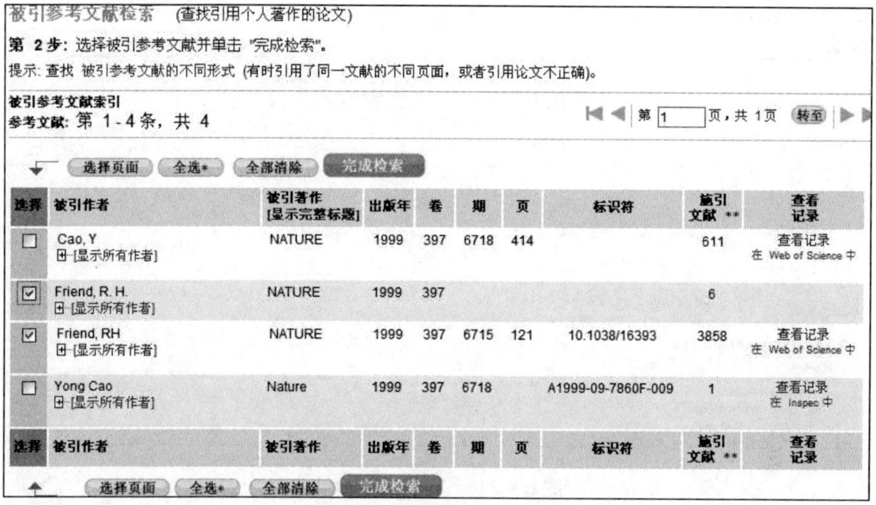

图 6－21　被引文献选择

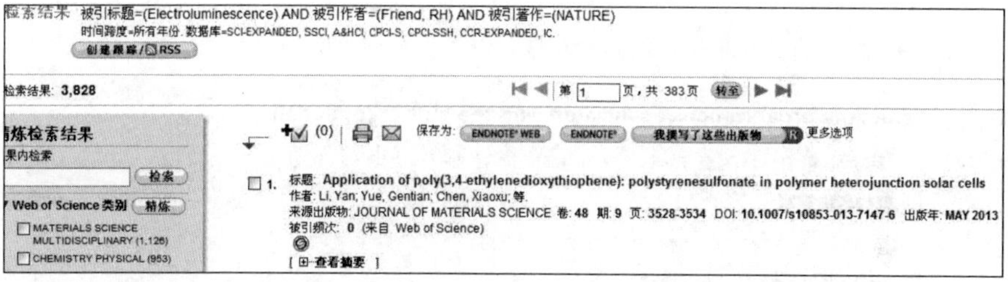

图 6－22　文献的引用结果

（3）作者检索

选择作者检索，输入作者姓名，见图 6－23；然后点击“选择研究领域”，对作者的研究领域进行限定，见图 6－24；点击“选择组织机构”，对作者的单位进行选择，见图 6－25。点击“完成检索”，得到作者发表的文献，见图 6－26。

（4）排除自引

选择高级检索方式，查看下面的检索历史，有两个检索结果集，分别为文献引用结果集#1 和作者发表文献结果集#2，见图 6－27。在检索框内输入

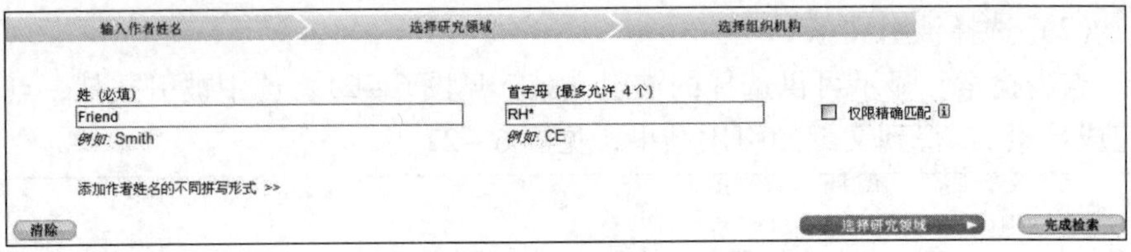

图 6-23　输入作者姓名

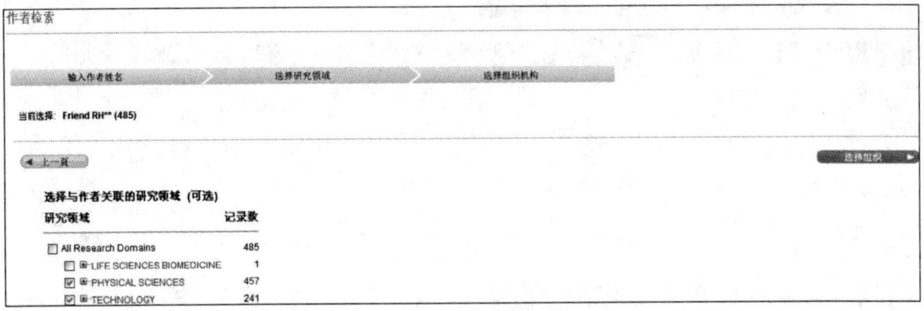

图 6-24　选择研究领域

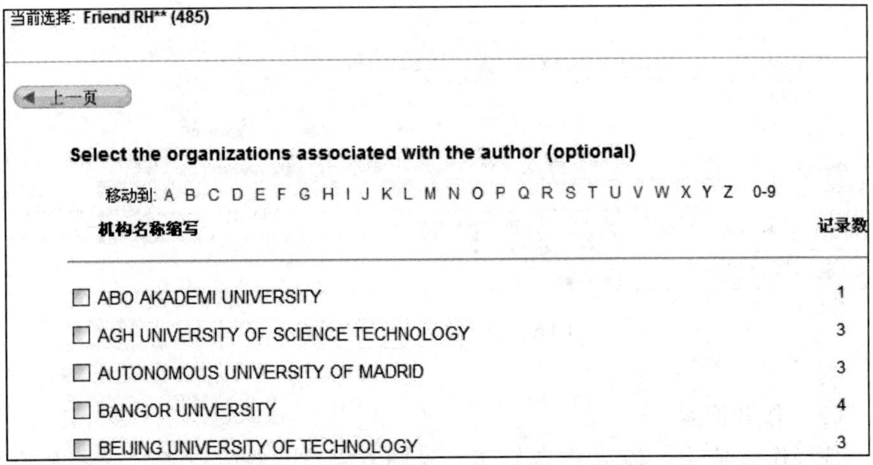

图 6-25　作者单位选择

“#1 not #2”，点击“检索”，在检索历史中得到新的检索结果集#3，见图 6-28。点击检索结果数字，得到文献的他引结果，见图 6-29。

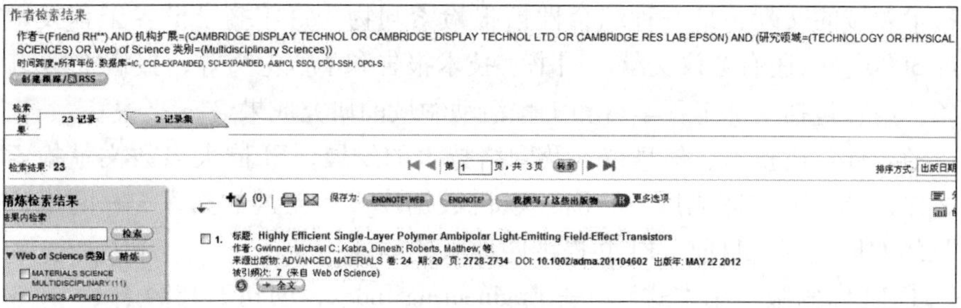

图 6－26　作者检索结果

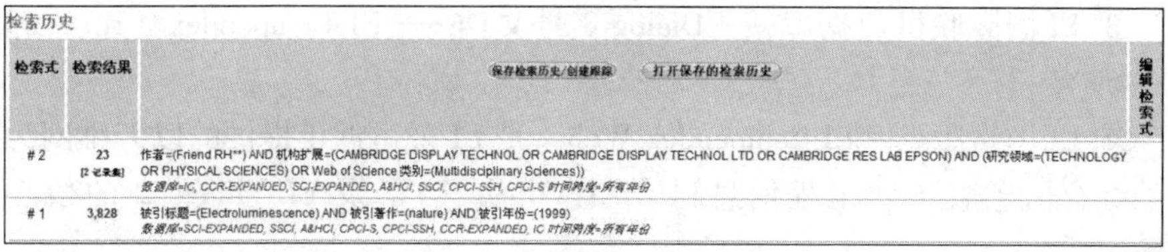

图 6－27　检索结果集

图 6－28　新的检索结果集

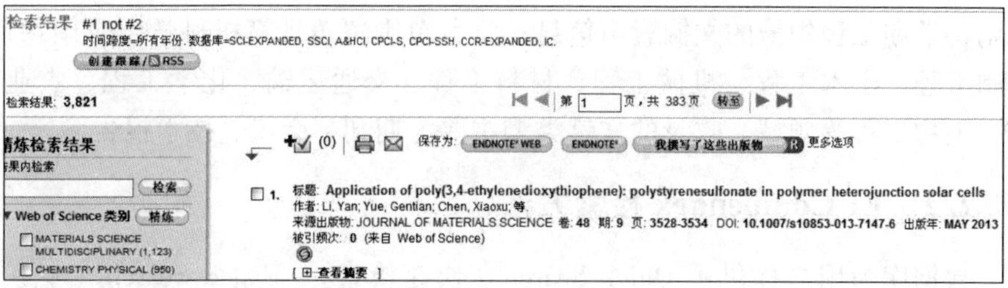

图 6－29　文献的他引

第二节　工程索引

工程索引（The Engineering Index，简称 EI）是由美国工程信息公司（Engineering Information Inc）编辑出版，1884 年创刊。其主要目的是检索工程技术领域的文献，是一种综合性情报检索刊物。每年摘录世界工程技术期刊约3000种，还有会议文献、图书、技术报告和学位论文等，报道文摘约15万条，内容包括全部工程学科和工程活动领域的研究成果。

随着计算机技术、信息技术及网络技术的发展，EI同大多数文献检索工具一样，经历了"印刷版——国际联机数据库——光盘数据库——网络数据库"的发展过程。目前，EI共提供四种服务方式：

① EI印刷版（书本式）——Engineering Index，创刊于1884年；

② EI光盘版——EI Compendex Plus，于1984年推出，每年收录的文献内容压缩在一张光盘上；

③ EI国际联机数据库——Dialog 8号文档——EI Compendex（R），起始于1969年；

④ EI网络版——EI Compendex Web，是EI公司近年提供的以万维网为基础的综合信息服务"工程信息村（EI Village 1）"及EI Village 2的核心数据库。

我国目前大多使用EI Compendex Web，这也是我们本节的主要介绍内容。

2.1 EI Compendex数据库概况

EI Compendex Web是由EI Compendex和EI Page One合并的EI Internet版本。该数据库每年新增500 000条工程类文献，数据来自5400种工程类期刊、会议论文和技术报告，大约一半文献有文摘和标引。EI Compendex侧重收录应用科学和工程领域的文摘索引信息。学科范围覆盖计算机科学、应用物理、控制工程、土木工程、机械工程、材料工程、交通运输、化学工程、农业工程、生物工程等领域。收录的文献类型主要为期刊、会议、技术报告。

2.2 EI Compendex检索方法

数据库为用户提供了Quick Search（快速检索）、Expert Search（专家检索）、Thesaurus Search（主题词表检索）三种检索方式，并提供Author、Author affiliation、Controlled term、Source title、Publisher索引辅助浏览。登录后，系统默认为Quick Search界面。

1. Quick Search

提供All fields、Subject/Title/Abstract、Abstract、Author、Author affilication、Title、Ei Classification Code、CODEN、Conference information、ISSN、Ei main heading、Ei controlled term等16种检索字段。其中Ei受控词Ei controlled term 来自 Ei 叙词表，是从专业的角度将同一概念的主题进行归类，使用受控词检索能得到比较准确的检索结果。检索字段之间的逻辑关系可选择“and”、“or”、“not”。

提供文献类型、处理类型、出版语言、出版年 4 种限定方式。还提供是否自动执行词根检索 autostemming off 选项，当选中时，系统不执行词根检索。词根检索不适用于 Author 检索字段。Quick Search 检索界面见图 6－30。

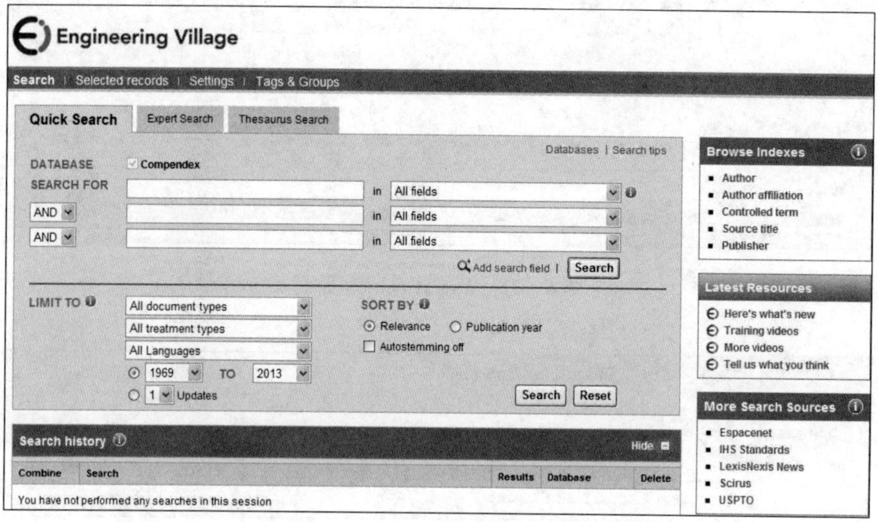

图 6－30　Quick Search 界面

2. Expert Search

Expert Search 是运用逻辑运算符、字段标识符、括号、位置算符来构建检索式进行检索。提供出版年的限定。检索界面见图 6－31。

位置算符 NEAR/x，表示前后两个检索词之间有 0～x 个字符，两个检索词位置可以交换；ONEAR/x，表示前后两个检索词之间有 0～x 个字符，但两个检索词位置不能交换；NEAR/x diode，表示前后两个检索词出现在同一检索字段中，之间有 0～x 个字符，两个检索词位置可以交换。

Expert Search 不自动进行词根检索。如果需要词根检索，可在检索词前加上“$”符号。如：$ operation 可检到 operate、operation、operational、operating 等词。

3. Thesaurus Search

Thesaurus Search 是通过主题词表进行检索，检索界面见图 6－32。

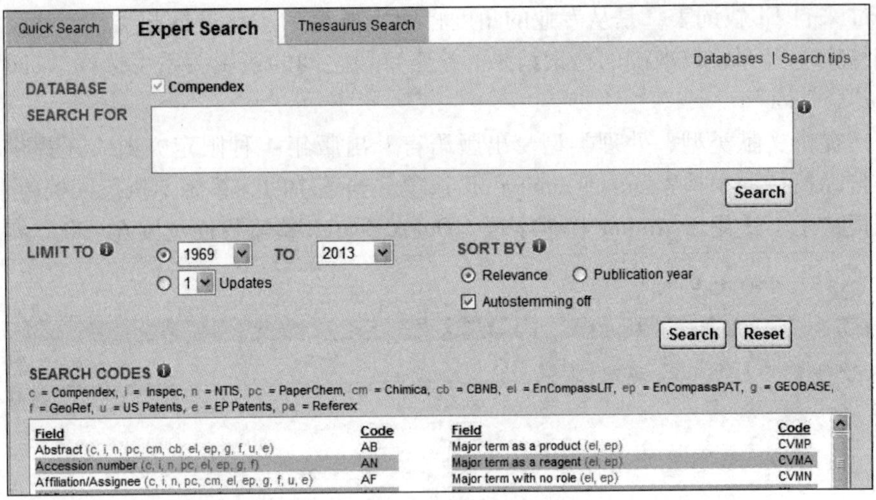

图 6－31　Expert Search 界面

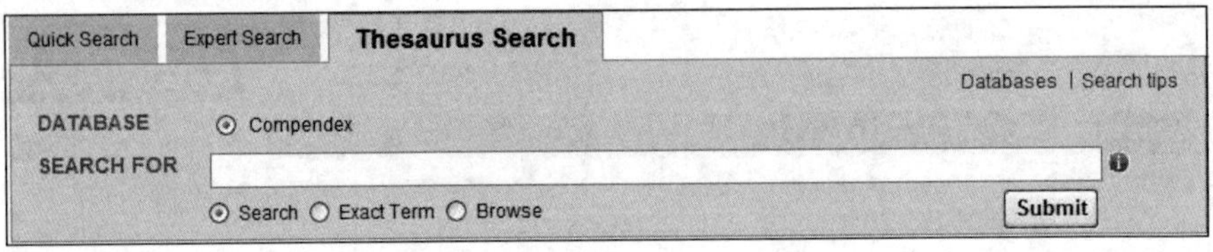

图 6－32　Thesaurus Search 界面

输入检索后，检出匹配的主题词，选择主题词，选中的检索词出现在下面的检索框内，见图 6－33。然后确定主题词之间的关系为“or”，点击检索，得到检索结果。

2.3　检索实例

1. 文献检索

检索课题：检索共轭聚合物能量转移相关文献

检索步骤：

（1）输入检索词

选择“Quick Search”方式，选择检索字段为“Ei controlled term”，在检索框内输入检索词“conjugated polymers”，可以限定文献类型、文献时间跨度、文献语言等，点击“Search”，得到检索结果。见图 6－34。

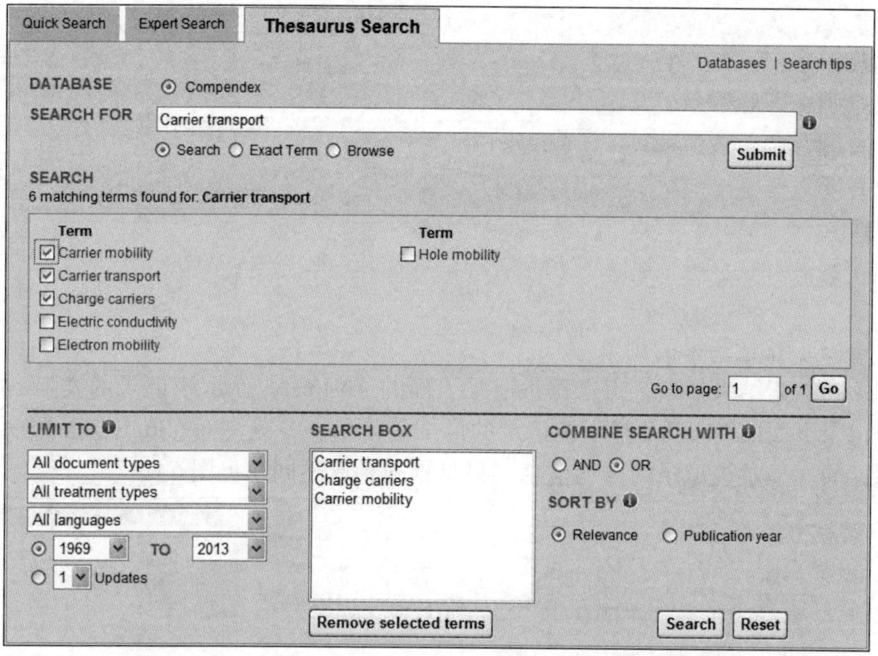

图 6-33　选择主题词

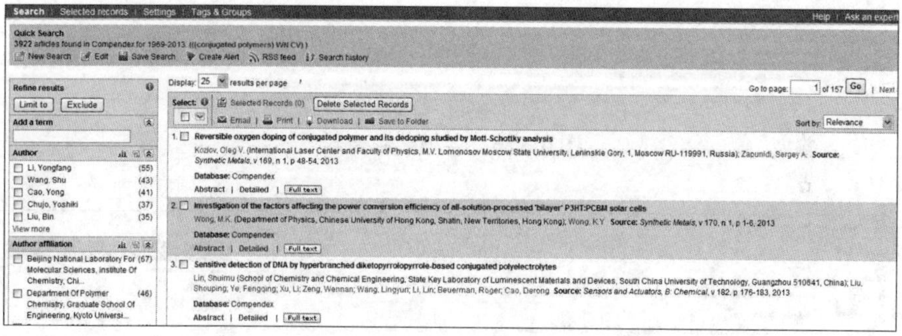

图 6-34　检索结果

（2）二次检索

检索结果支持二次检索，在检索框内输入“power conversion”，得到二次检索结果，见图 6-35。检索结果提供相关度、出版时间（升序/降序）、作者（升序/降序）、来源（升序/降序）、出版者（升序/降序）9 种排序方式。还提供作者、作者单位、控制词表、分类代码等多种途径精炼检索结果。

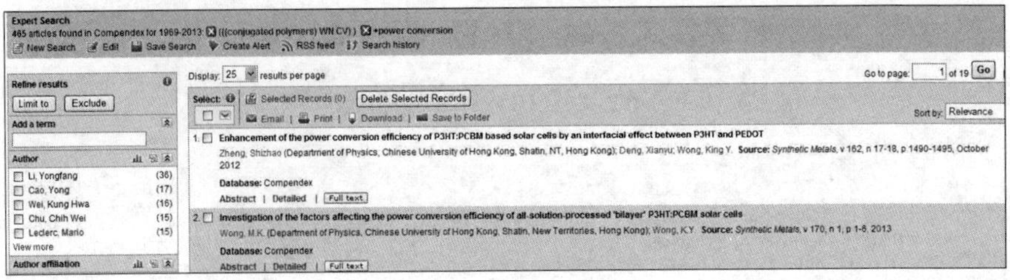

图 6-35　二次检索结果

（3）检索结果的浏览

在检索结果界面，点击每条记录下面的 Abstract，显示该记录的文摘；点击记录下面的 Detalled 显示该记录的详细著录信息，见图 6-36；点击文献标题，同样显示该记录的详细信息，只是格式稍有不同，见图 6-37。

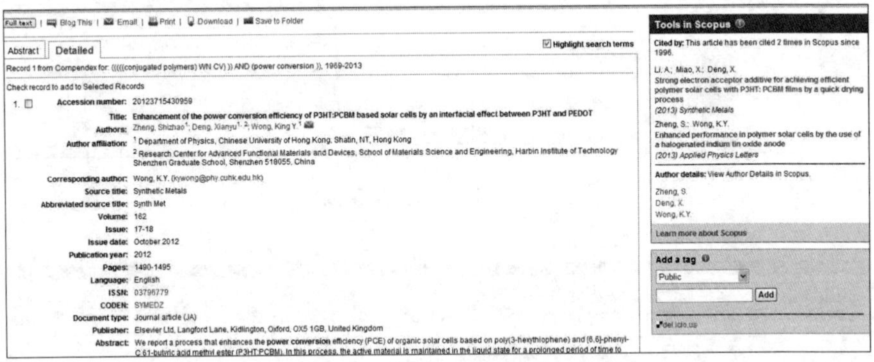

图 6-36　详细著录格式

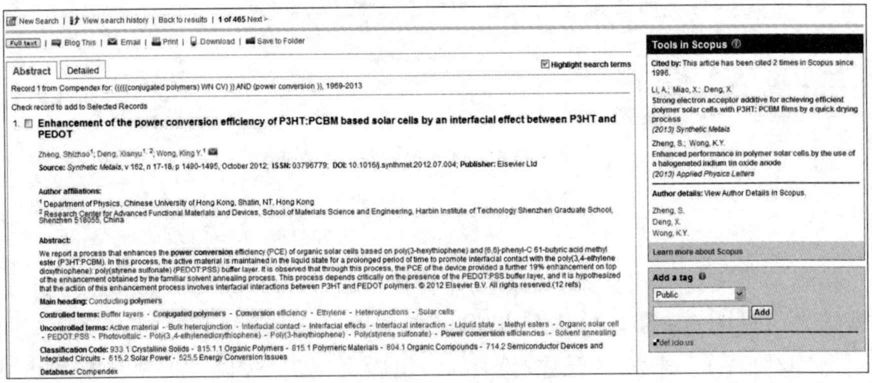

图 6-37　文摘详细信息

（4）检索结果的下载

对于目标文献，点击文献标题前的□，选中文献，选中的文献数量显示在 Selected Records 后，如选中 3 篇文献，则显示为 Selected Records (3)，点击后，显示所选择的记录，见图 6－38。可选择 Email、Print、Download 等方式对检索结果进行保存。

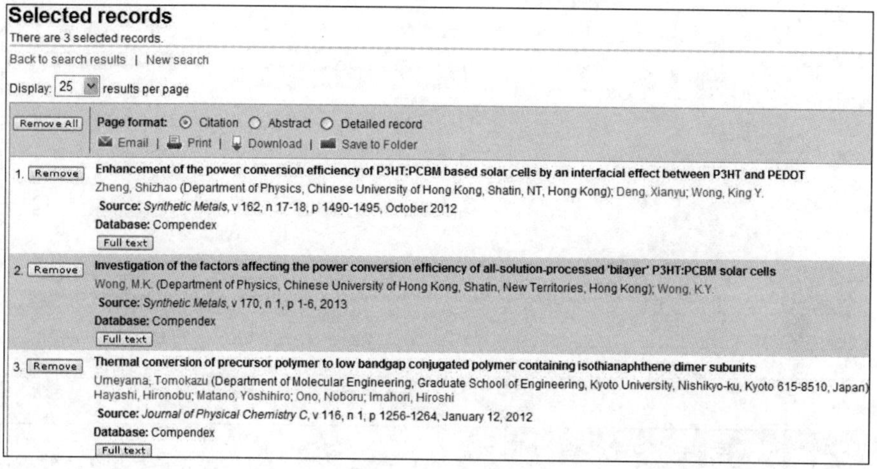

图 6－38　选择的记录

（5）原文获取

点击记录下面的 Full text，获得原文链接。如果是该机构已经购买的资源，则可阅读原文全文，见图 6－39。

2. 机构发文检索

检索课题：请检索河北科技大学 2012 年以后 Ei 收录文献

检索步骤：

（1）输入检索式

选择 Expert Search 方式，在检索框内输入检索式（Hebei ONEAR/0 University ONEAR/0 of ONEAR/0 Science ONEAR/1 Technology）wn AF，限定出版时间为 2012 年到 2013 年，见图 6－40。

（2）检索结果的下载

点击“Search”，得到检索结果，见图 6－41。在检索结果界面点击 ▼，选择 Maximum (up to 500)，将结果选中，然后点击 Download，提供下载格式选择，见图 6－42。

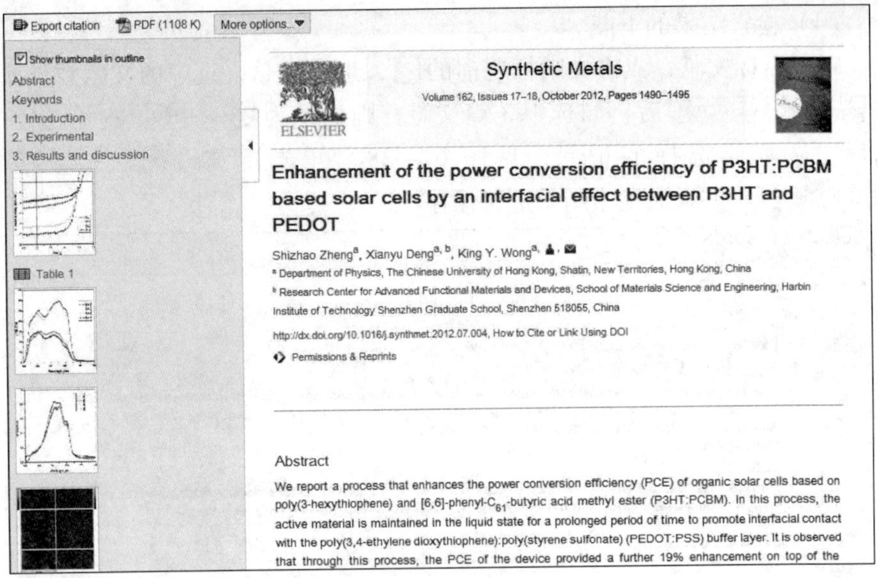

图 6－39　原文获取

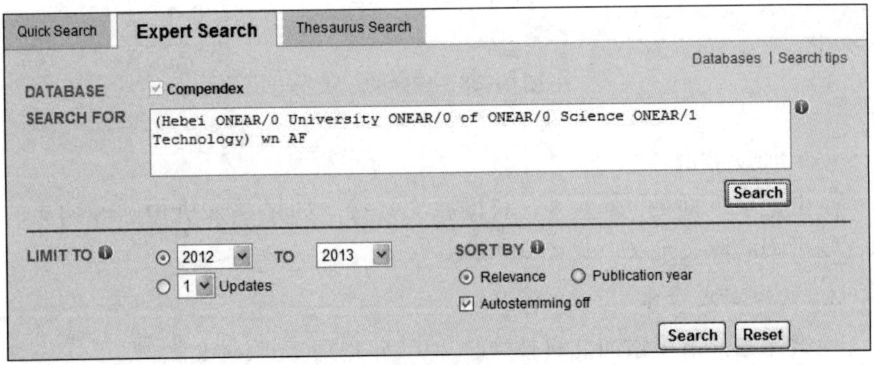

图 6－40　输入检索式

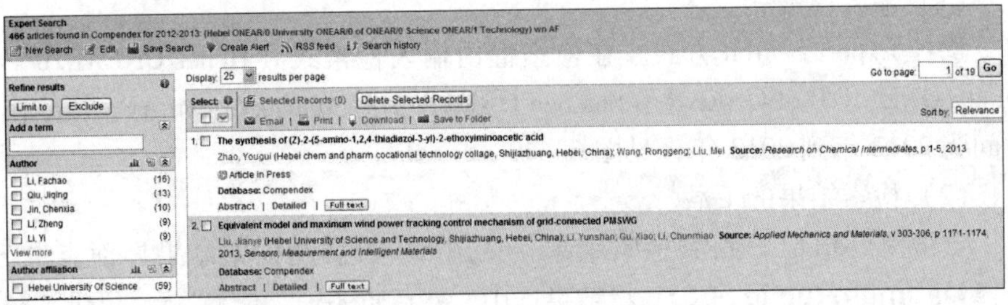

图 6－41　检索结果

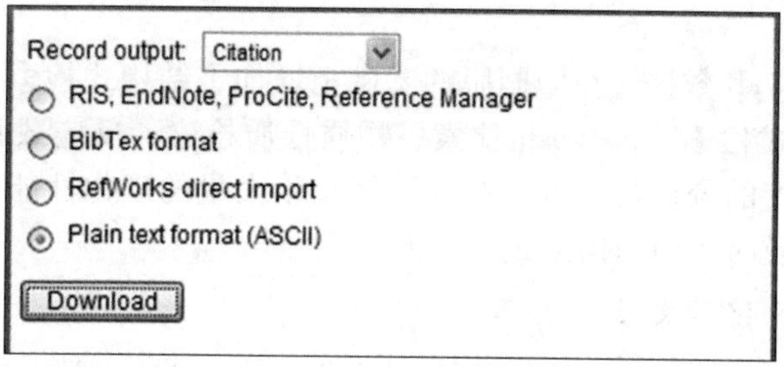

图 6－42　输出格式选择

第三节　化学文摘

化学文摘（Chemical Abstracts，简称 CA）由美国化学学会化学文摘社（Chemical Abstracts Service，简称 CAS）编辑出版，创刊于 1907 年，其前身是美国在 1895 年～1901 年间出版的《美国化学研究评论》（Review of American Chemical Research）和 1867 年～1906 年间出版的《美国化学学会杂志》（Journal of American Chemical Society）中的文摘部分。CA 报道的内容几乎涉及了化学家感兴趣的所有领域，其中除包括无机化学、有机化学、分析化学、物理化学、高分子化学外，还包括冶金学、地球化学、药物学、毒物学、环境化学、生物学以及物理学等诸多学科领域。

随着计算机技术的发展，CA 也发展了自己的数据库——SciFinder Scholar，这是一个需要安装客户端软件的数据库，它整合了 Medline 医学数据库、欧洲和美国等 30 几家专利机构的全文专利资料以及化学文摘 1907 年至今的所有内容。涵盖的学科包括应用化学、化学工程、普通化学、物理、生物学、生命科学、医学、聚合体学、材料学、地质学、食品科学和农学等诸多领域。

为了适应网络时代的需求，2012 年 1 月 1 日，客户端软件版本的 SciFinder Scholar 被网页版本的 Web SciFinder 取代，从此，CA 网络版数据库得到了更广泛应用。本节我们仅以网络版的 CA——Scifinder Web 为主要内容，介绍其使用方法和检索技巧。

3.1　SciFinder Web 数据库简介

SciFinder Web 数据库是由 CAPLUS、MEDLINE、CHEMCATS、CHEMLIST、REGISTRY 和 CASREACT 等 6 个数据库构成，任何检索都是在这 6 个数据库内跨库检索，检索界面不设置数据库的选择，检索结果里说明来自于哪个数据库。

SciFinder Web 数据库在印刷版的基础上增加了结构式检索、亚结构式检索、相似结构式检索、markush 检索、物质性质检索、反应式检索等检索途径，提供了独特的分析与后处理功能，链接了大量的理化性能及商业来源信息。信息更新及时，最新信息延迟一天。

1. CAPLUS 化学文献数据库

CAPLUS 包含来自 150 多个国家、9 500 多种期刊的文献，覆盖 1907 年到现在的所有文献以及部分 1907 年以前的文献，主要有期刊、专利、会议记录、论文、技术报告和书等，涵盖化学、生化、化学工程以及相关学科，还有尚未完全编目收录的最新文献。目前大约有 2 500 万条文章记录，每天更新 3 000 条以上。

2. MEDLINE 医学文献数据库

MEDLINE 包含来自 70 多个国家、3 900 多种期刊的生物医学文献，覆盖 1951 年到现在的所有文献，以及尚未完全编目收录的最新文献。目前大约有 1 300 万文章记录，每周更新 4 次。

3. CHEMCATS 商业来源数据库

CHEMCATS 是化学品的来源信息数据库，包括化学品目录手册以及图书馆等内的供货商的地址、价格等信息。目前大约有 893 万条商业化学物质记录，来自 734 家供货商的 834 种目录。

4. CHEMLIST 被管控化学品库

CHEMLIST 包括从 1979 年到现在的管制化学品的信息，包括物质的特征、详细目录、来源以及许可信息等。目前大约有 23.7 万种化合物的详细清单，来自 19 个国家和国际性组织，每周更新大于 50 条新记录。

5. REGISTRY 化学物质登记库

REGISTRY 涵盖了从 1957 年到现在的特定的化学物质，包括有机化合物、生物序列、配位化合物、聚合物、合金和片状无机物。REGISTRY 包括了在 CA 中引用的物质以及特定的注册。例如：管制化学品列表如 TSCA 和 EINECS 中的注册。每天更新约 7 万条，每种化学物质有唯一对应的 CAS 注册号。

6. CASREACT 化学反应数据库

CASREACT 包括从 1907 年到现在的单步或多步反应信息。REACT 中的反应信息包括 CAS 编目的反应记录以及下列来源：ZIC/VINITI 数据库（1974 ~

1991, by InfoChem GmbH), INPI（Institut National dela Propriete Insutrielle，法国）1986年以前的数据，以及由教授 Klaus Kieslich 博士指导编辑的生物转化数据库。每周更新约700~1 300条。

3.2 Scifinder Web 数据库的注册及登录

1. SciFinder Web 数据库的系统要求

（1）系统要求

Windows 用户支持 IE 7.x 或者 FireFox 2.x，Mac 用户支持 Firefox 和 Safari。

（2）Java 安装

安装 Java，用于支持化学结构式进行物质或反应式的检索（初次使用结构时自动安装）。Java 插件的下载地址为：http：//www.java.com/zh_CN/download/，或者在百度、google 中搜索“JAVA 下载”即可

2. SciFinder Web 数据库的注册

（1）找到 SciFinder Web 注册用网址

SciFinder 是以互联网的用户形式注册，允许建立自己的 SciFinder 用户名和密码。但注册的前提是必须通过购买机构提供的 URL。

（2）点击 URL 创建 SciFinder Web 账号

联系信息：姓名和电子邮件是必须的。在提交表格之后，CAS 会发送电子邮件，进行注册确认。需要注意的是该电子邮件地址必须是该购买机构的电子邮件域。

用户名：必须是唯一的，且包含5~15个字符。它可以只包含字母或字母组合数字或特殊字符。特殊字符如：-（破折号）、_（下划线）、.（句点）、@（表示“at”的符号）。

密码：必须包含7~15个字符，并且至少包含三个以下字符：混合的大小写字母、数字、非字母数字的字符（例如@、#、%、&、*）。

新用户的 Email 确认：点击邮件中的确认链接，需要在24小时之内确认。

（3）访问 SciFinder Web 数据库

在购买机构的 IP 范围内，登陆 Http：//scifinder.cas.org/或 Http：//originscifinder.cas.org/，输入注册的用户名和密码。

3.3 检索方法

Scifinder Web 数据库为用户提供了 Explore References（文献检索）、Explore Substances（物质检索）、Explore Reactions（反应检索）三种检索方法。

登录后，系统默认为 Explore References 界面。

1. Explore References

提供 Research Topic（研究主题）、Author Name（著者姓名）、Company Name/ Organization（公司或机构名称）、Document Identifier（文档号）、Journal（期刊名称）、Patent（专利）、Tag（标签）七种途径。其检索界面见图 6－43。

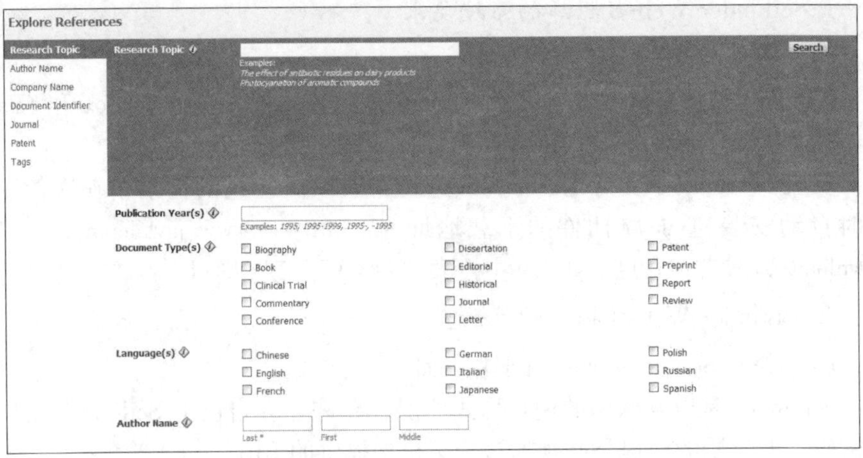

图 6－43　Explore References 界面

2. Explore Substances

提供 Chemical Structure（化学物质结构）、Markush（马库氏）、Molecular Formula（化学分子式）、Property（物质性质）、Substances Identifier（化学物质名或登记号）五种途径。Markush 检索可直接获得包含该通式结构的所有专利文献，可以检索结构检索检不到的专利，是结构检索的补充。性质检索是将物质的某一性质限定在某一特殊值或某一范围进行检索。其检索界面见图 6－44。

3. Explore Reactions

提供由化学物质结构作为反应物或产物的反应检索。其检索界面见图 6－45。

3.4　结构绘图板功能

在 Explore Substances 和 Explore Reactions 两种检索方式下，可以利用绘图板绘制物质的结构图或反应图。绘图板的各图标表示的功能意义见表 6－1。

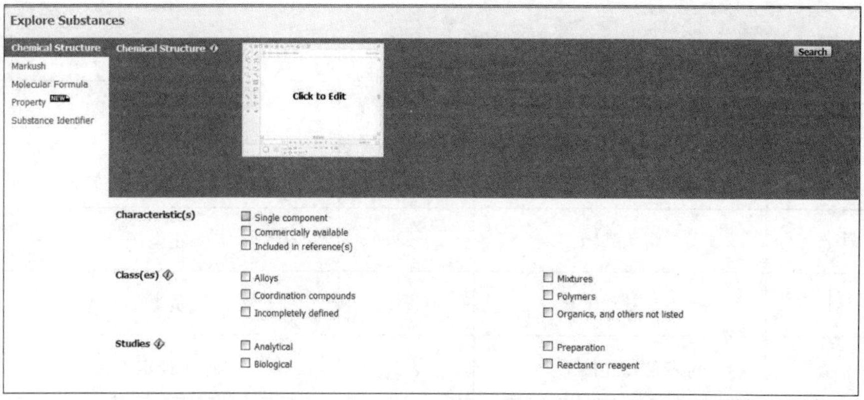

图 6－44　Explore Substances 界面

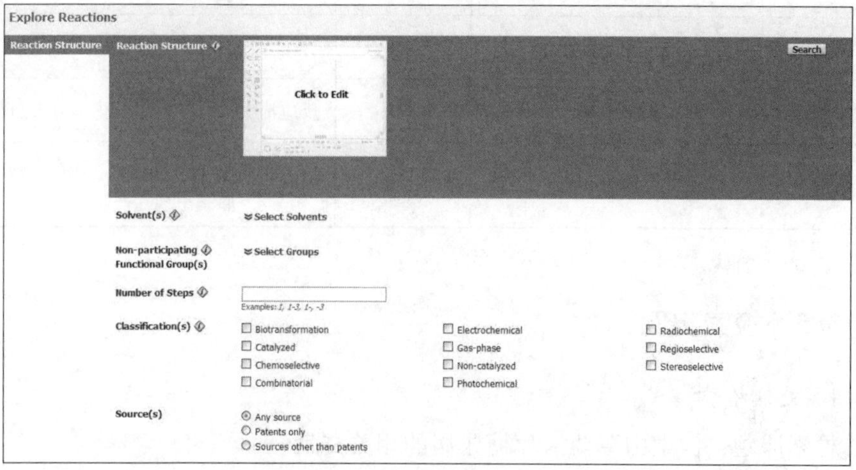

图 6－45　Explore Reactions 界面

表 6－1　结构绘图板各图标功能一览表

图标	功能	图标	功能
	铅笔		多元环工具
	碳链工具		橡皮
	元素周期表		索套选择工具

续表

图标	功能	图标	功能
	R 基团定义工具		选择工具
	可变基团		旋转工具
	常用基团		正电子
[ ]n	重复基团工具		负电子
	可变位置连接工具		原子锁定工具
	画戊二烯环		环锁定工具
	画五烯环		反应中键断裂的位置
	画苯环	A→B	化学反应式
	画己烷环	→	反应箭头，指向具体的化学反应目的
	结构模板		选择反应物中的某个，其相应的原子出现在产物中

3.5 检索实例

1. 文献检索

检索课题：检索中草药治疗糖尿病的相关文献

检索步骤：

第一步：因为是关于主题的检索，所以选择“Explore References”检索方式。

第二步：在“Research topic”检索框内输入检索词“treatment of diabetes with herb”，可以限定出版年、文献类型等，点击“Search”按钮。见图 6-46。

第三步：在新的界面中确定所希望的检索词关系，点击“Get References”，得到检索结果。见图 6-47、图 6-48。

第四步：在检索结果界面，利用“Sort By”下拉框，选择登录号、作者名、引文排序、出版年、标题对文献检索结果进行重新排序。引文排序可以

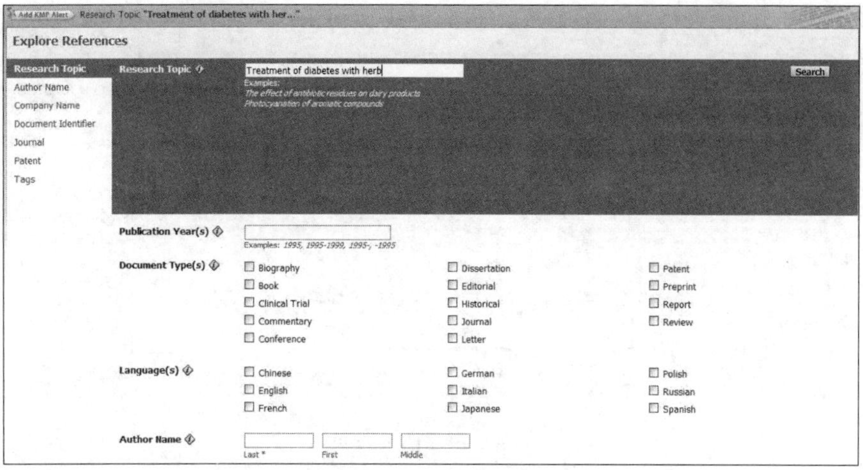

图 6－46　输入检索词

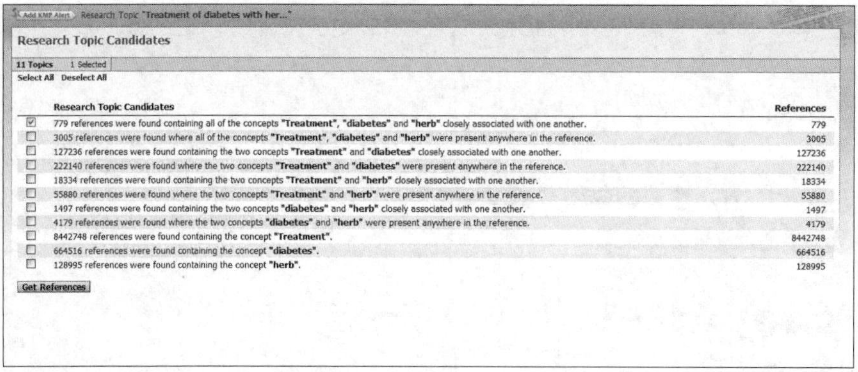

图 6－47　检索词之间关系

快速获得被引用次数最多的文献。

第五步：如果想对检索结果进行分析，可点击检索结果界面右侧上方的“analyze”下拉框，提供作者、CAS 登记号、公司/组织、索引词、来源期刊、语言类型、出版年等 12 个方面。作者分析可发现本领域、课题的主要研究人员。来源期刊分析可发现值得关注的相关学术期刊。索引词分析可了解文献研究的主要内容。出版年分析可了解该领域的研究历史和发展。

第六步：如果想对检索结果进行精炼，可点击检索结果界面右侧上方的“Refine”下拉框，提供研究主题、作者姓名、机构名称、出版年、语言、所

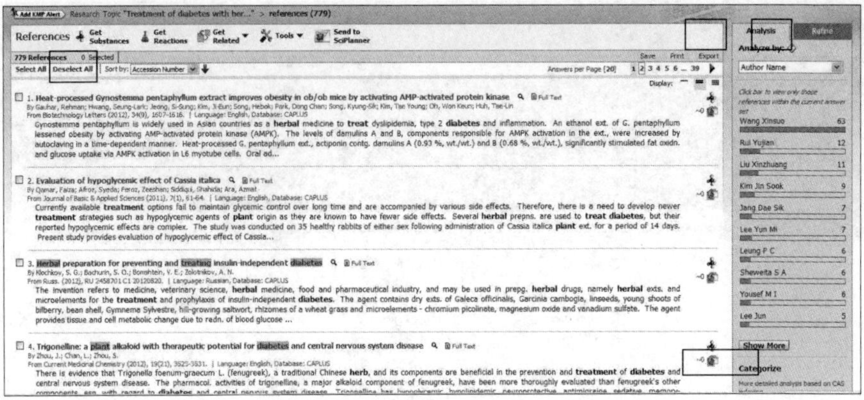

图 6 - 48　检索结果

属数据库 6 个方面。

第七步：如果想对检索结果进行学科分类，可点击检索结果界面右侧下方的“Categorize”按钮。学科分类以多级目录方式显示，见图 6 - 49。

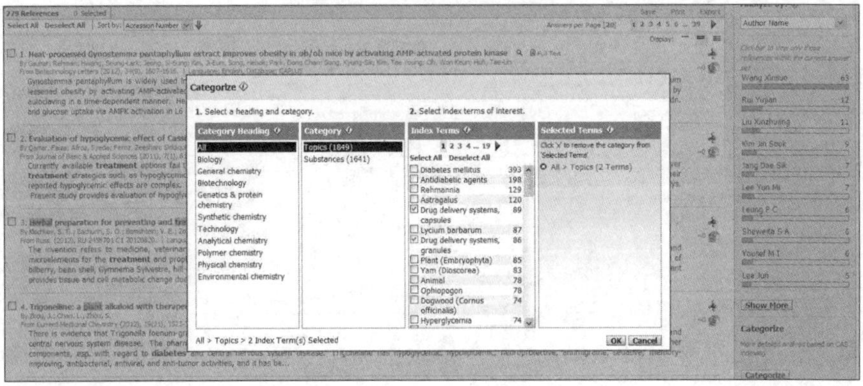

图 6 - 49　学科分类

第八步：如果想检索“中草药但不包括姜黄用于糖尿病治疗”的相关文献，则需要对检索结果进行二次检索。在当前检索结果界面，点击“Save”，在新窗口内输入文件名并确定，将一次检索结果保存。见图 6 - 50。

第九步：再次点击“Explore references”，输入“trentment diabetes with curcumae”进行新任务检索。在新的检索结果界面下，点击“Tools”下拉菜单，选择“Combine answer sets”，在新窗口内选择一次检索结果并确定两次

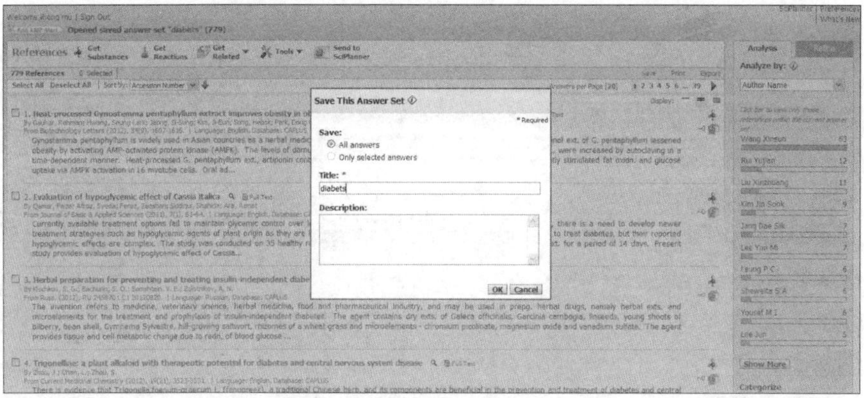

图6-50　一次检索结果保存

检索结果的逻辑关系，得到二次检索结果。见图6-51、图6-52。

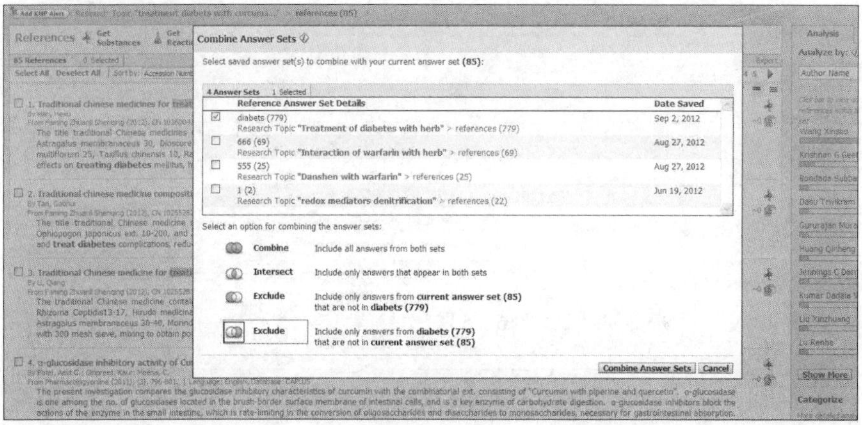

图6-51　两次检索结果集逻辑关系确定

第十步：选择感兴趣的记录，点击文献标题，得到文献详细信息。点击"放大镜"按钮，快速浏览文献的详细文摘。点击文献标题后面的"全文链接"，可阅读全文。见图6-53、图6-54、图6-55。

2. 分子式检索

检索课题：请检索羟甲香豆素是否存在着其他混合物以及是否可以通过修饰结构来获得更多的应用

检索步骤：

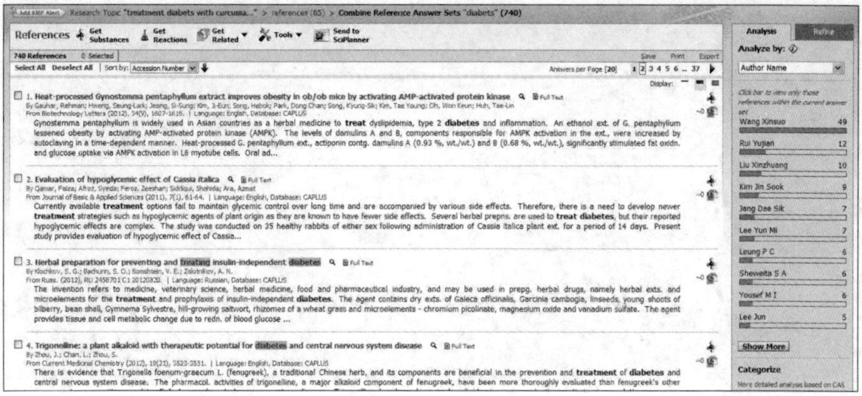

图 6－52　二次检索结果

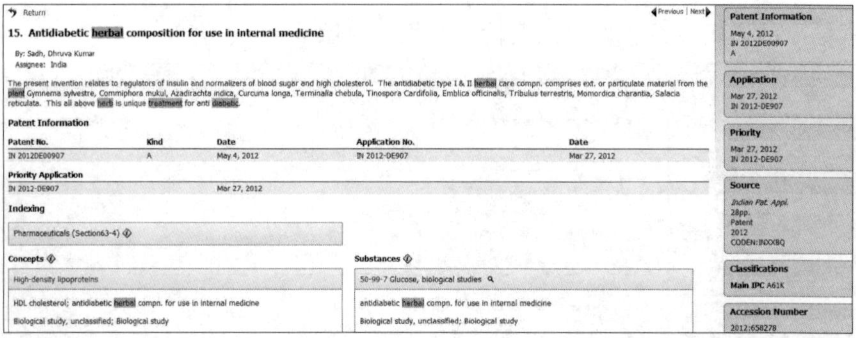

图 6－53　文献信息

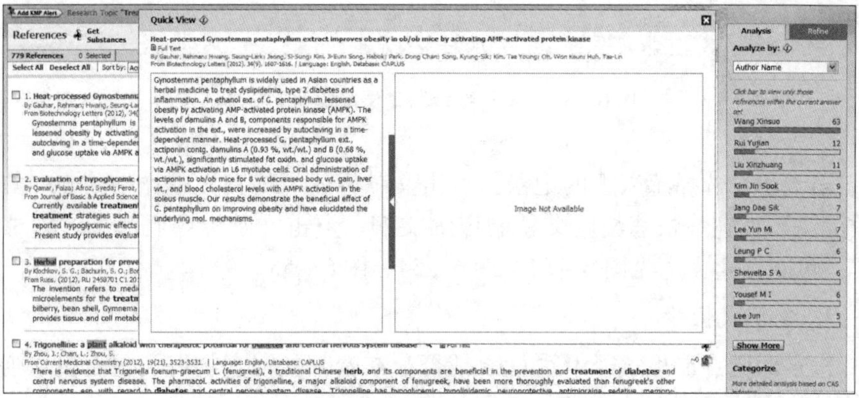

图 6－54　快速浏览文摘

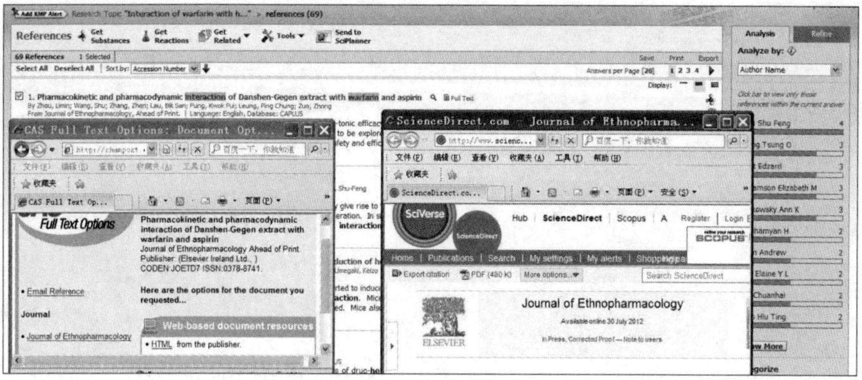

图6－55　全文阅读

第一步：选择“Explore Substances”检索方式，在“Chemical Structure”方式下，双击绘图板。

第二步：利用绘图工具，画出羟甲香豆素的分子式结构，选择“Exact Search”并确定，得到羟甲香豆素的混合物43种。见图6－56、图6－57。

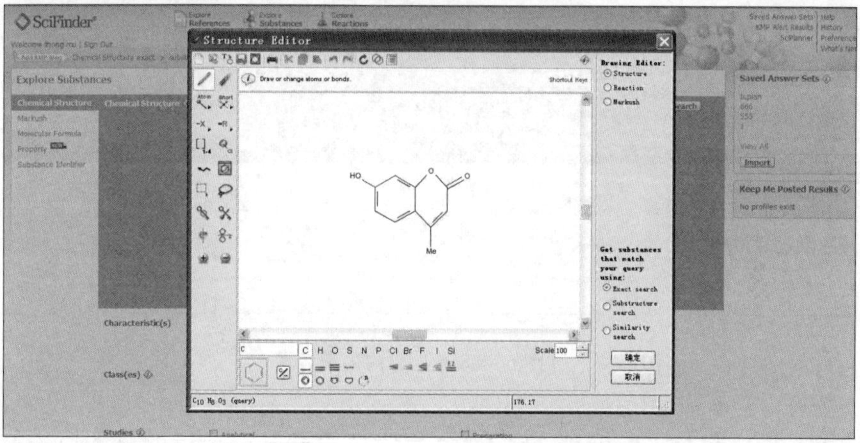

图6－56　绘制分子式结构界面

第三步：返回第二步，选择“Substructure Search”并限定检索结果为“single component”，得到羟甲香豆素的修饰物质。见图6－58、图6－59。

第四步：利用“Analyze”下拉框，将检索结果中“Substance Role”限定为“Preparation”。得到羟甲香豆素的修饰物质的制备。见图6－60。

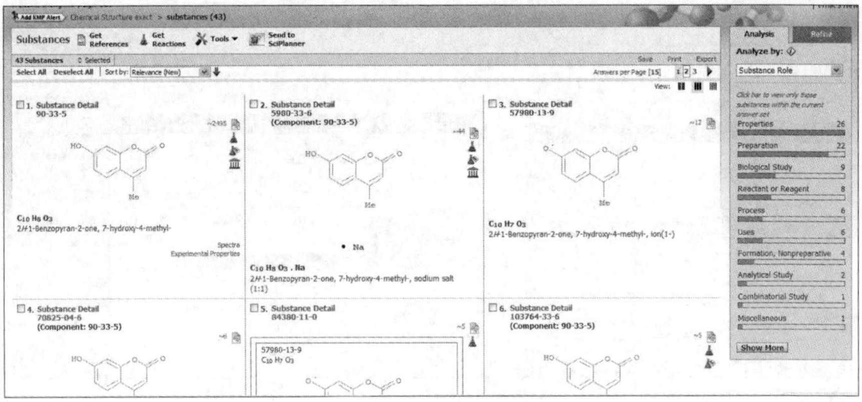

图 6-57　精确检索结果

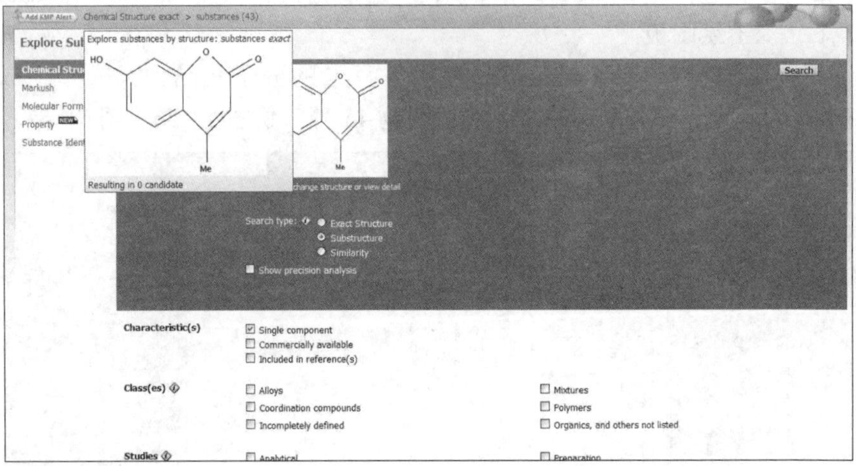

图 6-58　亚结构检索

第五步：点击“Refine”下拉框，因为更关心某一位置的可能原子及机率，因此选择“Atom attachment”作为分析项。见图 6-61。

第六步：选择某一位置，得到该位置所有的修饰原子及数量。见图 6-62。

第七步：选择取代原子为氮，得到该位置为氮的化学物质。在检索出的物质中，查询的亚结构以红色高亮显示，轻易找到亚结构中的取代结构。检索结果中每一物质链接参考文献、反应、商业信息。见图 6-63。

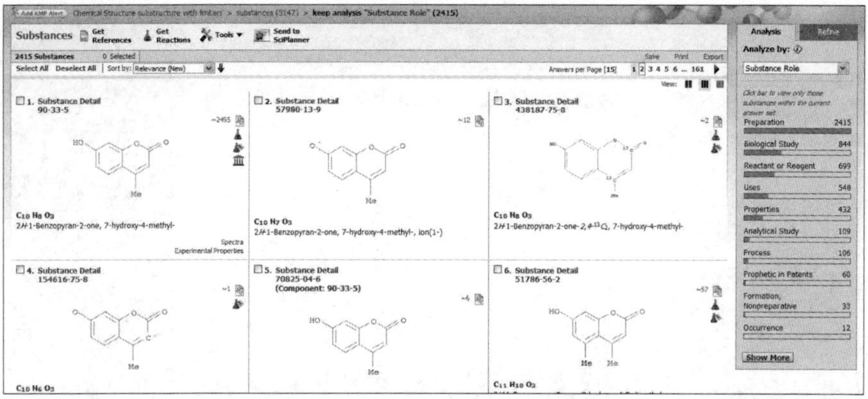

图 6－59　亚结构检索结果

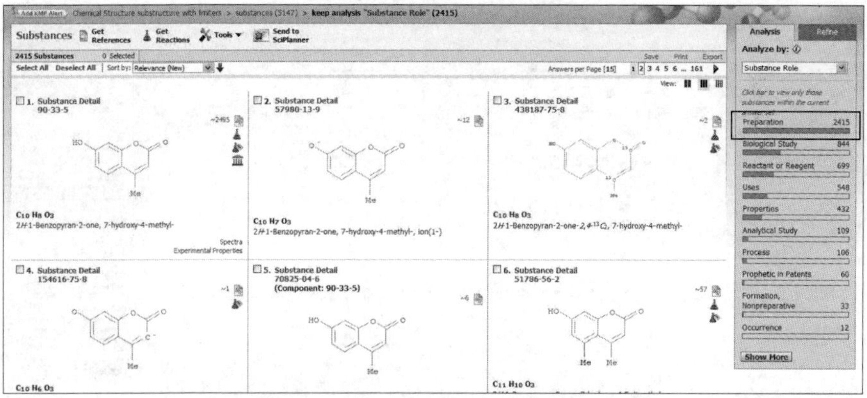

图 6－60　有关物质制备的亚结构检索结果

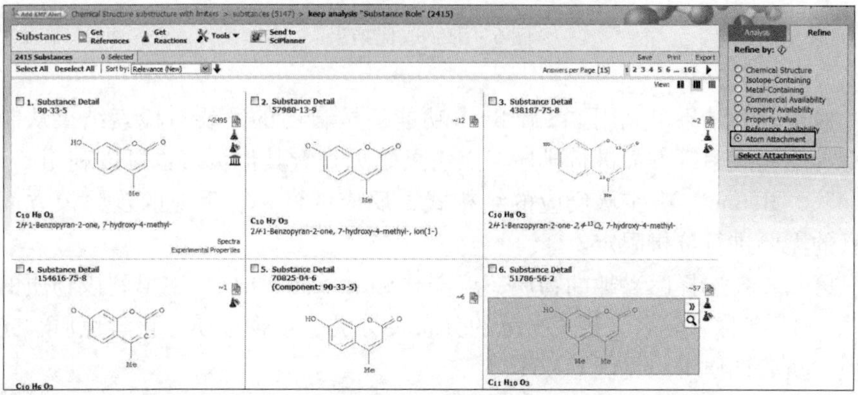

图 6－61　亚结构分析

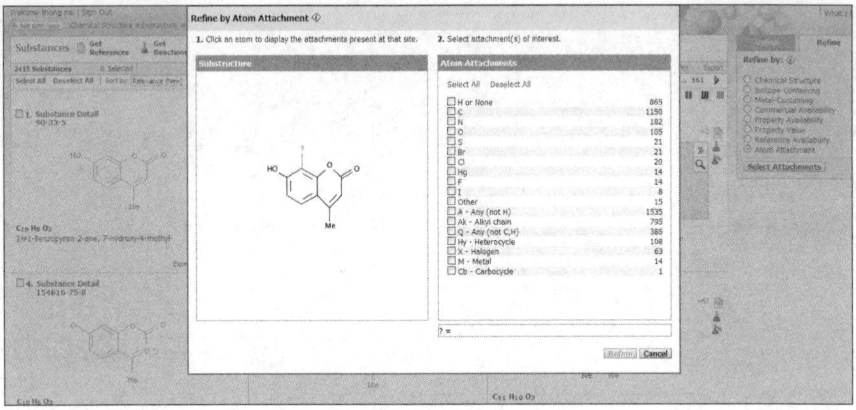

图 6-62　选择取代位置

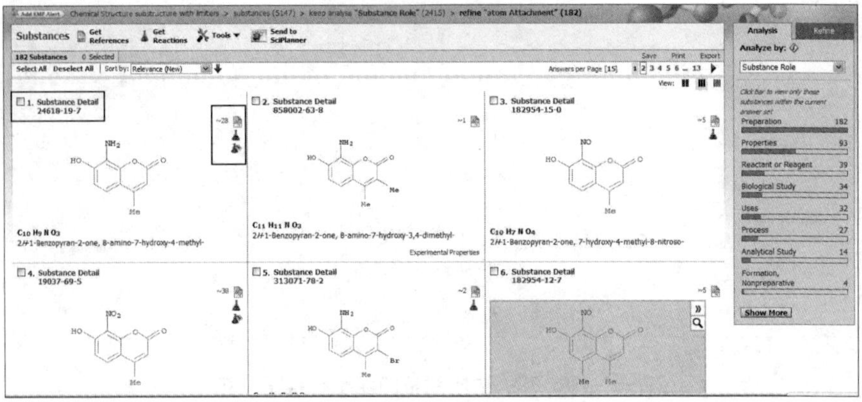

图 6-63　取代结果

对于检索结果可利用“Sort By”功能，按自己的需要对检索结果从制备步骤、反应产率等方面进行排序。点击页码页查看其他页。也可以利用“Analyze”、“Refine”功能从反应的结构式、反应的产率、反应的步骤等方面按自己的需要进行分析限定。

第八步：选择感兴趣的物质，点击“Substances Detail”，得到该物质的分子式、CA 名称、异名、相关文献的分布及分类、生物性质、化学性质、光谱性质、实验性质等。见图 6-64。

相关文献的分布及分类中的专利文献是需要药物研发人员特别关注的，点击“对钩”，获得相关文献。

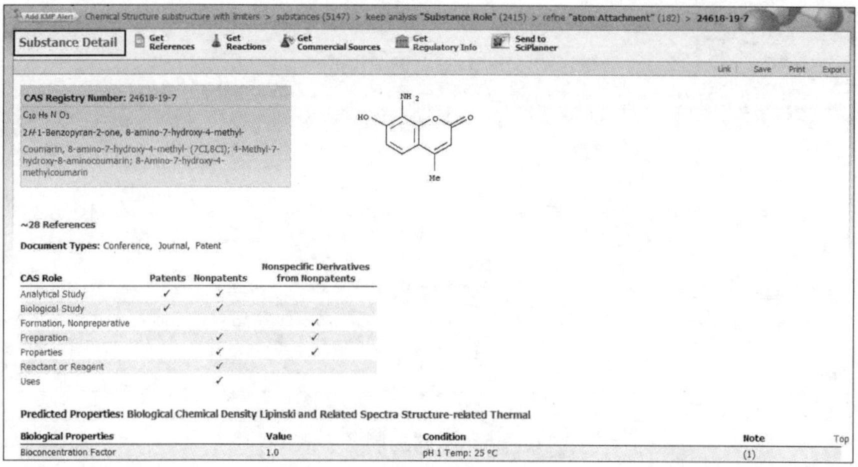

图 6－64　物质的详细信息

第九步：选择感兴趣的物质，将鼠标放在该结构上，该结构将高亮显示，对该结构进行目标选择的选项出现。左侧“级联菜单”按钮，可以从不同的角度获得该物质的信息。左侧“放大镜”按钮，可快速浏览该物质的 CA 名称、异名等概要信息。见图 6－65。

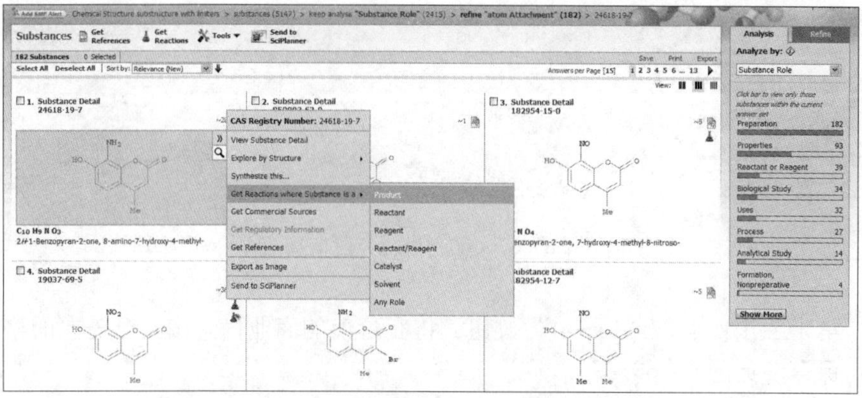

图 6－65　多角度物质信息选项

第十步：选择反应目标为产品，得到该物质不同方式的制备信息。见图 6－66。

第十一步：如果选定了一种制备方式，想了解反应物的供货厂家，可将

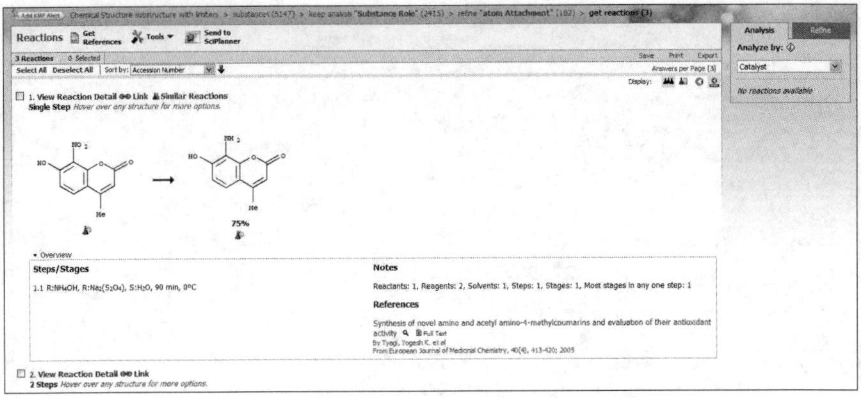

图 6－66　不同的制备方式

鼠标放在反应物结构式上，通过“级联菜单”获得商业信息。见图 6－67。

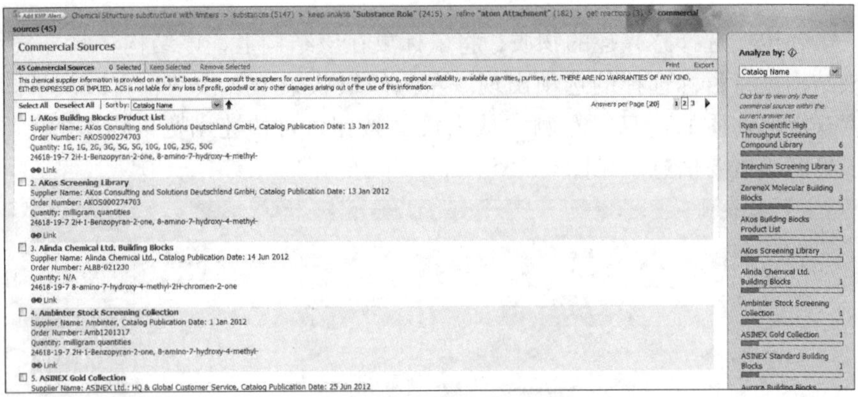

图 6－67　反应物的商业信息

第十二步：点击“Export”按钮，将有价值的商业信息按自己需要的格式进行保存。见图 6－68。

3. 物质登记号检索

检索课题：请从物质登记号角度进行非布索坦（非布司他）的反应检索

检索步骤：

第一步：选择“Explore Reactions”检索方式，双击绘图板，点击绘图板上的，在新窗口输入物质登记号并确定，得到非布索坦的化学结构式。见图 6－69、图 6－70。

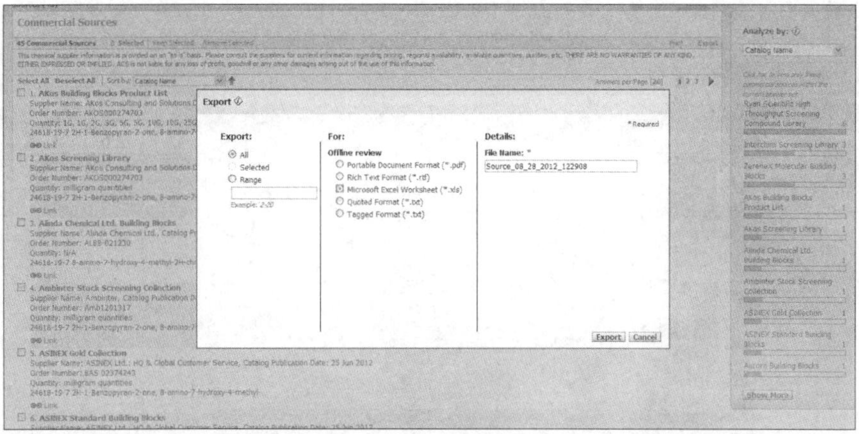

图 6 – 68　商业信息输出格式选择

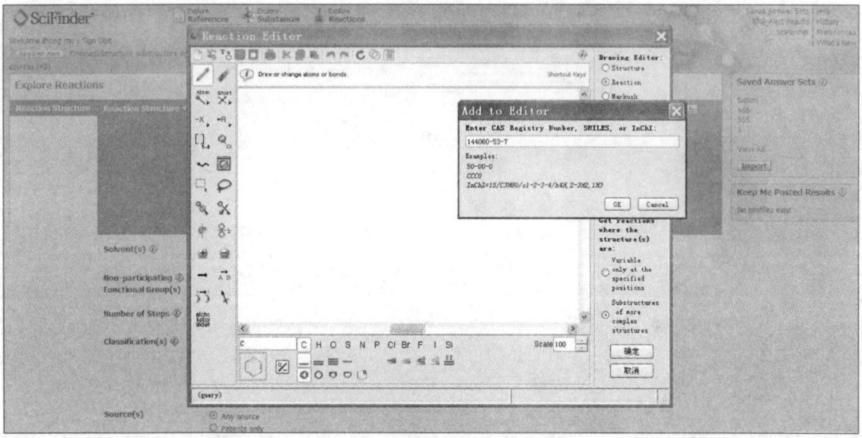

图 6 – 69　输入物质登记号

第二步：利用绘图板左侧的“反应箭头”按钮，将结构式限定为产物，并限定为精确反应，得到非布索坦的相关反应。见图 6 – 71、图 6 – 72。

对于检索结果，可利用“Sort By”功能，按自己的需要对检索结果从制备步骤、实验过程、反应产率、出版年等方面进行排序。可点击页码页查看其他页。也可以利用“Analyze”、“Refine”功能从反应的催化剂、反应的结构式、反应的产率、反应的步骤等方面按自己的需要进行分析限定。利用反应记录显示方式按钮，将一条反应记录限定在一篇文献内。

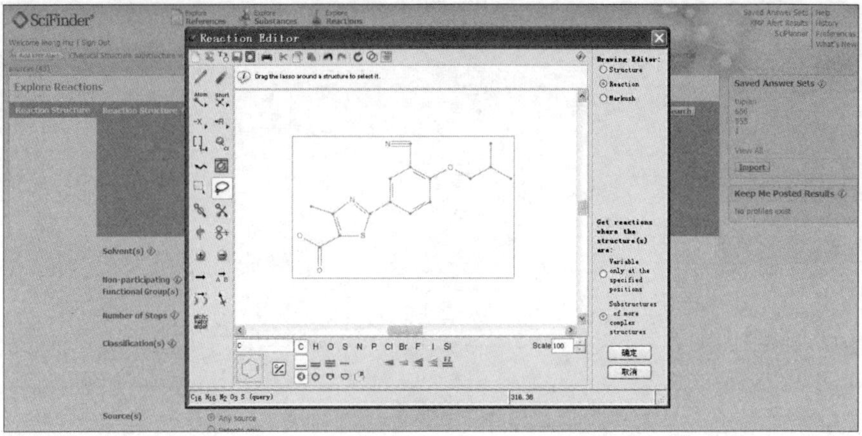

图 6－70　转化为化学结构式

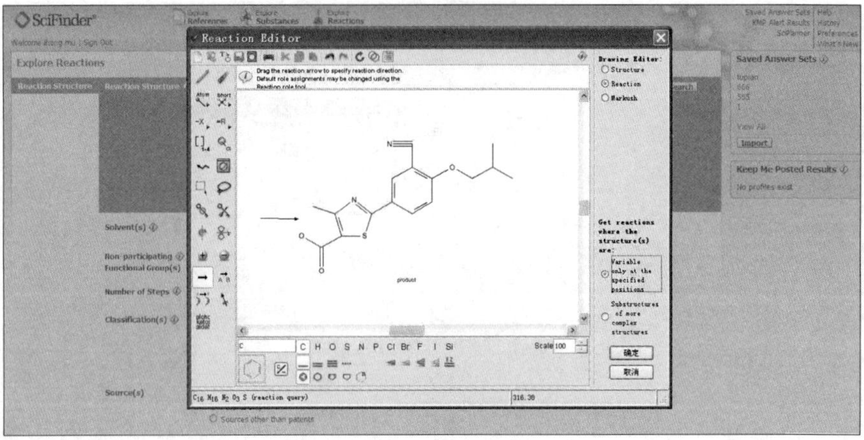

图 6－71　限定为产物

第三步：对于多步骤反应，可点击“View Reaction Detail”，查看反应的详细步骤。见图 6－73。

3.6　检索技巧

主题检索中一般输入 2－3 个关键词最佳；关键词之间使用介词而不用布尔运算符；支持同义词、近义词、单复数、过去式等；不支持截词符、通配符；可以使用括号，括号内为前一个词的同义词；不支持右键弹出（剪切、

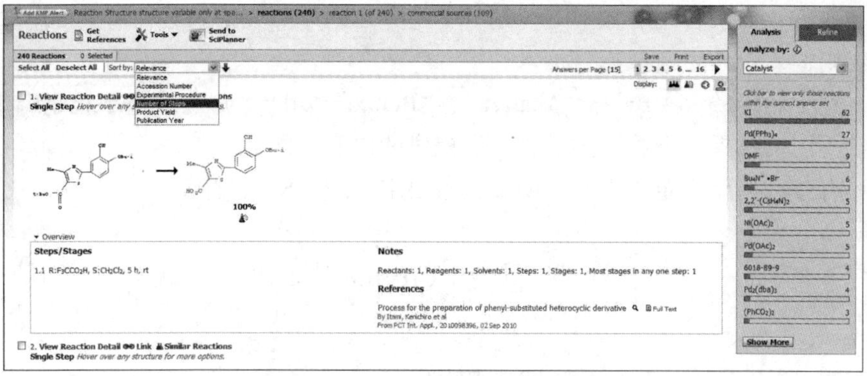

图 6－72　反应检索结果

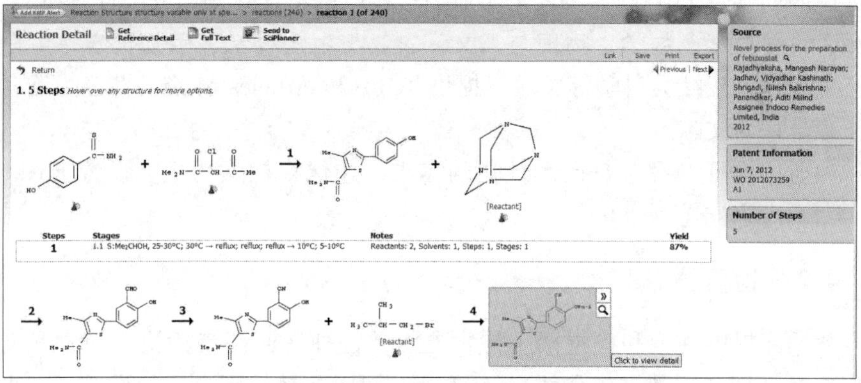

图 6－73　反应详细步骤

复制、粘贴)，请使用菜单。

作者姓名检索时，不区分大小写。但由于作者名字书写不规范，既有全称也有缩写，名字中间有的有空格，有的没有空格等等情况，因此一定要考虑名字的各种写法，免得漏检。如检索李志刚老师的论文，首先要在三个输入框中分别输入 li 、zhi 、gang 进行检索；然后要在前两个输入框中分别输入 li 、zhigang 进行检索；最后，对这两次检索结果中的全称和缩写形式中的文献都要进行挑选，这样才能检索齐全作者的文章。

公司或机构名称既可以输入全称也可以输入缩写形式，系统会自动识别。

化学物质名称或化学物质登记号，注意一行只能输入一个化学物质名称或登记号，有多个化学物质名称或登记号时，分多行输入，最多可输入 25 条，每个条目不要超过 200 个字符，可以有空格，不区分大小。如果是多组分的物质，如聚合物、盐类等，则各个组分之间以英文的句号“.”隔开，聚合物则输入单体组成以括号加 X。

充分利用“Sort By”、“Analyze”、“Refine”功能，筛选或缩小检索结果。当然不同检索界面下，上述三种功能提供的内容不同。

有效利用反应定义工具，明确检索要求，减少检索时间。

第四节　Science Diret

4.1　Science Diret 数据库概况

Science Diret 是 Elsevier 公司的综合性全文数据库，收录 2 500 多种经同行评议的期刊及 11 000 多种图书手册。学科范围覆盖化学工程、计算机科学、能源、材料科学、数学、物理与天文、农业与生物科学、生物化学、生命科学、工程技术、社会科学等领域。提供 Top－25 Articles 链接，直接阅读各学科下载量最高文献。

注册用户可以设置自己个性化的需求，如保存检索历史、设置 Email 提示、期刊内容推送等。

4.2　检索方法

数据库提供浏览和检索两种检索方法，每种界面都支持快速检索和文献类型选择（期刊或图书或全部）。注册用户可直接链接到自己的设置，减少检索时间。系统首页见图 6－74。

1. 浏览方式

点击“Publications”，进入期刊浏览界面，提供按字母顺序和学科主题分类两种浏览方式。直接点击首页左侧的字母顺序或学科主题分类，也可以进行期刊浏览。其中，表示可全文阅读的期刊。浏览找到所需期刊，点击期刊名，进入期刊浏览，显示最新一期文献，见图 6－75。点击左侧卷、期目录，可以阅读其他卷、期的文献。点击 About this Journal，链接期刊的出版编辑信息，提供作者投稿指南、作者稿件追踪、期刊影响因子等，见图 6－76。

注册的用户还可以直接点击自己设置的 Favorite Journals/Books，进行期刊浏览。

图 6－74　Science Direct 首页

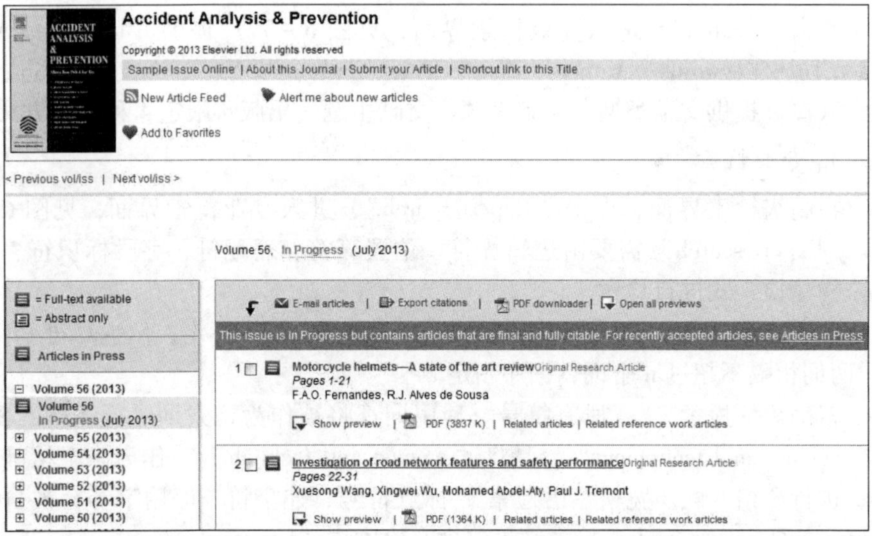

图 6－75　期刊浏览

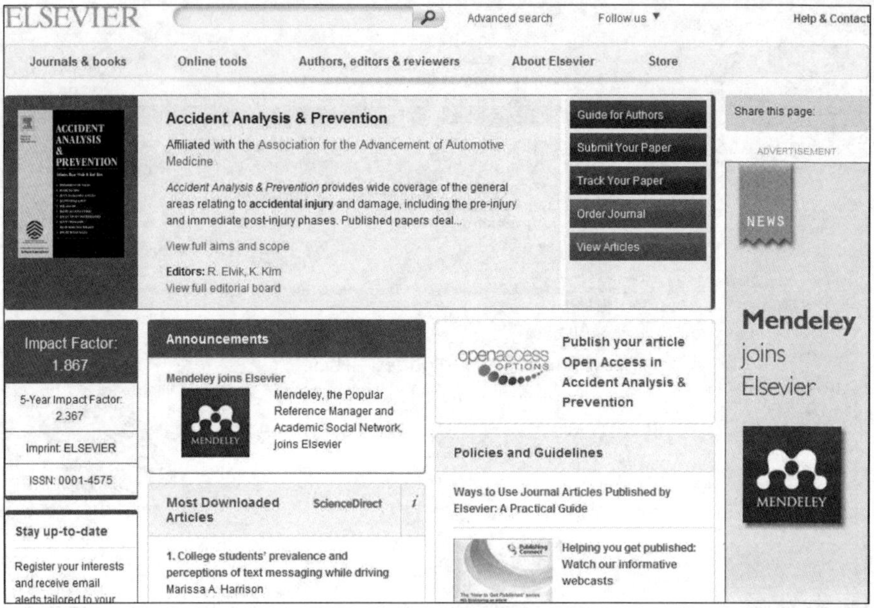

图 6－76　期刊信息

2. 高级检索

点击“Search”，进入高级检索界面，见图 6－77。提供 All Fields、Abstract/Title/Keywords、Authors、Source Title、Title、ISSN、ISBN、Affiliation 等检索入口。提供文献类型、文献来源、文献主题、出版年限定 4 种限定方式。

3. 专业检索

在高级检索界面，点击“Expert search”，进入专业检索界面，见图 6－78。“Expert search”需要由逻辑算符、位置算符、通配符、字段标识符、括号来构建检索式进行检索。

位置算符 W/n，表示两词相隔不超过 n 个词，词序不定；位置算符 PRE/n，两词相隔不超过 n 个词，词序一定。

精确短语检索" "，所有符号、禁用词都将被作为检索词进行严格匹配。如" science and technology" ，是将“science and technology”作为一个精确短语，进行严格匹配。宽松短语检索″，标点符号、连字符、停用字等会被自动忽略。如′heart－attack′，检索结果包含有检索词“heart attack”。

4. Top－25 Articles

在数据库主页，点击 top25.sciencedirect.com，进入 Top－25 Articles 浏览界面，显示最新时段全学科下载量最高的 25 篇文献，见图 6－79。可以

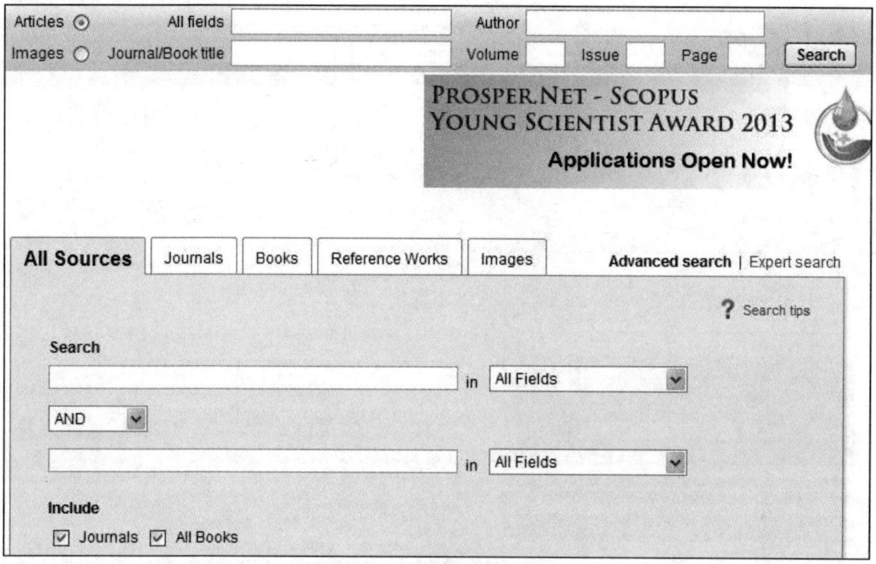

图 6－77　高级检索界面

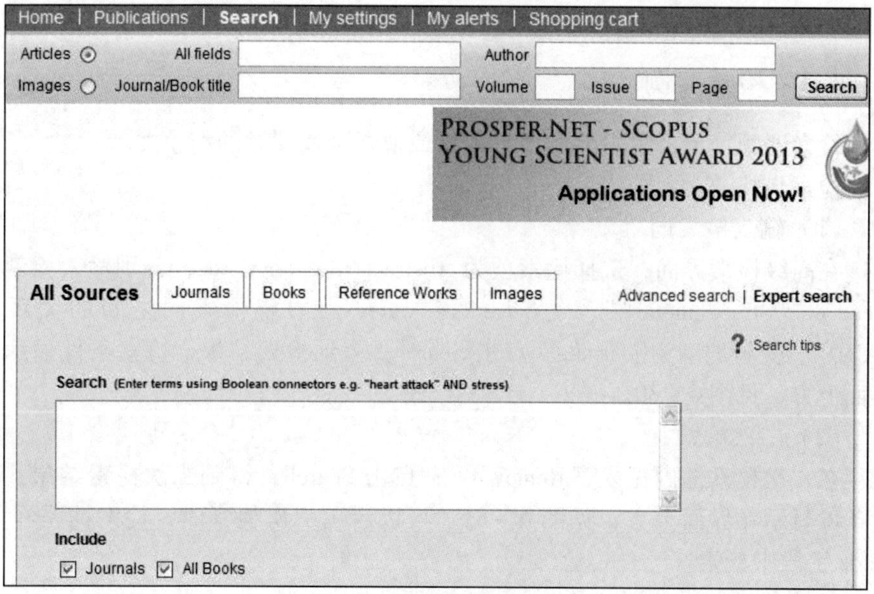

图 6－78　专业检索界面

选择自己需要的学科及文献类型。

图 6－79　Top－25 Articles 界面

4.3　检索实例

检索课题：请检索去除饮用水中铅或痕量金属课题的相关文献

检索步骤：

（1）输入检索词

在高级检索界面，选择检索项为 Abstract/title/keywords，分别输入检索词 “lead or " trace metal"”、 “drink ＊ water”，限定检索词之间的关系为 “AND”、文献类型为 journals。点击 Search，得到检索结果，检索条件显示在界面上方。见图 6－80。

（2）二次检索

在二次检索框内输入 “Remov ＊”，点击 Search，得到二次检索结果，检索条件显示在界面上方，见图 6－81。可以看出二次检索时，检索词是在 all fields 字段中检索。

（3）检索结果的浏览

系统默认为列表格式，点击 Open all previews，显示文摘及标题结构，见图 6－82。当检索结果较多时，以文摘格式显示，将需要处理时间。可以通过

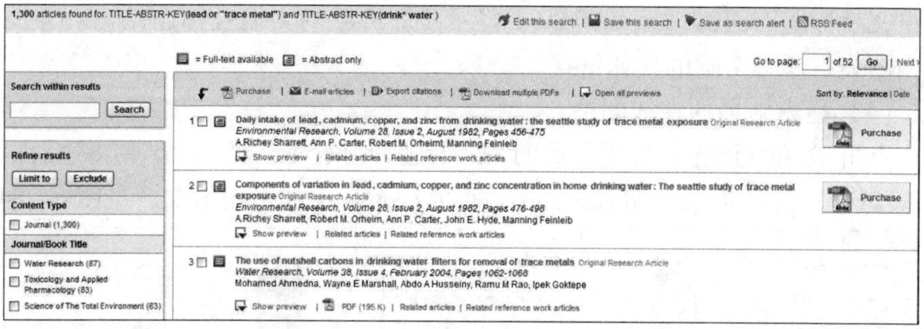

图 6 - 80　一次检索结果

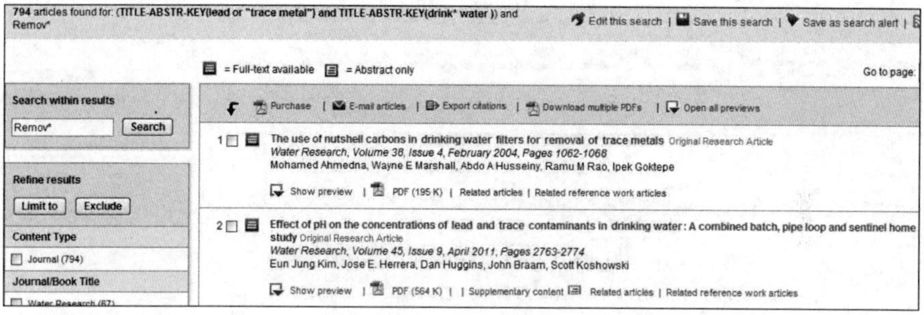

图 6 - 81　二次检索结果

图 6 - 82　摘要显示方式

点击文献标题下面 Show preview，显示该篇文献的文摘及标题结构。并提供文内图表、参考文献的快速链接。

（4）检索结果的在线阅读

点击文献标题，以网页的格式显示全文，见图6－83。点击 Cited by in Scopus (54)，可以查看该文献在 Scopus 中的引用情况，见图6－84。

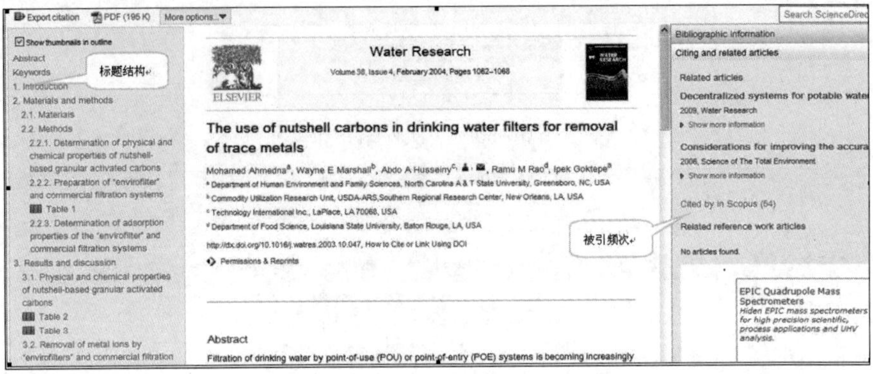

图6－83　在线全文阅读

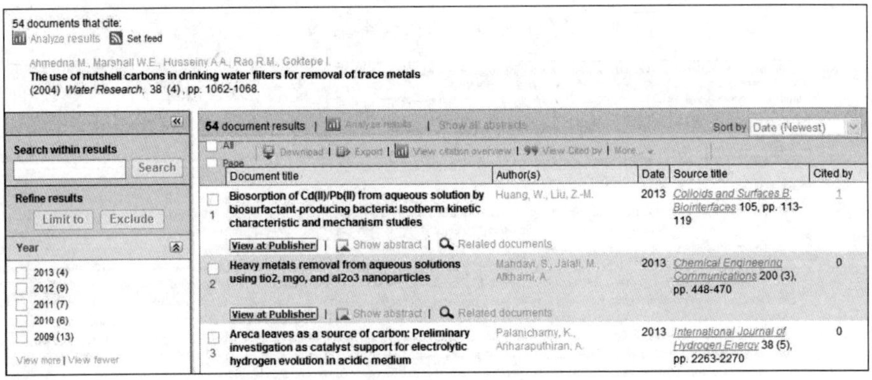

图6－84　文献的引用

（5）检索结果的全文下载

数据库提供单篇文献及多篇文献的全文下载，前提是该文献必须是有全文阅读权限的文献，需要购买的文献，则不能全文下载。

单篇文献下载：单篇文献的全文下载，可直接在检索结果界面或网页全文界面，点击 PDF (195 K) 进行全文下载。

多篇文献下载：多篇文献下载，首先需要点击文献标题前的□，选中文献。然后点击 Download multiple PDFs，在新页面选择文件名及下载路径见图 6－85，点击 Begin Download，对多篇文献进行下载。

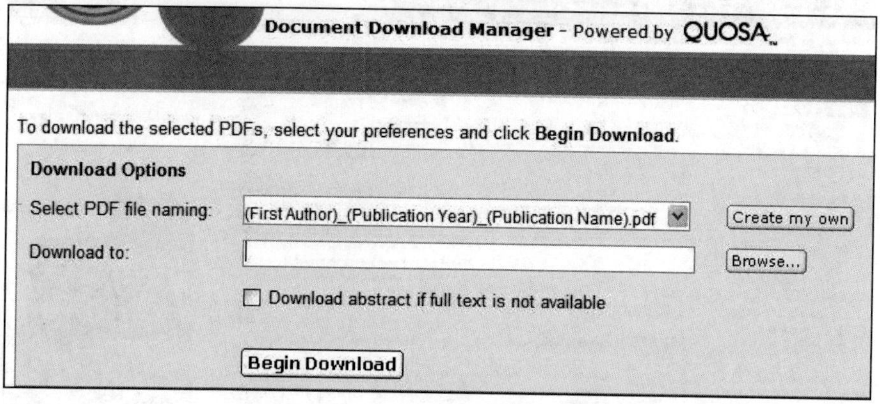

图6－85　多篇文献下载路径选择

第五节　WorldSciNet

WorldSciNet 数据库是新加坡世界科技出版公司（World Scientific Publishing Company）专门为科研人员提供的期刊在线服务。期刊种类达 120 多种，学科范围覆盖计算机科学、物理学、数学、医学和生命科学、工程学、化学、经济学、企业管理、材料科学等学科领域。

数据库提供期刊浏览、快速检索、高级检索三种方式。系统首页见图 6－86。

5.1　期刊浏览

在数据库首页，提供期刊学科主题分类浏览，点击所关注的学科分类，显示该学科主题的相关期刊列表以及期刊字母顺序浏览功能，见图6－87。

其中 FULL，表示可全文阅读的期刊。浏览找到所需期刊，点击期刊名，进入期刊浏览，系统默认显示最新一期文献，见图 6－88。点击 Most Read，显示高阅读频次的文献；点击 Most Cited，显示高下载频次的文献；点击文献标题下方的 PDF，可在线阅读或下载文献全文，见图6－89；点击 Prev.，浏览上一期文献；点击 Available Issues，显示期刊提供浏览的所有卷、期，见图6－90。

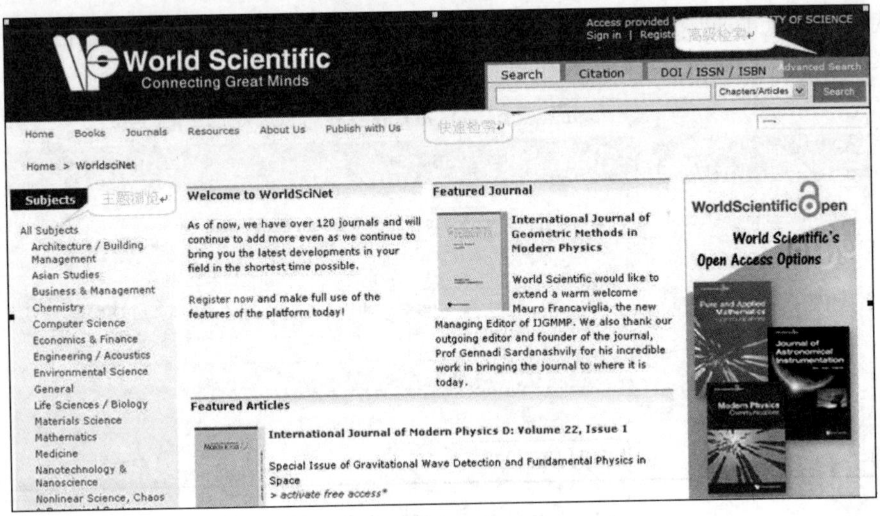

图 6 – 86　WorldSciNet 数据库主页

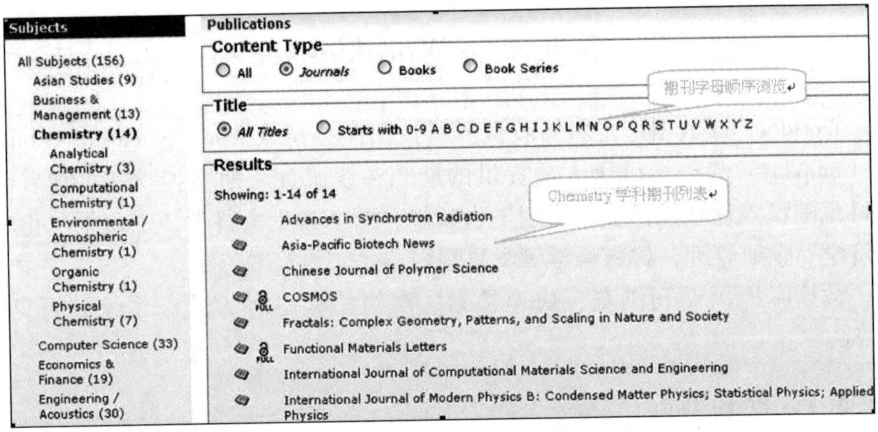

图 6 – 87　期刊学科分类浏览

5.2　快速检索

快速检索提供 Chapters/Articles、journal Titles、Book Titles 三种检索字段，也可以切换到 DOI 号或 ISSN 或 ISBN 检索，见图 6 – 91。其中 Chapters/Articles 字段是在文献的全文中进行检索。

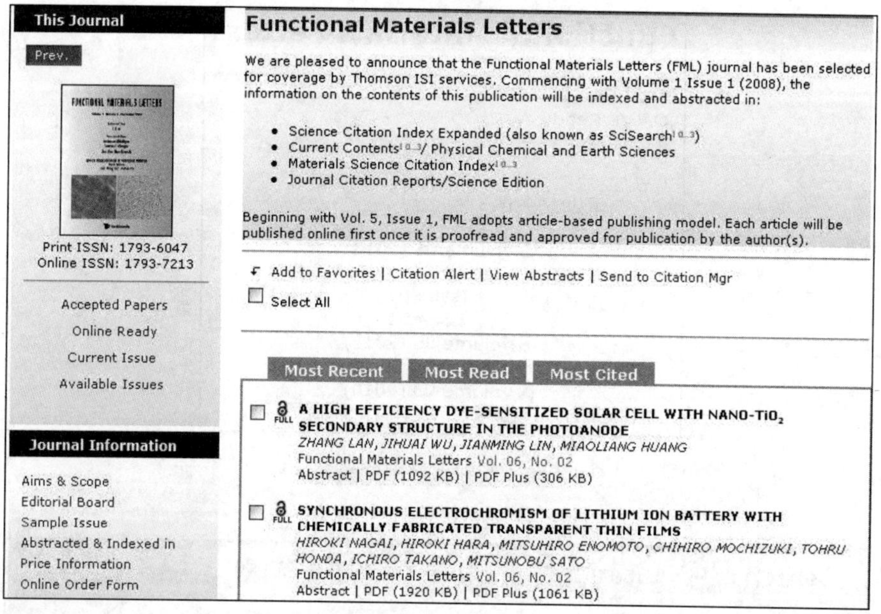

图 6－88　期刊浏览

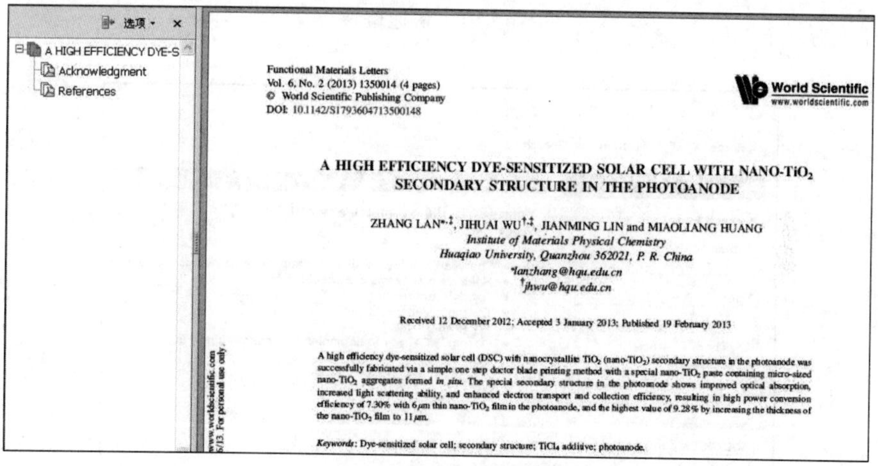

图 6－89　全文阅读

5.3　高级检索

在系统首页，点击“Advanced Search”，进入高级检索界面，见图 6－92。与快速检索相比，增加了作者检索、学科主题及出版时间限制。与其他大型

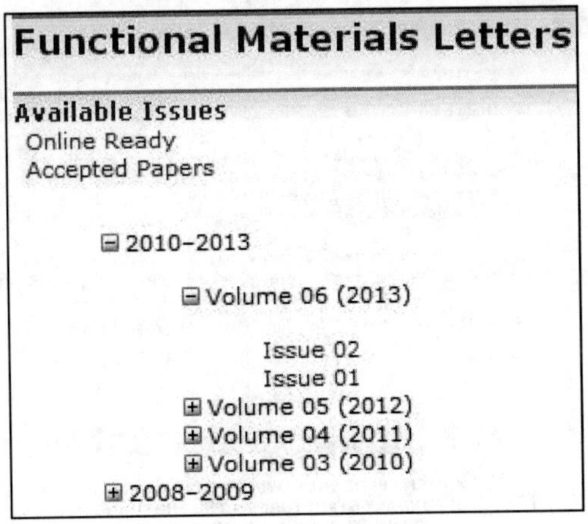

图 6－90　期刊提供浏览的卷、期

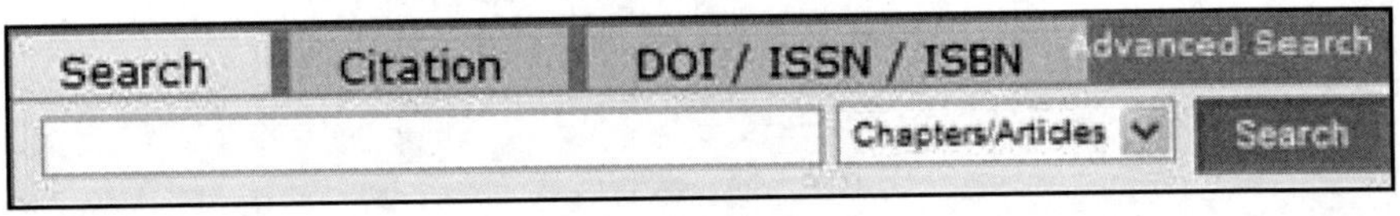

图 6－91　快速检索

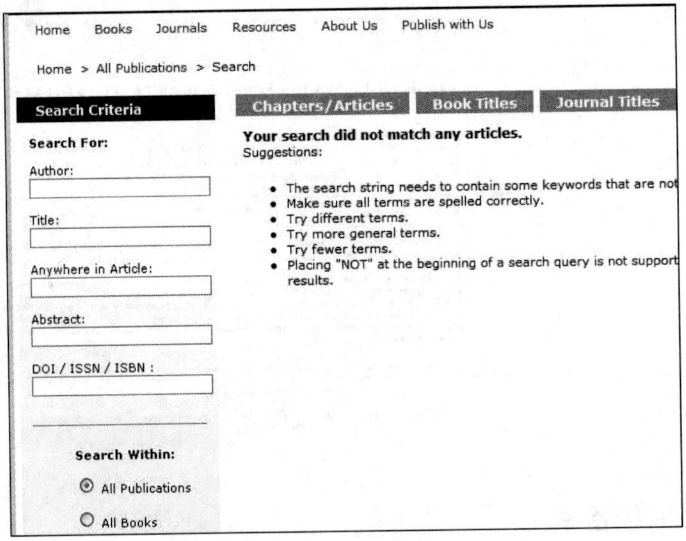

图 6－92　高级检索

数据库不同，该资源服务平台，高级检索功能相对简单。如果想比较准确的查找主题相关文献，可选择检索字段“Abstract”。例如：查找锂离子电池的相关文献，在“Abstract”检索字段，输入“lithiumion battery”，点击“Search”，得到检索结果，见图6-93。检索结果不支持二次检索。

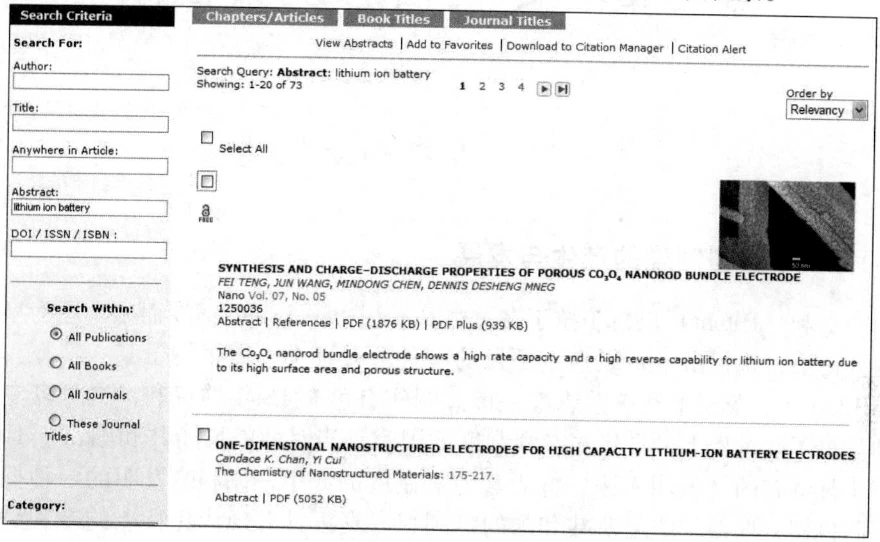

图6-93 高级检索结果

第七章　专利信息及其检索

第一节　专利知识概述

1.1　专利制度的产生与发展

专利（Patent）出自于拉丁文，由 Royal letters patent 演变而来，原为皇家特许证书，系指由皇帝或皇室颁发的一种公开证书，通报授予某一特权。早在1236年，英王亨利三世恩准一市民制作有色布15年的权利，这可算专利的鼻祖了。世界上最早建立专利制度的国家是当时的威尼斯共和国，于1474年3月颁布的《发明人法》标志着专利制度的诞生，伽利略发明的一种扬水灌溉机器，取得了威尼斯共和国的专利权。真正具有现代化特点的专利法是英国1623年通过的《垄断法》，明确规定了发明人对其发明的正当财产权利，并保护不受侵犯。美国1790年、法国1791年、荷兰1817年、英国1852年、印度1859年、德国1877年及日本1885年等先后颁布《专利法》。到现在为止世界上约有180个国家建立了专利制度。

我国曾在1889年、1912年、1928年公布过有关发明奖励章程条例，1944年公布《中华民国专利法》。

新中国于1950年颁布《保障发明权与专利权暂行条例》。1980年3月中国专利局正式成立。1985年4月1日《中华人民共和国专利法》正式实施，标志着新中国专利制度的建立，1992年、2000年、2008年3次修改《中华人民共和国专利法》。1994年1月1日国家知识产权局（SIPO）成为专利合作条约（Patent Cooperation Treaty，简称 PCT）组织的成员。1998年中国专利局更名为国家知识产权局（简称 SIPO）。

1.2　专利的含义

专利一词从不同的角度理解通常有三种含义：

从法律角度来说是指专利权。所谓专利权，就是指专利权人在法律规定的期限内，对其发明创造享有的独占权，非专利权人要想使用他人的专利技术，必须依法征得专利权人的许可或授权。需要注意的是，专利权不是在完成发明创造时自然而然产生的，而是需要申请人按照法律规定的手续进行申请，并经国务院专利行政部门审批后才能获得的。

从技术角度来说是指受专利法保护的发明创造，即被授予专利权的技术。

从文献角度来说是指专利文献，即记载着发明的详细内容和受法律保护的技术范围的法律文件。我们所说的“检索专利”就是指查阅专利文献。

1.3 专利的类型

专利分为三种类型，即发明专利、实用新型专利和外观设计专利。

发明专利是指对产品、方法或者其改进所提出的新的技术方案。所谓产品是指工业上能够制造的各种新制品，包括有一定形状和结构的固体、液体、气体之类的物品。所谓方法是指对原料进行加工，制成各种产品的方法。发明专利并不要求它是经过实践证明可以直接应用于工业生产的技术成果，它可以是一项解决技术问题的方案或是一种构思，具有在工业上应用的可能性，但这也不能将这种技术方案或构思与单纯地提出课题、设想相混同，因单纯地课题、设想不具备工业上应用地可能性。发明专利最长的保护期是20年。

实用新型专利，就是指对产品的形状构造或者其结合所提出的适于实用技术方案，仅限于产品，它必须具有一定形状结构。方法、工艺、流程不能申报实用新型专利。实用新型专利最长的保护期是10年。

外观设计专利，是对产品的形状、图案、色彩或其结合所作出的具有美感的适于工业上应用新设计，也就是必须是产品形状、图案、色彩或其结合的新设计，而且必须用于具体产品上的。如一幅山水画，不使用于具体产品上，就不能算外观设计，如果被用到脸盆上，该山水画就成了外观设计。外观设计专利最长的保护期是10年。

1.4 专利的特点

专利具有三大特点：独占性、地域性、时间性。

独占性是指对同一内容的发明创造，国家只授予一项专利权。被授予专利权的人享有独占权利，未经专利权人许可，任何单位或个人都不得以生产经营为目的制造、使用、许诺销售、销售、进口其专利产品，或者使用其专利方法以及使用、许诺销售、销售、进口依照该专利方法直接获得的产品。

地域性即空间限制性，指一个国家或地区授予的专利权，仅在该国或该地区才有效，在其他国家或地区没有任何法律约束力。

时间性是指专利权在一定的期限内有效。专利权超过法定期限或因故提前失效，就成为全世界的公共财富，任何人都可无偿使用。

1.5 专利法不予保护的领域

有些领域的发明创造，专利法不给予保护，主要包括以下几方面：

（1）科学发现；

（2）智力活动的规则和方法；

（3）疾病的诊断和治疗方法；

（4）动物和植物品种；

（5）用原子核变换方式获得的物质。

此外，违反国家法律、社会公德或妨碍公共利益的发明创造，如吸毒用具、破坏防盗门的方法和工具，伤害良风习俗的外观设计，以及违反科学原理的所谓发明，如永动机等都不能给予专利保护。

1.6 授予专利权的条件

1. 授予专利权的条件

向专利局提出的专利申请，必须符合专利法规定的条件，才能被授予专利权，专利法规定的授予专利权的条件包括形式条件和实质条件。形式条件是指申请文件是否齐全，格式是否符合规定要求；实质条件是指申请内容是否在专利法保护的技术领域，更主要的是指是否具有专利的三性，即新颖性、创造性和实用性。

（1）新颖性

新颖性是能否授予专利权的首要的实质性条件，判断专利的新颖性要满足以下三个条件：

①在申请日前，没有同样的发明创造在国内外出版物上公开发表过。出版物包括书籍、报刊、杂志、录音带、录像带及唱片等音像制品；

②在申请日前，在国内没有公开使用过，或者以其他方式为公众所知。公开使用过，是指以商品形式销售，或用技术交流等方式进行传播、应用，以至通过电视和广播为公众所知；

③在申请日前，没有同样的发明创造由他人向专利局提出过专利申请，并且记载在申请日以后公布的专利申请文件中。

（2）创造性

创造性是获得专利权的必备条件。一项发明创造的创造性必须满足下面两个条件：

①同申请日以前的已有技术相比有突出的实质性特点；

②同申请日以前的已有技术相比有显著进步。

突出的实质性特点是指发明创造与已有技术相比具有明显的本质的区别；显著的进步是指发明创造与最近的已有技术相比具有长足的进步。

（3）实用性

实用性是专利申请授予专利权的又一必要条件，是指该发明能够制造或者使用，并且能够产生积极效果，也就是能够在工农业及其他行业的生产中大量制造，并且应用在工农业生产上和人民生活中，同时产生积极效果。

1.7 专利的申请与审批

1. 专利的申请

在发明创造基本完成时，就可以撰写专利申请文件，向专利局递交申请文件直接申请专利或通过专利代理机构申请专利。

（1）专利申请文件

申请文件包括请求书、权利要求书、说明书、说明书附图、说明书摘要及摘要附图、外观设计的图片或者照片等，书写申请文件时应当使用专利局制订的统一表格，计算机中文打字或者印刷（包括表格中的文字），一式两份。

①请求书

请求书是确定发明、实用新型或外观设计三种类型专利申请的依据。请求书应当包括发明、实用新型的名称或使用该外观设计产品名称、发明人或设计人的姓名、申请人姓名或者名称、地址（含邮政编码）以及其他事项。

②权利要求书

权利要求书应当以说明书为依据说明发明或实用新型的技术特征，清楚、简要地表述请求专利保护的范围。

③说明书

说明书是清楚完整地描述发明创造的技术内容的文件。通常由发明名称、所属技术领域、现有技术、发明目的、技术方案、发明的特点和实施例子等组成。

④说明书附图

说明书附图是实用新型专利申请的必要文件。发明专利申请如有必要也应当提交附图。附图应当使用绘图工具和黑色墨水绘制，不得涂改或易被涂擦。

⑤说明书摘要及摘要附图

发明专利和实用新型专利应当提交申请所公开内容概要的说明书摘要（限 300 字），有附图的还应提交说明书摘要附图。

⑥外观设计的图片或者照片

外观设计专利申请应当提交该外观设计的图片或照片，必要时应有简要说明。

（2）申请日

国家专利局收到申请文件之日就是专利的申请日。申请日是审查专利的时间界限。

（3）优先权

优先权分为外国优先权和本国优先权。外国优先权是巴黎联盟各成员国给予本联盟任意一个国家的专利申请人的一种优惠权。某成员国的专利申请人已在该国正式就一项发明创造申请专利，当申请人就该项发明创造在规定的时间内（1 年）向本联盟内其他国家申请专利时，申请人有权享有第一次申请的日期。本国优先权是指申请人自发明或者使用新型在中国第一次提出专利申请之日起 12 个月内，又以该发明专利申请为基础向专利局就相同主题提出实用新型或者发明专利申请，或者又以该实用新型专利申请为基础向专利局就相同主题提出发明或者实用新型专利申请的，可以享受本国优先权。

2. 专利申请的审批

（1）专利审批制度

将专利申请文件交到专利局后，专利局对专利申请进行审查，审查合格后才授予专利权，世界上主要有 3 种专利审批制度。

①登记制

登记制对发明申请只进行形式审查，形式审查合格后即予登记，授予专利权。这种方法审批时间短，不会造成案件积压，但专利质量不高，容易产生法律纠纷。瑞士、西班牙等采用此方法。

②审查制

许多国家采用审查制，即对发明申请案件不仅进行形式审查，而且还要进行实质审查。公布的专利质量较高，但由于科技发展迅猛，发明申请案急剧增多，审查任务繁重，从递交发明申请书到申请案被批准后专利局公布说明书，常常要几年时间，造成案件大量积压，重复研究、重复申请。美国 2001 年之前曾采用此方法。

③早期公布、延迟审查制

早期公布、延迟审查制是将登记制和审查制相结合，取长补短。即专利局收到发明申请案件后，先不进行实质审查只进行初步审查，自申请日起满18个月内初审合格后，专利局就公布申请说明书，将申请案公开，给予临时保护，然后专利局只对请求实质审查的申请案件进行实质审查，对没有实质审查请求的申请专利局不再进行审查。1964年荷兰首先采用此方法，目前绝大多数国家采用此方法。

我国对发明专利申请采取早期公布、延迟审查的制度；对实用新型和外观设计专利采取初步审查的制度。

（2）中国专利的审批过程

中国专利法对发明专利实行“早期公开、延迟审查制”，其主要过程为：

①申请受理：专利局收到专利申请文件并决定受理时，给予一个顺序号，这个编号叫申请号。

②形式审查：主要审查专利申请文件的形式条件是否合格，申请内容是否属于专利保护范围。

③早期公开：形式审查合格后自申请日或优先日起18个月内对其申请内容予以公开，并出版专利申请公开说明书，给予申请公开号。

④请求实质性审查：自申请日起3年内，专利局应申请人请求，随时对申请案进行实质性审查。

⑤实质性审查：审查专利是否符合三性，即新颖性、创造性和实用性。实质性审查合格后，发布授权公告，出版专利申请审定说明书。

⑥授予专利权：对实质审查合格的专利给予专利号，发给专利证书，专利号沿用其相应的专利申请号。

实用新型专利申请和外观设计专利申请经形式审查合格后，专利局便做出授权决定，发给相应的专利证书，并予以登记和公告。

3. 职务发明与非职务发明

我国专利法把发明创造分为职务发明创造和非职务发明创造两类。根据专利法及其实施细则的规定，下列情况下完成的发明创造都是职务发明创造。

（1）发明人在本职工作中完成的发明创造；

（2）履行本单位交付的与本职工作有关的任务时所完成的发明创造；

（3）要利用本单位的物质条件（包括资金、设备、零部件、原材料或者不向外公开的技术资料等）完成的发明创造；

（4）退职、退休或者调动工作一年内作出的与其在原单位承担的本职工作或者分配的任务有关的发明创造。

上述情况以外作出的发明创造是非职务发明创造。

职务发明创造的专利申请权和专利权属于单位。非职务发明创造的专利申请权和专利权归个人所有。

第二节　专利文献

2.1　专利文献概述

专利文献是各国专利局以及国际性专利组织，在审批专利过程中产生的官方文件及其出版物的总称，各国的专利文献使用统一的著录项目识别代码。我国出版的专利文献主要包括：

(1) 专利说明书

专利说明书是专利文献的主体，其主要作用一方面是公开技术信息；另一方面是限定专利权的范围。用户在检索专利文献时，最终要得到的就是这种全文出版的专利文件。

中国的专利说明书采用国际上通用的专利文献编排方式（INID 代码），每一件说明书单行本依次由说明书扉页、权利要求书、说明书和附图所组成。

说明书扉页如图 7－1 所示，包括发明名称、申请人、专利权人、申请号、公开（公告）号、分类号、摘要及摘要的附图，要求优先权的还有优先权申请日、申请号和申请国。

权利要求书是申请人请求专利保护的范围，清楚具体地说明发明或实用新型的技术特征和保护范围。当授予专利权之后，权利要求书就是确定该发明创造专利权范围的根据，也是判断他人是否侵权的依据，权利要求书具有直接的法律效力。

说明书是详尽地描述发明创造的技术内容的文件。各国对说明书中发明描述规定大体相同，以中国发明说明书为例，包括所属技术领域、背景技术、发明内容（所要解决的技术问题以及采用的技术方案，有益效果）、具体实施例子、说明书附图。

专利文献中的图通常单独附在说明书的后面，是用于补充说明书文字部分的文件。

发明专利申请公开后，出版申请公开说明书单行本，在实质审查合格授予发明专利权后，再出版发明专利说明书单行本。对初步审查合格的实用新型专利申请和外观设计专利申请，在授予专利权后，出版实用新型专利说明书，外观设计专利仅在专利公报上进行公告。

[19] 中华人民共和国国家知识产权局

[51] Int. Cl.
C10M 175/04 (2006.01)
B21B 45/02 (2006.01)
C23G 5/00 (2006.01)

[12] 发 明 专 利 说 明 书

专利号 ZL 200410012152.X

[45] 授权公告日 2006 年 6 月 21 日

[11] 授权公告号 CN 1260335C

[22] 申请日 2004.2.20
[21] 申请号 200410012152.X
[71] 专利权人 河北科技大学
地址 050018 河北省石家庄市裕华东路 186 号
[72] 发明人 赵 平 曹彩英 张月萍 徐志栋 王 敏 张培杰
审查员 张朝伟

[74] 专利代理机构 石家庄新世纪专利商标事务所有限公司
代理人 董金国

权利要求书 2 页 说明书 9 页 附图 1 页

[54] 发明名称
冷轧乳化液中纳米铁粉的回收方法

[57] 摘要
本发明涉及一种从冷轧乳化液磁过滤产物中回收纳米铁粉的方法，用离心分离的方法对冷轧乳化液预处理，去掉大部分油污；用清洗剂洗涤预处理后的含油铁粉原料，所述的清洗剂由以下重量份数比组份组成：Na_2CO_3 1－10 份、Na_2SiO_3 1－5 份、净洗剂 TX－10 0.3－2 份、正丁醇 0.3－2 份、水 90－100 份，按配方把各组份混合均匀；本方法基于资源再利用，从工业废料—冷轧乳化液磁过滤产物中提取纳米铁粉，原料易得，成本低廉，且得到的铁粉粒度分布较为集中。

图 7－1 专利说明书扉页样例

在图 7－1 中每一著录项左侧都有带括号的两位数字，这两位数字就是 INID 代码号。为了使各国专利文献的著录项目统一规范，从 1973 年起各国专利局出版的专利文献开始标注世界知识产权组织（英文简称 WIPO）巴黎联盟专利局间情报检索国际合作委员会（ICIREPAT）规定使用的专利文献著录数据代码，即 INID 代码。通常用数字标注在专利公报和专利说明书扉页上的每项著录资料的左侧方括号内。常用的一些号码的含义如下。

［11］专利号

［12］文件所属类别

［19］公布专利的国家

［21］专利申请号

［22］专利申请日期

［30］国际优先权项

［31］优先申请号

［32］优先申请日期

［33］优先申请国家或组织代码

［43］未经审查或尚未授权的专利文献的公开日

［44］审定公告日期

［45］授权公告日

［51］国际专利分类号（IPC）

［52］本国专利分类号

［53］国际十进制分类号

［54］发明名称

［55］关键词

［57］摘要或权利要求

［71］申请人

［72］发明人

［73］专利权人

［74］专利代理人或代表人姓名

［75］发明人兼申请人

［80］国际组织项

［81］PCT 申请指定国

［82］专利选择国

［84］地区专利公约指定国

［85］PCT 申请进入国家阶段日期

［86］PCT 国际申请的申请数据

［87］PCT 国际申请公布数据

（2）专利公报

与三种专利类型相对应，我国定期出版《发明专利公报》、《实用新型专利公报》和《外观设计专利公报》。这三种公报自1985年9月10日起开始出版，当年均为月刊。1990年起三种公报按照国际惯例均改为周刊，每星期三出版，一年为52期，每年一卷，1985年为第一卷，依次类推。卷号后是期号，期号表示公报出版周次。专利公报是查找中国专利文献、检索中国最新专利信息和了解中国专利局专利审查业务活动的权威工具书。专利公报中的内容具有法律效力。

三种专利公报所刊载的内容大体可分为三部分：第一部分公布专利申请和公告专利授权决定；第二部分发布专利事务公告；第三部分是索引。

（3）中国专利索引

《中国专利索引》1997年以前分为《分类索引》和《申请人、专利权人索引》两种。《中国专利索引》的每个条目的著录项目有国际专利分类号、公开号（或授权公告号、专利号）、申请号（或专利号）、申请人（或专利权人）、发明名称。

以前没有网上数据库检索专利时，《中国专利索引》是检索专利的主要工具。

2.2 国际专利分类法

1. 国际专利分类法概况

国际专利分类法（International Patent Classification，简称IPC）是一种国际通用的管理和利用专利文献的工具。该分类方法建立在1954年12月欧洲一些国家签订的《关于发明专利国际分类法欧洲协定》的基础之上。1967年，世界知识产权的前身接受欧洲专利专家委员会建议，将该欧洲专利分类法作为国际专利分类法。1968年9月，第一版IPC生效。1971年3月24日，《巴黎公约》成员国在法国斯特拉斯堡召开全体会议，签署了《国际专利分类法斯特拉斯堡协定》，确定IPC为《巴黎公约》成员国的统一的专利分类法，世界知识产权组织从此成为IPC的唯一管理机构。

IPC主要是对发明专利包括出版的发明专利申请书、发明证书说明书和实用新型专利包括实用新型说明书和实用证书说明书等进行分类。外观设计的分类有国际外观设计分类法，也称为洛迦诺分类法。

以前，各国都有自己的专利分类法，采用的分类原则、分类体系和标识符号都不相同，专利检索极为不便。目前，大多数国家都已废弃本国的专利分类法而改用 IPC，只有英、美两国仍在采用自己的专利分类表，但在其专利文献上也都同时注有国际专利分类号。IPC 分类法使各国专利文献获得统一的分类工具，以便于对专利文献进行分类管理、使用、查找。

为了适应新技术发展的需要，国际专利分类每 5 年修订一次，每一版国际专利分类表均按 8 个部单独成册出版。在使用国际专利分类表时，要用与所查专利年代相应的分类表版本，如检索 1997 年的专利文献，就要使用第 6 版分类表。

在专利文献中，国际专利分类这一著录项根据有关规定简写成“Int. cl”，2006 年之前在右上角用阿拉伯数字注明版次，如第 7 版写成“Int. cl7”，从 2006 年开始使用的第 8 版，在专利分类号后面标注“（2006. 01）”，表明分类法是从 2006 年 1 月开始使用的。

2. IPC 分类号的编排

IPC 采用功能和应用相结合，以功能为主的分类原则，并采用等级结构形式，将内容逐级分类。分为部（Section）、分部（Subsection）、大类（Class）、小类（Subclass）、主组（Main group）、分组（Subgroup）6 个级别，形成完整的分类体系。

IPC 将全部科学技术领域分成 8 个部，形成 IPC 的一级类目，分别用 A－H 中的一个大写英文字母表示，每个部单独成册出版，这 8 个部是：

A 部：人类生活必需（Human Necessities）；

B 部：作业、运输（Operations；Transporting）；

C 部：化学、冶金（Chemistry and Metallurgy）；

D 部：纺织、造纸（Textiles and Paper）；

E 部：固定建筑物（Fixed Construction）；

F 部：机械工程（Mechanical Engineering）；

G 部：物理（Physics）；

H 部：电学（Electricity）。

分部只有标题，没有类号，如 A 部下设有以下几个分部：

农业

食用；烟草

个人或家用物品

保健；娱乐

大类是部的细分，是 IPC 的二级类目。每一个部按不同的技术领域分成若干个大类，每一大类的类名对它所包含的各个小类的技术主题作一个全面说明，表明该大类所包括的技术内容。每一个大类的类号由部的类号及在其后加上两位阿拉伯数字组成，例如：

C01　无机化学

小类是大类的进一步细分，是 IPC 的三级类目，每一大类包括一个或多个小类。每一个小类类号由大类类号加一个英文字母组成，但 A、E、I、O、U、X 六个字母不用，例如：

C01C　从气体和蒸汽中分离氨

主组是小类的进一步细分，是 IPC 的四级类目，主组类号由小类号加上 1－3 位数字，然后再加/00 来表示，例如：

C01C1/00　氨；其化合物

对主组的进一步细分形成分组，分组是 IPC 的五级类目，类号由主组类号加上一个除 00 以外的至少有两位的数组成，例如：

C01C1/02　氨的制备或分离

分组内的等级关系体现在文字标题前面加注的"•"的多少，"•"数越多，表示等级越低。

3. IPC 关键词索引

为了方便查找 IPC 分类号，每一版的国际专利分类表都配有一本单独出版的《IPC 关键词索引》（Official Catchword Index to the International Patent Classification）。索引按关键词字顺排列，每个关键词条目后标有 IPC 分类号。检索者在不熟悉所查技术领域的分类情况下，可以先确定所查技术领域的关键词，借助《IPC 关键词索引》找出粗略的 IPC 分类号，再结合使用 IPC 分类表，确定分类范围和准确的分类号。

2.3　中国专利及其文献的编号

为便于专利信息的检索以及公众的理解和记忆，我国的专利和专利文献都按一定的规则编号，有申请号、专利号、专利文献号三种编号。

1. 申请号的编号规则

从 1985 实施专利法以来，专利申请号的组成方式经过了几次变动。

1985—1988 年间，三种专利申请号均由 8 位数字组成，按年编排，如 88100001。前两位数字表示申请年份；第三位数字表示要求专利保护的类型，1 表示发明专利，2 表示实用新型，3 表示外观设计专利；后五位数字表示当年该类专利申请的顺序号。

1989—2003 年 9 月 30 日期间，三种专利申请号都由 9 位组成，按年编排，如93100001.7。前8位是数字，其含义不变，增加了小数点及1位数字或字母，小数点后面的1位数字或字母是计算机校验码。

在这期间，从1994年中国成为PCT成员国开始，进入中国国家阶段的国际专利申请（PCT）均给予国家申请号。1994—1997年间，前两位数字表示申请年代；第三位数字表示PCT申请的类型，1表示发明专利，2表示实用新型专利；第四位数字8或9表示进入中国国家阶段的PCT申请，后四位数字表示进入中国国家阶段的顺序编号，小数点后的数字为校验位。自1998年开始，将9位数字中的第三位用于表示进入中国国家阶段的PCT申请，8表示进入中国国家阶段的PCT发明专利申请，9表示进入中国国家阶段的PCT实用新型专利申请，其他没有改变，如表7－1所示。

表7－1　1993年后各种类型专利申请号编号表示方法

专利类型	申请号
发明专利	93100001.7
进入中国国家阶段的PCT发明专利申请	94190008.8 96180555.2 98805245.8
实用新型专利	93200001.0
进入中国国家阶段的PCT实用新型专利申请	94290001.4 98900001.X
外观设计专利	93300001.4

2003年10月1日之后，专利申请号使用12位阿拉伯数字表示，按照由左向右的次序，专利申请号中的第1－4位数字表示受理专利申请的年号，第5位数字表示专利申请的种类号，第6－12位数字（共7位）为申请流水号，表示受理专利申请的相对顺序，例如200410012152.X。

专利申请号中的申请种类号使用1位数字表示，所使用数字的含义规定如下：1表示发明专利申请；2表示实用新型专利申请；3表示外观设计专利申请；8表示进入中国国家阶段的PCT发明专利申请；9表示进入中国国家阶段的PCT实用新型专利申请。

申请日在2003年10月1日（含当日）至2003年12月31日（含当日）的发明专利申请、实用新型专利申请和外观设计专利申请，专利申请号中后七位（流水号）均自0100001开始使用，顺序递增。自2004年起每一自然年度，三种专利申请号中后七位（流水号）均自0000001开始使用，顺序递增。

2. 专利号的编号规则

经过审查合格授予专利权的每件专利，国家专利局都给一个专利号，专利号由“ZL + 专利申请号”组成，ZL为汉语“专利”的声母组合。

3. 专利文献的编号规则

为了完整、准确地标识不同种类的专利文献，将中国国家代码CN、专利文献号、专利文献种类标识代码联合使用，构成专利文献的编号，排列顺序为：国家代码CN、专利文献号、专利文献种类标识代码。

（1）专利文献号

1985—1988年间，所有文献号沿用申请号，用专利文献种类标识代码表示专利申请在不同程序中公布或公告的专利文献。

1989年至2007年6月专利说明书的文献号由7位数字组成，2007年7月以后专利说明书的文献号由9位数字组成，按各自流水号序列顺排，按每年单独顺序递增。首位数字表示申请的专利类型，1表示发明专利，2表示实用新型，3表示外观设计专利。

（2）专利文献种类代码

专利文献种类是指国家知识产权局按照相关法律法规对发明、实用新型、外观设计专利申请在法定程序中予以公布或公告，由此产生的各种专利文献。中国发明专利申请公开时文献中有申请公开号，授权时有授权公告号，文献种类代码跟在公开号或公告号的后面。

A—发明专利申请公开。

C—发明专利说明书，授权公告日在2010年12月31日之前。

B—发明专利说明书，授权公告日在2011年1月1日之后。

Y—实用新型专利说明书，授权公告日在2010年4月30日之前。

U—实用新型专利说明书，授权公告日在2011年5月1日之后。

S—外观设计专利。

例如，CN1560324A代表中国发明专利申请公开号；CN1260335C代表中国发明专利授权公告号；CN201037823Y代表中国实用新型专利授权公告号。

2.4 专利文献的特点及其重要作用

1. 专利文献的特点

（1）技术新颖，范围广泛

每件专利都有创新之处，大到科学史上有划时代重要性的发明（如蒸汽机、电灯、火箭点火装置），小到日常生活用品（如拉链、纽扣、别针、发卡），都可以在专利文献中找到它们的踪迹。专利文献内容丰富，无所不包。据世界知识产权组织（WIPO）统计，世界上90% ~95%的发明成果以专利文献的形式问世，其中约有70%的发明成果未见于非专利文献上。

（2）内容详尽，实用性强

专利说明书是发明人递交的申请文件，要对发明内容作出完整和充分的说明，描述的详尽程度要使同行的专业人员能够看得懂，并且可依照实施。这不仅是专利局审查、鉴定所必须的，也是申请人为取得专利权而必须的。从发明者自身来说，也希望将发明作明确、详尽的描述，以便获得批准，保护自己的发明。因此专利文献的实用性很强。

（3）格式统一规范

专利说明书是一种特殊类型的文献，各国对专利说明书的格式和内容的要求基本相同，专利说明书的书写都要按照一定的格式，遵循一定的章法，因而标准化程度很高。

（4）数量庞大，重复出现

随着科学技术的发展，专利申请的数量越来越多。据世界知识产权组织统计，全世界有70多个国家公布专利文献，出版专利说明书的国家有50多个，每年公布的专利文献有100多万件，累计全世界总共有专利（包括失效专利）约2 000万件。一件好的专利为了能在不同的国家得到保护，分别向这些国家申请专利。每年公布的100多万件专利中，基本专利只占40万件左右，重复率达三分之二。

（5）报道迅速，价值巨大。

大多数国家的专利在受理类似发明时，都是根据优先申请原则，把专利权授予最早的申请人，这就鼓励人们在发明即将完成之时，尽快去申请专利。近几十年来，许多国家专利法都相继采用了“早期公开”的制度，规定在提出申请的一年半内要把说明书公开，更加快了报道新技术的速度。

2. 专利文献的作用

专利文献是一种特殊的科技文献，集法律、技术和经济信息于一体。从工业革命到知识经济的今天，专利一直起着非常重要的作用。在倡导知识创新的当今社会，人们更充分认识到专利文献的重要价值，专利文献的重要性主要表现在以下几方面。

（1）在法律方面，专利文献是专利申请、维权及侵权诉讼的重要依据。通过检索专利文献，将准备申请的发明创造与已有的专利进行比较，可以避免重复申请和无效申请。专利文献中的权利要求书以说明书为依据，说明发明或实用新型的技术特征，限定专利申请的保护范围，在专利权授予后，权利要求书是确定发明或者实用新型专利权范围的根据，也是判断他人是否侵权的根据，有直接的法律效力。

（2）在技术方面，专利文献是立项和科研的重要参考资料。专利文献详细记载着发明创造的具体内容，在拟定科研课题、开发新产品或投入新项目之前，通过相关专利的检索对比，不仅可以避免重复研究，还可以了解国内外科学技术水平，吸取他人专利中的精华并从中获得启发，节省科研时间。

（3）在经济信息方面，专利文献是重要的参考信息。在技术引进、技术合作和技术贸易中，通过专利检索，了解技术内容及法律状态，不仅能在谈判中做到知己知彼、争取主动，确定一个合理的价格，还可以识别失效专利、假冒专利、冒充有效专利的欺诈行为，确保企业的利益；在竞争情报分析中，专利是竞争情报的核心内容，通过分析竞争对手的专利信息，可以了解竞争对手的技术实力，预测竞争对手的发展方向。

第三节　中国专利检索

中国专利的检索可分为三种形式，即手工检索、光盘检索和网络检索。手工检索是传统的检索方法，由于专利文献的量大，其检索速度较慢且不易获得全文文献。光盘检索出现于20世纪90年代，一度成为专利文献的重要载体，现在逐渐被网络检索代替。目前，网络检索中国专利已成为获取专利信息的主要方法，查找专利信息快捷方便，还可以免费下载专利全文文献。这里主要介绍网络检索。

3.1　中华人民共和国国家知识产权局

中华人民共和国国家知识产权局的网址是http：//www.sipo.gov.cn/，该网站由中华人民共和国国家知识产权局主办，主页如图7－2所示。设有政务、服务、互动、资讯等栏目，可以了解有关专利的政策法规和相关知识。

在主页右边的中间位置提供了（中国）专利检索、中国集成电路布图设计检索、国外及港澳台专利检索、专题数据库检索和有关专利事务的法律状态查询、收费信息查询、代理机构查询等。专利检索有简单检索和高级检索两种方式。

图 7－2　中华人民共和国国家知识产权局主页

1. 检索方法

（1）简单检索

在国家知识产权局网站的主页可以进行单字段的简单检索，检索字段有申请（专利）号、申请日、公开（公告）号、公开（公告）日、申请（专利权）人、发明（设计）人、名称、摘要、主分类号，选择相应的字段，输入检索词，系统默认的是模糊检索，点击检索框下方的红色“搜索”按钮即可显示检索结果。

（2）高级检索

通常简单检索的检索质量比较差，为了使检索结果更准确可采用高级检索。单击“高级搜索”按钮即进入专利数据库的高级检索界面，如图 7－3 所示。

该数据库和印刷版的三种专利公报同步，数据更新及时且具权威性。其检索功能强大，共有 16 个检索字段，各字段之间默认逻辑“与”运算。将鼠标移到检索字段后的对话框内，系统自动提示该检索字段的输入方法，如图 7－3 所示。在名称和摘要字段内可以进行逻辑“and（与）”、“or（或）”、“not（非）”运算；在公开（公告）号、公开（公告）日、申请（专利权）人、发明（设计）人等字段可进行截词检索。

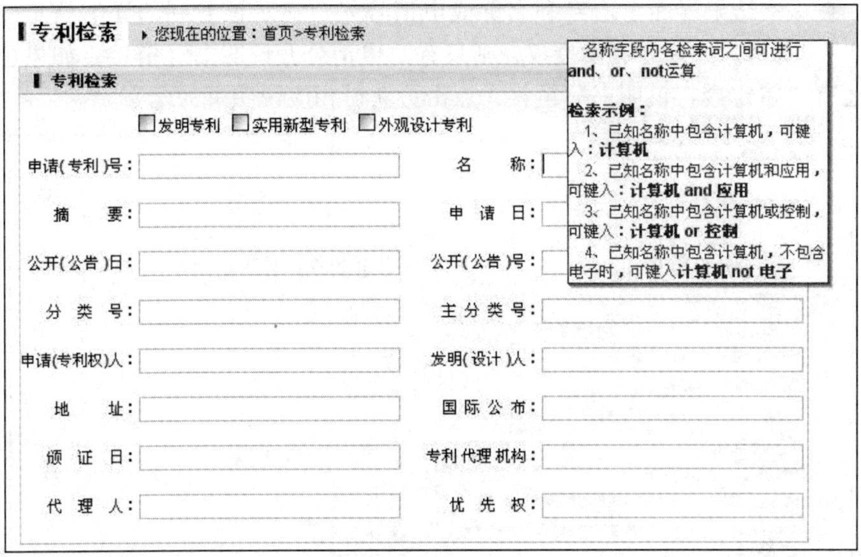

图 7－3　高级检索界面

如果不勾选检索框上方的专利类型，系统默认的检索结果是全部专利，用户也可以对专利类型进行单选或多选。

2. 检索结果浏览和全文下载

检索结果界面如图 7－4 所示，是申请号和专利名称的列表，发明专利排在前面，然后排实用新型和外观设计专利。表格上方是所选专利类型的检索数量，点击专利类型名称只显示该类型专利的列表。

图 7－4　检索结果界面

在检索结果界面点击专利名称或申请号号，显示该专利的详细信息，如图7－5所示。如果专利没授权，则只有“申请公开说明书”链接，如果已授权还有“审定授权说明书”链接，点击可获得相应说明书的全文。

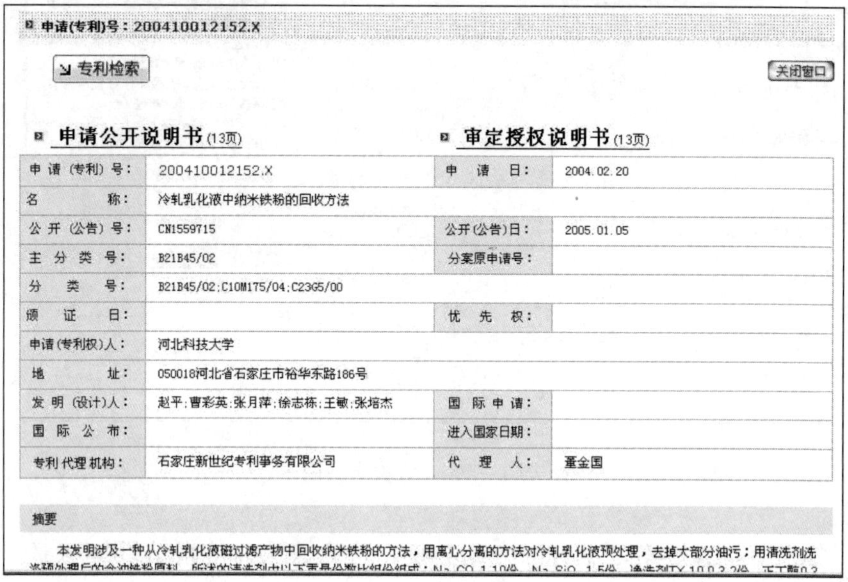

申请(专利)号：200410012152.X

专利检索 关闭窗口

申请公开说明书(13页)　审定授权说明书(13页)

申请(专利)号：	200410012152.X	申　请　日：	2004.02.20
名　　称：	冷轧乳化液中纳米铁粉的回收方法		
公开(公告)号：	CN1559715	公开(公告)日：	2005.01.05
主分类号：	B21B45/02	分案原申请号：	
分　类　号：	B21B45/02;C10M175/04;C23G5/00		
颁　证　日：		优　先　权：	
申请(专利权)人：	河北科技大学		
地　　址：	050018河北省石家庄市裕华东路186号		
发明(设计)人：	赵平;曹彩英;张月萍;徐志栋;王敏;张培杰	国际申请：	
国际公布：		进入国家日期：	
专利代理机构：	石家庄新世纪专利事务有限公司	代　理　人：	董金国

摘要

本发明涉及一种从冷轧乳化液磁过滤产物中回收纳米铁粉的方法，用离心分离的方法对冷轧乳化液预处理，去掉大部分油污；用清洗剂洗

图7－5　专利明细界面

3.2　中国知识产权网

中国知识产权网的网址是 http：//www. cnipr. com/，该网站是国家知识产权出版社主办的知识产权信息与服务网站，主页如图7－6所示，可以进行简单检索、高级检索、法律状态检索。

1. *检索方法*

(1) 简单检索

中国知识产权网主页正上方设有专利简单检索框，直接输入检索词即可检索。

(2) 高级检索

在主页点击检索框右边的“高级检索”按钮进入如图7－7所示的高级检索界面，检索框的上面提供了中国专利类型和国外专利的多选框，中国专利除了发明、实用新型、外观设计的选择外还有发明授权、台湾专利、香港特区的选择。国外专利可选择90多个国家或国际组织的专利，检索国外专利需

图 7－6　中国知识产权网主页

要输入英文。

高级检索将检索字段分为：号码、日期、关键词、人、分类、地址、同族 7 个部分，字段共有 19 个，各字段之间默认逻辑“与”运算。每个字段的检索框后面有输入方法的举例，点击举例后面的按钮，显示该字段的详细输入方法。

点击“主分类号”或“分类号字”段后的按钮，显示“IPC 分类表查询”或浏览“IPC 分类”树，选择作为检索条件的 IPC 分类号，选中的 IPC 分类号将会自动填写到专利检索的分类号中，作为检索条件，进行专利信息查询。可以多次选择不同的 IPC 分类号，所选的 IPC 分类号将以逻辑“或”的关系成为检索条件。

在高级检索界面的检索框下方提供了用检索表达式检索的“逻辑检索”方式，这种方式比较适合专业检索人员。

（3）法律状态检索

在主页点击检索框右边的“法律状态检索”按钮进入如图 7－8 所示的高级检索界面。

当已知一件专利的申请号时，用申请号查询法律状态，可以得到该专利的公开、实质审查请求生效、审定、授权、专利的变更、专利权的主动放弃、专利权的自动放弃、专利权的视为放弃、专利权的终止、专利权的无效、专利权的撤销、专利权的恢复、权利的恢复、保护期延长、专利申请的驳回、专利申请的撤回、专利权的继承或转让等信息。

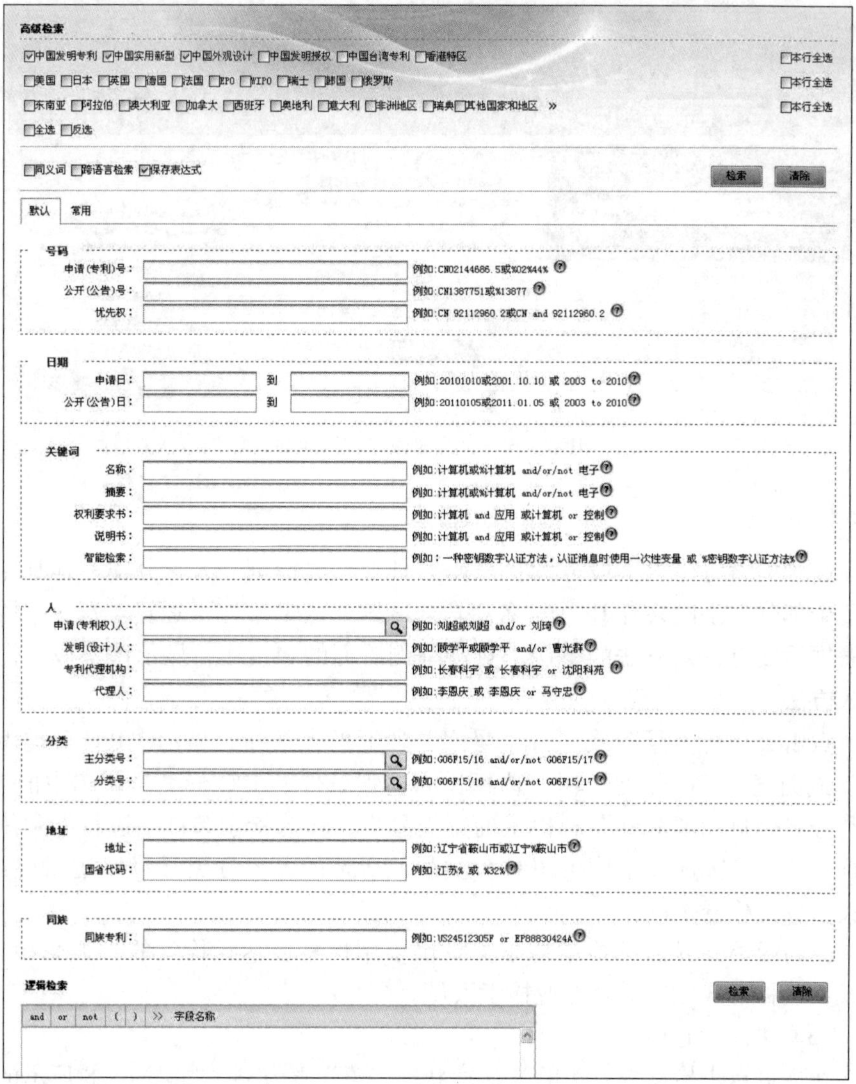

图 7-7　高级检索界面

2. 检索结果浏览和全文下载

中国知识产权网的检索结果页如图 7-9 所示。检索结果界面的左边，对检索结果按申请人、发明人、公开（公告）日、申请日、分类号等可“即时统计”。右上角则是在高级检索界面勾选的中国专利类型或国外专利的检索结果数，将鼠标移到某一类别点击，列表中只显示该类别的专利。检索结果列

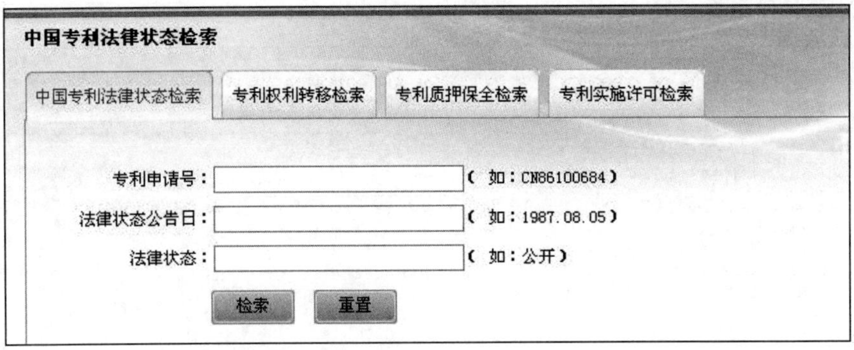

图 7－8　法律状态检索

表给出了检索到的每件专利的题录信息和摘要，专利名称后面的图标，绿色表示有效专利，灰色表示失效专利，黄色表示在审查中的专利。

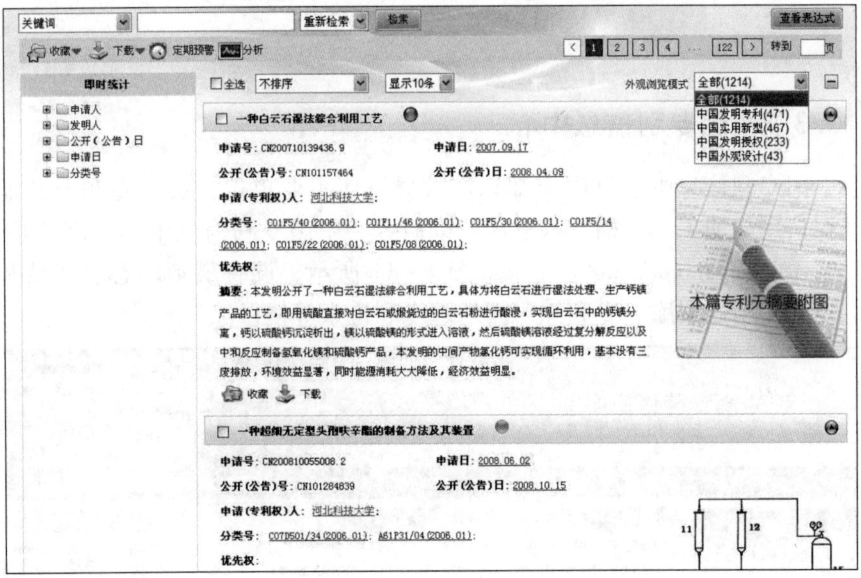

图 7－9　检索结果

需要下载某篇专利的全文时，点击专利名称显示图 7－10 所示的专利明细界面，申请公布和授权公布各有两种格式下载，即源文件的扫描件 TIF 格式和文本 XML 格式。

如果检索的是国外专利，在专利明细界面点击说明书链接跳转到欧洲专利数据库下载全文。

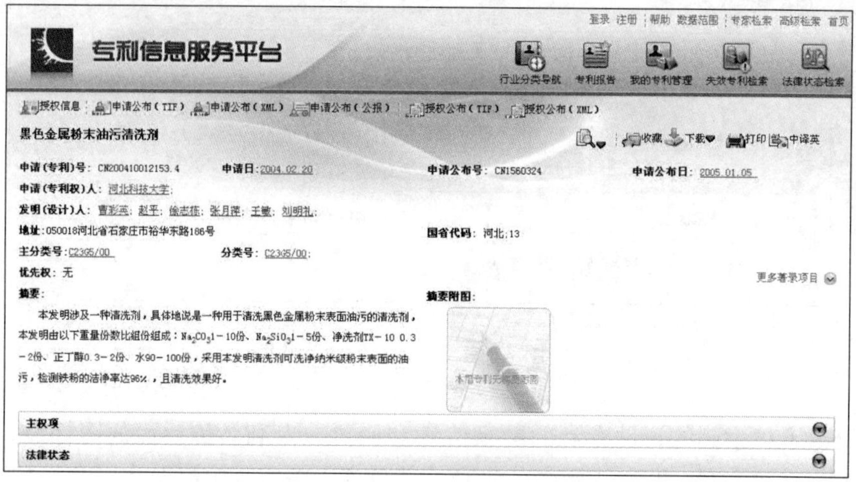

图 7-10　专利明细界面

3.3　中国专利信息中心

中国专利信息中心是国家知识产权局直属事业单位，负责专利及其他知识产权信息的加工、传播、检索和咨询服务。中国专利信息中心的网址是 http://www.cnpat.com.cn/，主页如图 7-11 所示，设有最新动态、产品及服务、专利实施数据库、专利知识园地、专利检索等栏目。

图 7-11　中国专利信息中心主页

1. 检索方法

在主页点击“专利检索”按钮进入中国专利信息中心的检索界面如图7－12所示。默认“智能检索”，还有表格检索、专家检索。

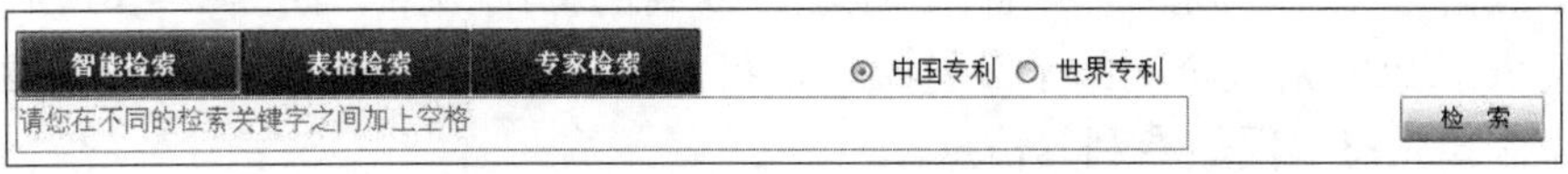

图7－12　中国专利信息中心检索界面

（1）智能检索

智能检索是一筐式的检索，没有字段的选择，查找范围是专利的各种题录信息和摘要，检索词之间以“空格”或“＊”表示逻辑与运算。

（2）表格检索

表格检索的界面如图7－13所示，默认中国专利的检索。每个检索字段用两个大写的字母表示，便于在下面的检索框中输入检索式。将鼠标移到字段后面的图形出，显示该字段的详细输入方法。

图7－13　表格检索

2. 检索结果浏览和全文下载

检索结果界面如图7－14所示，每件专利都给出了“查看”、“法律状态”、“导出全文”三种链接，在此界面可直接下载一篇专利的全文。

检索结果界面提供了“结果分析”、“加入关注”、“著录项导出”、“全文导出”等功能，点击“结果分析”显示，图7-15所示的界面，坐标图表示近几年三种专利数量的变化。还可对申请人、发明人等进行分析。

点击第一件专利的“查看”，显示该专利的详细信息，如图7-16所示，并提供了PDF格式全文的下载链接，还可查看摘要附图、说明书、权利要求书、法律状态、同族专利等信息。

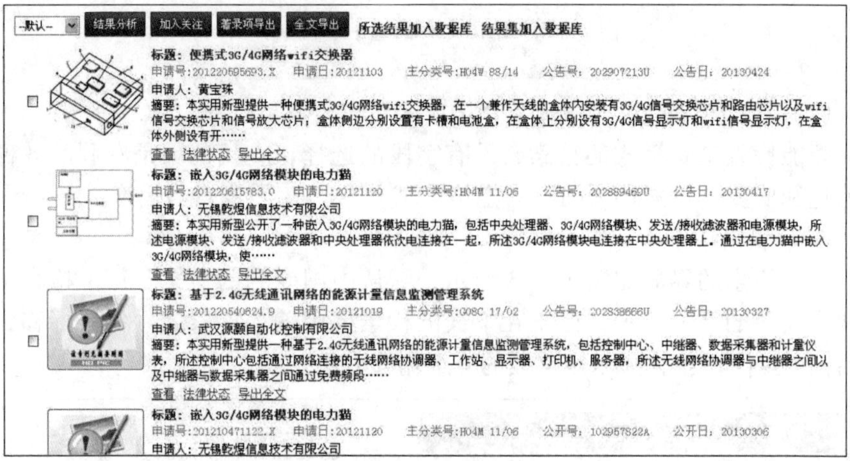

图7-14 检索结果界面

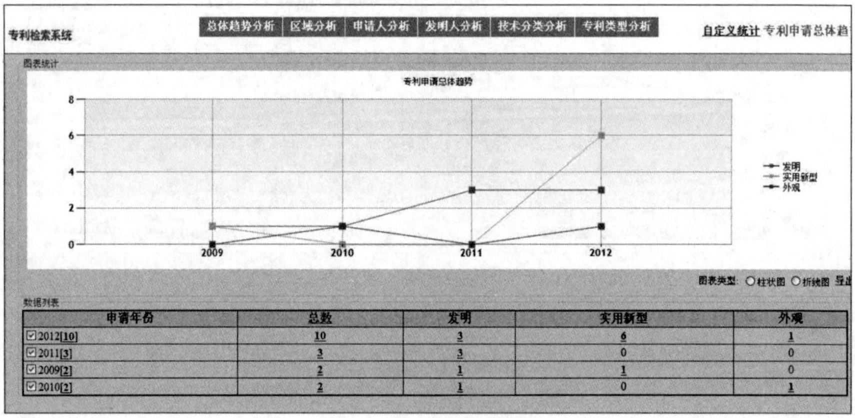

申请年份	总数	发明	实用新型	外观
☑2012[10]	10	3	6	1
☑2011[3]	3	3	0	0
☑2009[2]	2	1	1	0
☑2010[2]	2	1	0	1

图7-15 检索结果分析

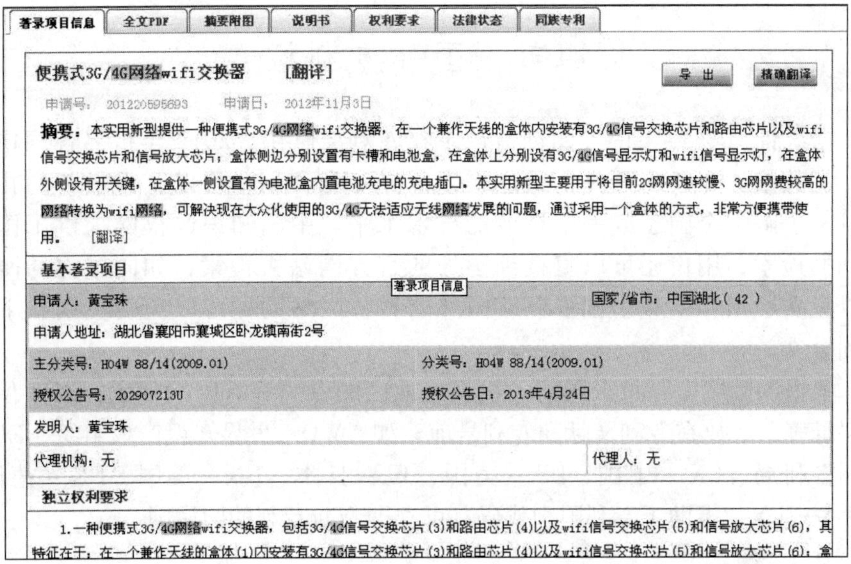

图 7-16 专利明细界面

3.4 其他专利网站

1. 中国应用技术网

中国应用技术网的网址是 http：//www. aptchina. com/。该网站为专利技术提供了一个很好的交易和合作的平台，是一个网上技术集贸市场，用户如果需求或转让专利，此网站是一个不错的选择。本网站提供专利号和关键词的免费检索和专利全文链接。

2. 香港特别行政区知识产权署

香港特别行政区知识产权署的网址是 http：//www. ipd. gov. hk/，主页有简体版、繁体版和英文版，该网站介绍与专利、商标、版权等知识产权相关的知识和法律法规。点击“网上服务”可以登录到知识产权署的网上检索系统，也可以直接登陆知识产权署的网上检索系统进行检索，网上检索系统的网址为 http：//ipsearch. ipd. gov. hk/。

3. 台湾专利检索

检索台湾专利可登陆 http：//www. patent. org. tw/，该网站为付费网站，成为付费会员后才可进行专利查询、下载说明书、专利分析等功能的操作。

第四节　国外专利检索

据统计 90% 以上的发明创造记录在专利文献中，2012 年世界各国申请的专利数量达 200 多万件，通过检索世界专利文献，可以获得最新的技术信息、了解一个国家或一个企业的技术水平。中国知识产权网提供了国外专利的检索，用户还可以直接到国外的官方网站去检索，如同国内的网站可以免费检索和下载中国专利，国外的官方网站同样可以免费检索和下载专利全文。

根据国际规定，每个国家、组织或地区的专利都有国别代码，以两位大写字母表示，放在专利文献和专利号前，如：WO－世界知识产权组织、EP－欧洲专利局、CN－中国、US－美国、JP－日本、GB－英国、DE－德国、FR－法国等，借助于专利国别代码，可立即判断专利的归属国。

4.1　欧洲专利局数据库

欧洲专利局数据库的网址是 http：//worldwide. espacenet. com/，主页如图 7－17 所示，世界各地的用户均可免费检索并下载全文。

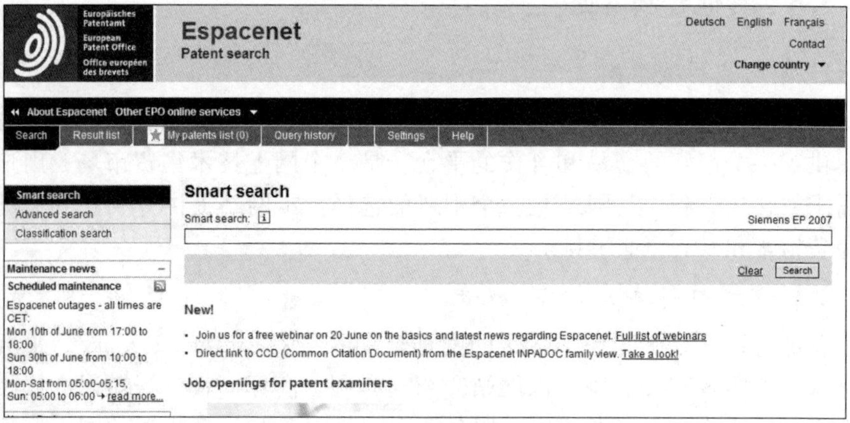

图 7－17　欧洲专利局数据库主页

欧洲专利局数据库收录了 90 多个国家和组织的已公开的专利申请信息，默认的检索范围是 Worldwide，检索界面有多种语言形式，将鼠标移到右上角的“change country”处弹出国家名称列，点击国家名称显示该国语言的主页和检索界面，例如点击“China”，主页和检索界面的语言就变成中文，但检索词不支持中文，必须用英文检索。

在 EP 和 WIPO 专利数据库检索说明书和权利要求书的全文，可以用英语、法语、德语输入检索词。

1. 检索方法

（1）智能检索

主页默认的检索方式是智能检索（Smart search），输入的检索词默认在专利的题录信息及摘要范围内检索。

（2）高级检索

点击主页左侧的“Advanced search”（高级检索），显示的检索界面如图 7 - 18 所示。

检索字段有 Title（专利名称）、Title or abstract（名称或摘要）、Publication number（公开号）、Application number（申请号）、Priority number（优先权号）、Publication date（公开日期）、Applicant（s）（申请人）、Inventor（s）（发明人）、CPC（欧洲专利分类）、IPC（国际专利分类）。

每个字段最多可以输入 10 词，词之间的空格表示逻辑与。支持以“ * ”作为截词符的截词检索。

（3）分类检索

点击主页左侧的“Classification search”（分类检索），显示按欧洲专利分类法的分类列表，选择分类号检索。

2. 检索结果浏览和全文下载

检索结果界面如图 7 - 19 所示，对检索到的专利以列表显示，名称下面是该专利的发明人、申请人、欧洲专利分类、国际专利分类、公开信息、优先权日期等信息。默认排序方式是“Upload date”（上传日期），可选的排序方式还有 Priority date（优先权日期）、Inventor（发明人）、Applicant（申请人）、CPC（欧洲专利分类）。每种排序方式下还可选择 Descending（降序）或 Ascending（升序）排序。

对检索结果进行勾选后，可以“Export（ CSV | XLS ）”（输出）和“Download covers ”（下载封面）。

点击“Title”，显示该件专利的“Bibliographic data”（题录信息），如图 7 - 20 所示，点击此界面左侧的“Description”、“Claims”、“mosaics”、“Original document”则分别显示该专利的文本格式说明书、文本格式权利要求书、图片、专利原文件。

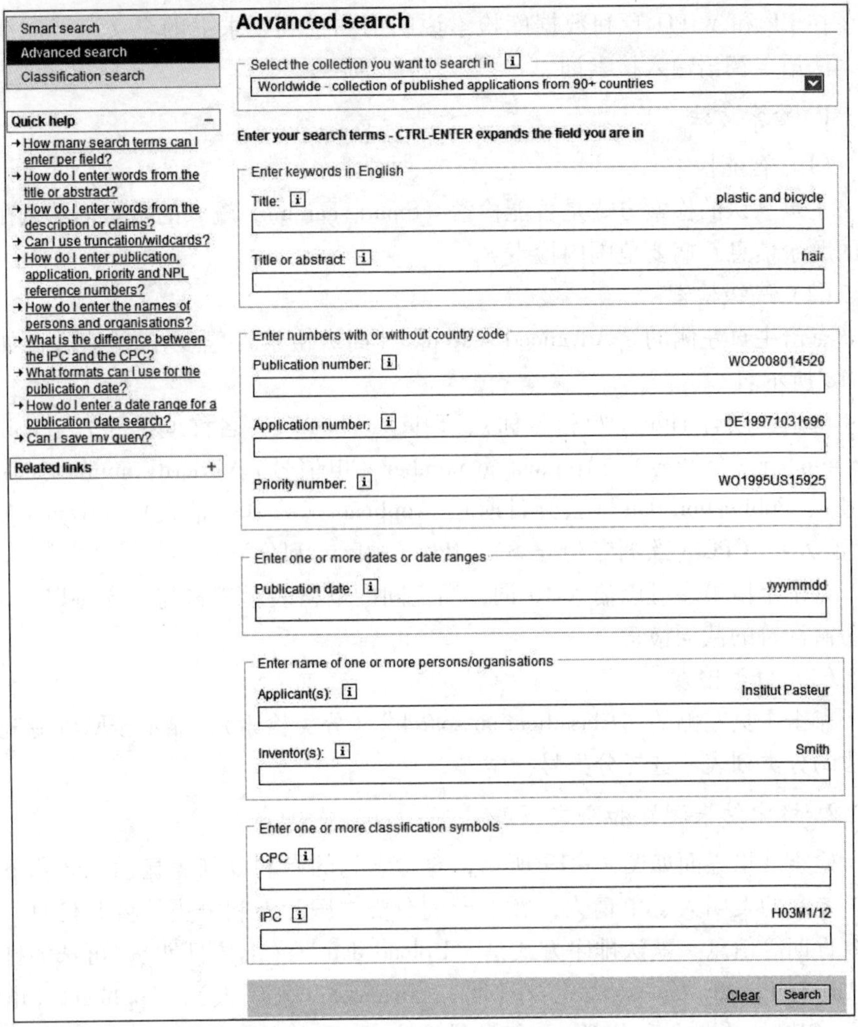

图 7－18　Advanced search 界面

4.2　美国专利商标局数据库

1. 美国专利介绍

美国是世界上专利最多的国家，美国专利的类型比较多，主要有以下几种：

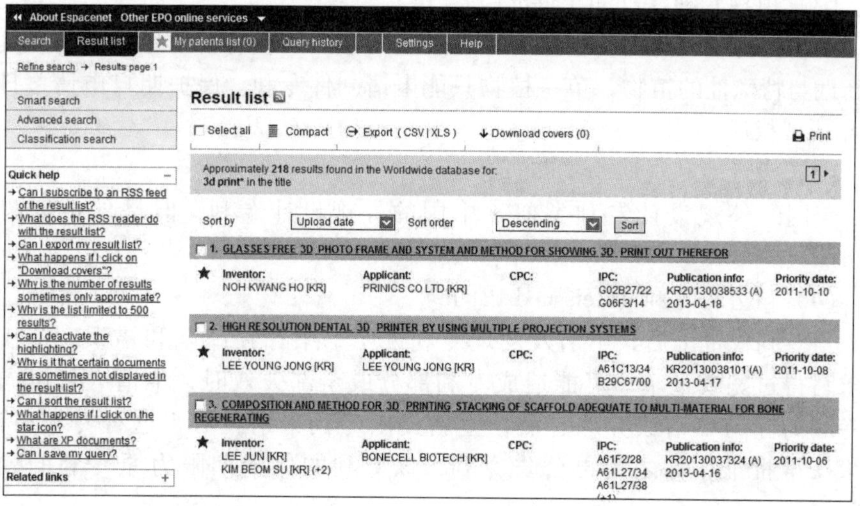

图 7－19　检索结果界面

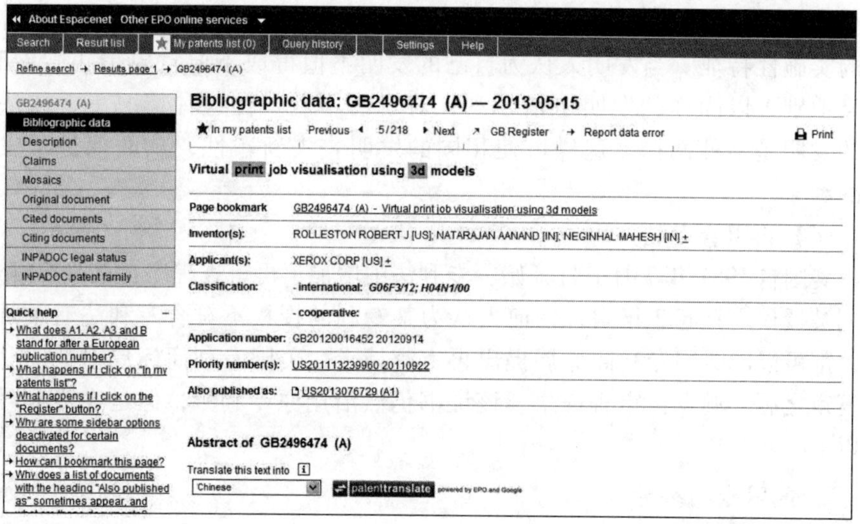

图 7－20　专利题录信息

（1）发明专利（Utility Patent）

美国的发明专利占美国专利总量的绝大部分，是美国专利的主体部分。保护期自申请之日起 20 年或授权后 17 年。

（2）植物专利（Plant Patent）

申请植物专利的发明创造必须是经过无性生殖或有性生殖培养，且具有创新性与特殊性的植物，单一植物只能申请一件专利。保护期自申请之日起20年或授权后17年。

（3）设计专利（Design Patent）

美国的外观设计专利类似于中国的外观设计专利，但是保护期限为14年。

（4）再公告专利（Reissued Patent）

当专利权批准后，申请人发现专利说明书中存在缺陷和错误，或权利要求写得过宽或过窄，可能造成专利部分或全部失效时，申请人可以向美国专利商标局申请放弃原专利，重新提出专利申请。对于这种专利申请，如果获得批准，称之为再公告专利，该专利的保护期限为原专利的剩余时间。

（5）依法发明登记（Statutory Invention Registration）

依法登记的发明的前身是防卫性公告（Defensive Publication），1985年更名。依法登记的发明不是专利，它具有专利的防卫性特征，而不具有专利的实施性特征。当发明人认为自己的发明不值得或不愿意申请正式专利，但又怕别人以同样的发明申请专利，对自己不利。在这种情况下，依法登记的发明是一种选择。这样可使相同的发明丧失新颖性，从而保护了发明人的利益。

（6）再审查专利（Re－examination Certificate）

美国自1981年7月1日开始，专利法中增加了再审查程序，该程序规定，专利被授权之日起2年内，任何人认为某专利的授权不符合专利法有关规定的，都可以向美国专利商标局提出再审查请求，美国专利商标局对此专利进行复审之后，颁发再审查证书，该证书仍然沿用原专利号，但是在专利号前冠以B1。

2. 美国专利编号

（1）申请号的编号

2001年以前的美国专利商标局将各种专利申请分成几大类（如发明专利、植物专利、设计专利等），各类申请循环编号。循环期的年代跨度大小不等，由申请量决定。一般来说，各类专利申请号每轮循环均从1～999999号以内连续编排，周而复始，发明专利申请已进入第11个循环周期。

申请号前的两位数字表示申请种类：

01－28 用于发明专利申请、植物专利申请、再公告专利申请和专利依法登记申请，混合编排，例如 08/101840 为一件植物专利申请号，08/101841 则为一件发明专利申请号。

29 用于外观设计申请，例如 29/000001。

60 用于临时申请，例如 60/000001。

90 用于单方再审查请求，例如 90/000001。

95 用于双方再审查请求，例如 95/000001。

（2）专利文献号的编排

专利文献号的编排见表 7－2。专利号也就是授权后的文献号，不过不包含后面代表专利状态的大写字母和字母后的数字。

表 7－2　美国专利文献编号

专利文献种类	号码名称	2001 年以前编号	2001 年以后编号
美国专利申请公布（说明书）	申请公布号	无	US 2006/0099151 A1
美国植物专利申请公布（说明书）	申请公布号	无	US 2002/0194658 P1
美国专利（说明书）	专利号	6，167，568	US 6，167，569 B1
美国植物专利（说明书）	专利号	Plant 10，810	US PP14，495 P2
美国再公告专利（说明书）	专利号	Re. 36，128	US RE38，399 E
美国专利再审查证书（说明书）	专利号	B1 5，650，703	US 5，432，544 C1
美国设计专利（说明书）	专利号	Des. 406，207	US D485，045 S
美国依法登记的发明（说明书）	登记号	H1789	US H2096 H

3. 美国专利检索

美国专利商标局的网址是 http：//www. uspto. gov/，主页如图 7－21 所示。该网站向公众提供全方位的专利信息服务，世界各地的用户可以免费查询 1790 年以来的美国各种专利的全部数据。

（1）数据库介绍

点击美国专利商标局主页右上角检索框上方的“search for patents”进入美国专利数据库的检索界面，如图 7－22 所示。

美国专利主要分为两个库，专利授权的文本和图片数据库 USPTO Patent Full－Text and Image Database（PatFT），和专利申请的文本和图片数据库 USPTO Patent Application Full－Text and Image Database（AppFT）。此外还有法律状态检索 Patent Application Information Retrieval（PAIR）、专利和商标资源中心

图 7－21　美国专利商标局主页

Patent and Trademark Resource Centers（PTRCs）、专利权转移数据库 Patent Assignment Database、基因序列检索 Search Published Sequences 等。数据内容每周更新一次。

（2）授权数据库 USPTO Patent Full－Text and Image Database（PatFT）检索

该库收录 1790 年以来出版的所有授权的美国专利说明书图像型全文，其中 1976 年以后的说明书除了图型全文，还有文本格式全文。

①检索字段

1790 年至 1975 年的专利，数据库的可检字段只有 3 个：专利号、美国专利分类号和授权日期；1976 年 1 月 1 日以后的专利，数据库的可检字段有 31 个，这 31 个可检字段见表 7－3。每个字段用一个代码表示，这些代码可以在高级检索时使用。

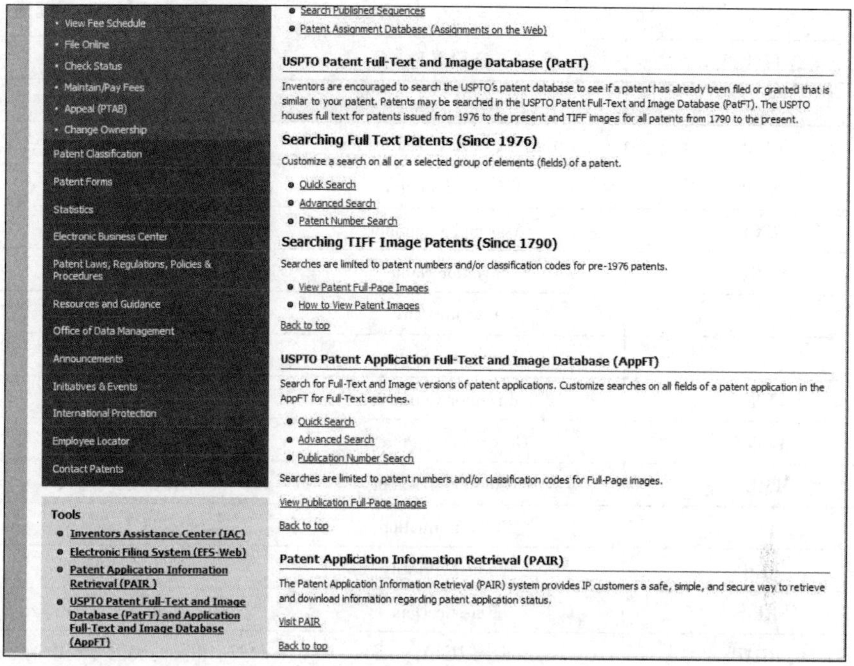

图 7－22　美国专利数据库检索界面

表 7－3　美国授权专利的检索字段

字段代码	字段名称	中文翻译
	All Fields	全部字段
TTL	Title	专利名称
ABST	Abstract	文摘
ISD	Issue Date	公开日期
PN	Patent Number	专利号
APD	Application Date	申请日期
APN	Application Serial Number	申请号
APT	Application Type	申请类型
AN	Assignee Name	受让人姓名
AC	Assignee City	受让人所在城市
AS	Assignee State	受让人所在州
ACN	Assignee Country	受让人国籍

续表

字段代码	字段名称	中文翻译
ICL	International Classification	国际专利分类
CLAS	Current U. S. Classification	当前美国分类
EXP	Primary Examiner	主要审查员
EXA	Assistant Examiner	助理审查员
IN	Inventor Name	发明人姓名
IC	Inventor City	发明人所在城市
IS	Inventor State	发明人所在州
ICN	Inventor Country	发明人所在国籍
GOVT	Government Interest	政府利益
LREP	Attorney or Agent	律师或代理人
PCT	PCT information	PCT 信息
PRIR	Foreign Priority	外国优先权
REIS	Reissue Data	再公开数据
RLAP	Related US App. data	相关的美国专利申请
REF	Referenced By	被谁参考
FREF	Foreign References	外国参考文献
OREF	Other References	其他参考文献
ACLM	Claim（s）	权利要求
SPEC	Description/Specification	说明书

②检索方法

从图 7－22 的检索界面可以看到该库有 3 种检索方式：Quick Search（快速检索）、Advanced Search（高级检索）、Patent Number Search（专利号检索）。每个检索界面的顶部，都设置了三种检索方式的链接。

Quick Search（快速检索）

快速检索的检索界面如图 7－23 所示。可以在两个字段即 Term1 和 Term2 内进行逻辑“AND”、“OR”或“NOT”的检索。

支持截词符“$”，如输入“print $”，可检索出 print、printing、printer、printers。

检索时不区分大小写，不管是大写还是小写输入的检索词，检索结果相同。

使用短语进行检索时，短语必须用双引号，例如检索吸尘器（Vacuum

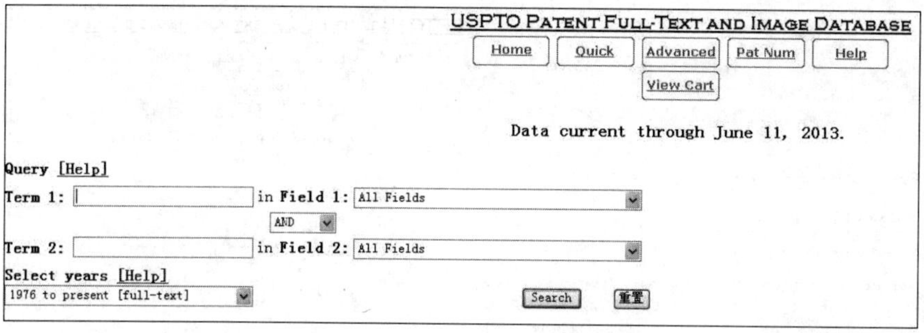

图 7－23　快速检索界面

Cleaner）时在检索框内要输入“Vacuum Cleaner”。

Advanced Search（高级检索）

高级检索的检索界面如图 7－24 所示，类似于许多中文数据库的高级检索，用字段代码编写检索式进行检索。

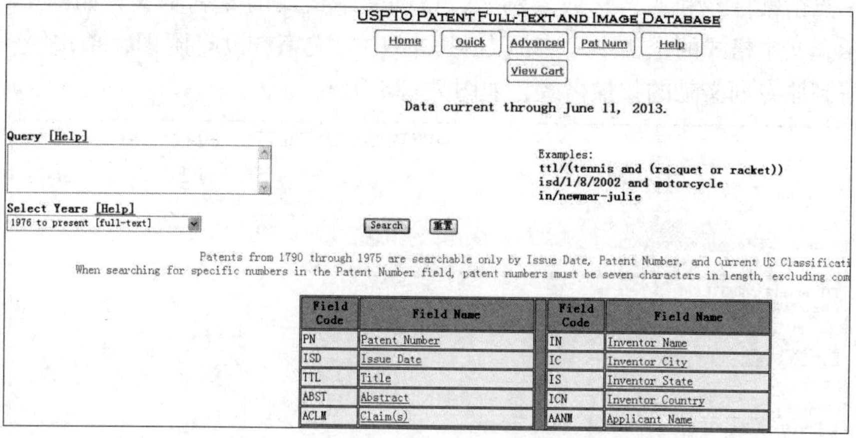

图 7－24　高级检索界面

Patent Number Search（专利号检索）

专利号检索的检索界面如图 7－25 所示。当专利号的位数不足 7 位时要补足 7 位，每种专利号的输入方法在检索框的下方有示例说明。

③检索结果浏览和全文下载

检索结果界面如图 7－26 所示，用列表的形式显示检索结果，每条记录给出了专利号和专利名称，列表上方显示检索结果数和检索式。

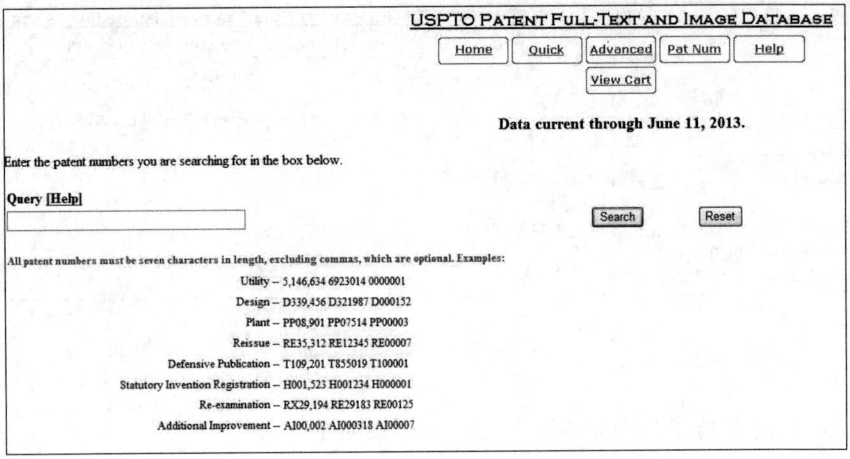

图 7-25　专利号检索界面

点击某件专利的名称或专利号，得到文本格式的专利全文，如图 7-27 所示，文本格式的全文中只有原专利文献中的文字，没有附图，单击 Images，可得到原专利文献的扫描格式，如图 7-28 所示。

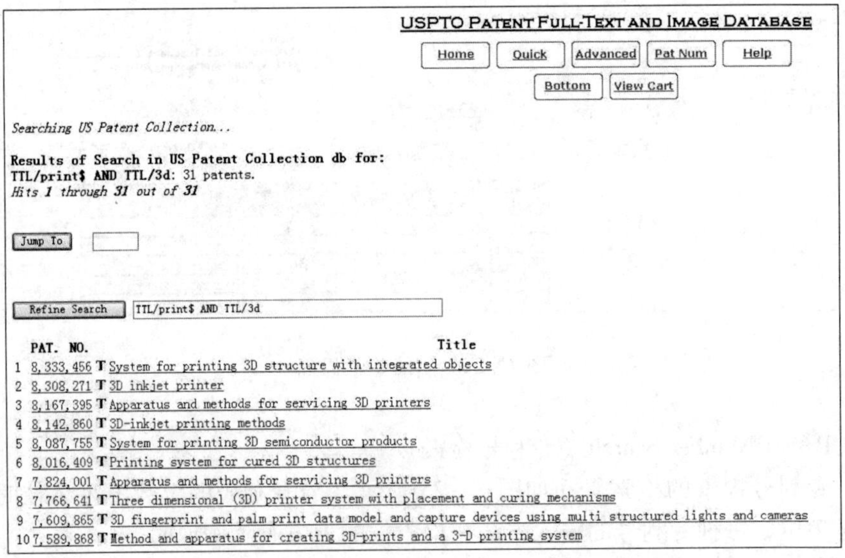

图 7-26　检索结果界面

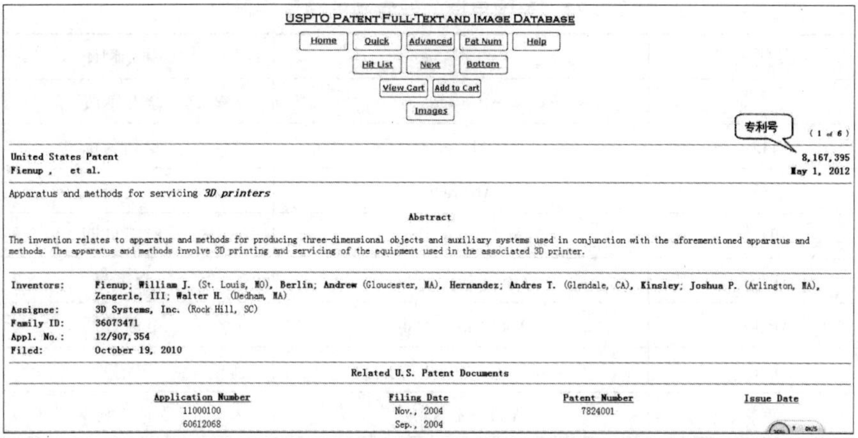

图 7－27　美国专利的文本格式

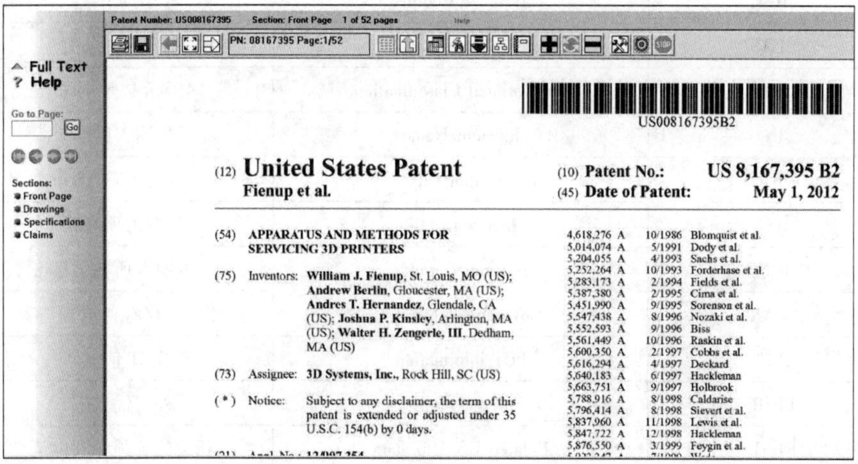

图 7－28　美国专利的图形格式

（3）申请数据库 USPTO Patent Application Full－Text and Image Database（AppFT）检索

①检索字段

美国专利申请数据库的可检字段现在多达 40 个，这 40 个可检字段见表 7－4。每个字段用一个代码表示，这些代码可以在高级检索时使用。

表 7-4 美国申请公开专利的检索字段

字段代码	字段名称	中文翻译
	All Fields	全部字段
TTL	Title	专利名称
ABST	Abstract	文摘
PD	Publication Date	出版日期
DN	Document Number	文献号
APD	Application Date	申请日期
APN	Application Serial Number	申请号
AN	Assignee Name	受让人姓名
AC	Assignee City	受让人所在城市
AS	Assignee State	受让人所在州
ACN	Assignee Country	受让人国籍
CLAS	Current U. S. Classification	当前美国分类
ICL	International Classification	国际专利分类
IN	Inventor Name	发明人姓名
IC	Inventor City	发明人所在城市
IS	Inventor State	发明人所在州
ICN	Inventor Country	发明人所在国籍
GOVT	Government Interest	政府利益
PCT	PCT information	PCT 信息
PRIR	Foreign Priority	外国优先权
RLAP	Related US App. data	相关的美国专利申请
ACLM	Claim (s)	权利要求
SPEC	Description/Specification	说明书
	Cross Reference To Related Applications	交叉参考相关申请
KD	Publication Document Kind Code (s)	出版文献种类代码
	Priority Claims Date	优先权日期
PT3D	PCT 371C24 Date	PCT 371 日期
PTAD	PCT Filing Date	PCT 提交日期
RLFD	Related Application Filing Date	相关申请提交日期

续表

字段代码	字段名称	中文翻译
PPPD	Prior Published Document Date	此前出版的文献日期
AANM	Applicant Name	申请人
AACT	Applicant City	申请人所在的城市
AAST	Applicant State	申请人所在的洲
AACO	Applicant Country	申请人所在的国家
AAAT	Applicant Type	申请专利类型
CPC	Current CPC Classification	当前欧洲专利分类
FMID	Patent Family ID	专利族

②检索方法

专利申请公开数据库同样有三种检索方式：Quick Search（快速检索）、Advanced Search（高级检索）、Publication Number Search（申请公开号检索），快速检索和高级检索同专利授权数据库基本相同，只是检索字段不同，还有在检索界面顶部设置的这三种检索方式链接名称也不同，分别是 Boolean、Manual、Number。快速检索界面如图 7－24 所示。三种检索方式的输入格式及检索结果输出方式与授权专利数据库基本相同。

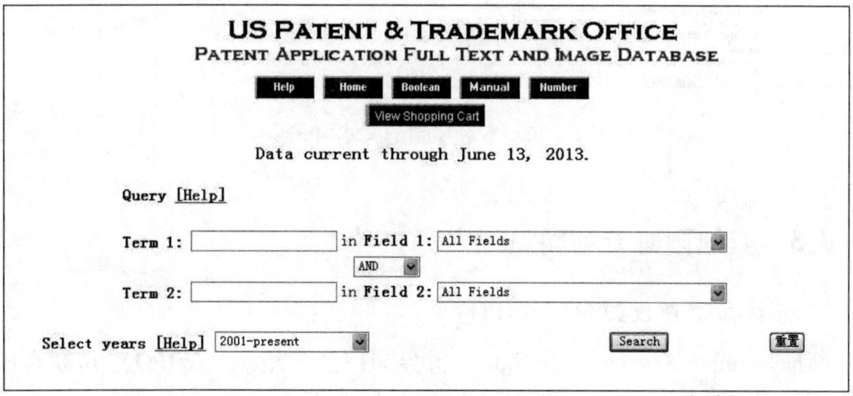

图 7－24　快速检索界面

③检索结果浏览和全文下载

专利申请数据库的检索结果界面如图 7－25 所示，每条记录提供了申请公开号和专利名称，点击公开号或名称显示该件专利申请的文本格式全文，点击 Images 可显示该原专利申请文件的扫描格式。

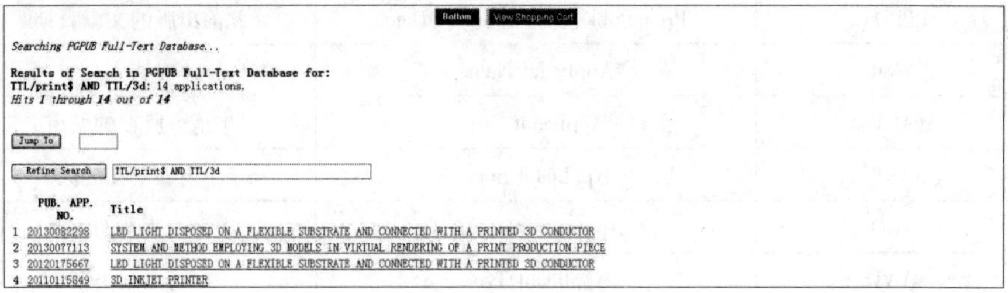

图 7－25　检索结果界面

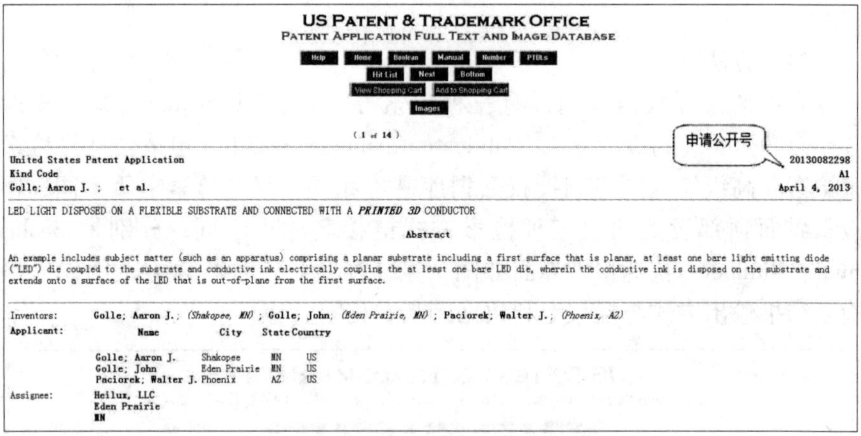

图 7－26　专利申请的文本格式全文

4.3　其他国家专利网站

1. 世界知识产权组织（WIPO）

网址是 http：//www. wipo. int/，世界知识产权组织（WIPO）是联合国的机构，致力于将知识产权成为激励创新和创造力的一种手段。数据库收录了 PCT（国际专利）申请、进入国家阶段的 PCT 申请和 30 多个国家或组织的专利信息，共 3000 多万件，其中 220 多万件 PCT 申请专利。

2. 加拿大知识产权局

网址是 http：//opic. gc. ca/，该网站由加拿大知识产权局提供，收录了

1920 年至今的 214 万多件加拿大专利，包括专利全文文本和图形。

3. 日本特许厅数字图书馆

日本工业产权数字图书馆（Industrial Property Digital Library，简称 IPDL）是日本特许厅建立的免费检索专利和商标的数据库，网址是 http://www.ipdl.inpit.go.jp/，有英语和日语两种语言的检索界面，日本是一个专利大国，现有专利 670 多万件。

第八章　标准信息检索

第一节　标准概述

1.1　标准和标准化

根据国际标准（ISO）中标准术语的定义，标准和标准化的定义如下：

标准是为在一定的范围内获得最佳秩序，对活动和其结果规定共同的和重复使用的规则、导则或特性的文件。该文件经协商一致制定并经一个公认机构的批准。标准应以科学、技术和实践经验的综合成果为基础，以促进最佳社会效益为目的。

标准化是为在一定的范围内获得最佳秩序，对实际的或潜在的问题制定共同的和重复使用的规则的活动。活动主要包括制定、发布及实施标准的过程。

我国参照国际标准化组织的观点，结合本国的实际情况，在 1983 年规定的标准和标准化定义如下：

标准是对重复性事物和概念所做的统一规定。它以科学、技术和实践经验的综合成果为基础，经有关方面协商一致，由主管机构批准，以特定形式发布，作为共同遵守的准则和依据。

标准化是在经济、技术、科学及管理等社会实践中，对重复性事物和概念，通过制定、发布和实施标准，达到统一，以获得最佳秩序和社会效益。

总之，“通过制定、发布和实施标准，达到统一”是标准化的实质。“获得最佳秩序和社会效益”则是标准化的目的。标准化的意义就是改进产品、过程和服务的适用性，防止贸易壁垒，促进技术合作。

1.2　标准的分类

1. 按适用范围分类

标准按其协调统一及运用范围的不同划分为不同的层次，这种层次关系，通常又称为标准的级别。从世界范围来看，标准分为国际标准、国际区域性标准和各国家自己不同级别的标准。根据《中华人民共和国标准化法》的规定，我国目前将标准分为国家标准、行业标准、地方标准和企业标准四级。

（1）国际标准

国际标准是指国际标准化组织（ISO）、国际电工委员会（IEC）和国际电信联盟（ITU）制定的标准，以及国际标准化组织确认并公布的其他国际组织制定的标准。国际标准在世界范围内统一使用。

（2）区域性标准

区域性标准是指世界某一地理区域内有关国家、团体共同制定的标准。区域性标准化组织如欧洲标准化委员会（CEN）、欧洲电工标准化委员会（CENELEC）、欧洲电信标准学会（ETSI）、太平洋地区标准大会（PASC）、泛美技术标准委员会（COPANT）、非洲地区标准化组织（ARSO）等。

（3）国家标准

国家标准是由国家标准团体制定并公开发布的标准。我国国家标准是指对全国经济技术发展有重大意义，必须在全国范围内统一的标准。我国国家标准由国务院标准化行政主管部门编制计划，组织草拟，统一审批、编号、发布。

（4）行业标准

行业标准是指对没有国家标准而又需要在全国某个行业范围内统一的技术要求所制定的标准。制定行业标准的项目由国务院有关行政主管部门确定。行业标准由国务院有关行政主管部门编制计划，组织草拟，统一审批、编号、发布，并报国务院标准化行政主管部门备案。行业标准在相应的国家标准实施后，自行废止。

（5）地方标准

地方标准是指没有国家标准和行业标准而又需在省、自治区、直辖市范围内统一的工业产品的安全、卫生等标准。制定地方标准的项目由省、自治区、直辖市人民政府标准化行政主管部门确定。地方标准由省、自治区、直辖市人民政府标准化行政主管部门编制计划，组织草拟，统一审批、编号、发布，并报国务院标准化行政主管部门和国务院有关行政主管部门备案。地方标准在相应的国家标准或行业标准实施后，自行废止。

（6）企业标准

企业标准是指企业自行组织制定的并按省、自治区、直辖市人民政府的规定备案（不含内控标准）的标准。企业标准作为组织生产的依据，在没有国家标准、行业标准和地方标准时，企业才可以自己制定，或者是制定的企业标准要严于国家标准、行业标准或地方标准。

2. 按性质分类

依据标准的属性划分，通常把标准分为技术标准、管理标准和工作标准三大类。

（1）技术标准

技术标准是指对标准化领域中需要协调统一的技术事项所制定的标准。它是根据生产技术活动的经验和总结，作为技术上共同遵守的法则而制定的各项标准。技术标准包括基础技术标准、产品标准、工艺标准、检测试验方法标准以及安全、卫生、环保标准等。

（2）管理标准

管理标准是指对标准化领域中需要协调统一的管理事项所制定的标准。管理标准主要是对管理目标、管理项目、管理程序、管理方法和管理组织所做的规定。按照管理的不同层次和标准的使用范围，管理标准又可划分为管理基础标准、技术管理标准、经济管理标准、行政管理标准和生产经营管理标准。

（3）工作标准

工作标准是对标准化领域中需协调统一的事项所制定的标准。它是对工作的责任、权力、范围、质量要求、程序、效果、检查方法、考核办法等所制定的标准。工作标准一般包括部门工作标准和岗位（个人）工作标准。工作标准的主要对象是人。

3. 按内容分类

按标准所规定的内容特征，标准可分为基础标准、产品标准、方法标准、安全标准、卫生标准、环境标准。

（1）基础标准

基础标准是在一定范围内作为其他标准的基础并普遍使用，具有广泛指导意义的标准。基础标准按其性质和作用的不同，一般分为以下几种：概念和符号标准；精度和互换性标准；实现系列化和保证配套关系的标准；结构要素标准；产品质量保证和环境条件标准；安全、卫生和环境保护标准；管理标准；量和单位。

（2）产品标准

产品标准是对产品结构、规格、质量和检验方法所做的技术规定。产品标准按其适用范围，分别由国家、部门和企业制定。它是一定时期和一定范围内具有约束力的产品技术准则，是产品生产、质量检验、选购验收、使用维护和洽谈贸易的技术依据。产品标准的主要内容包括：产品的适用范围；产品的品种、规格和结构形式；产品的主要性能；产品的试验、检验方法和验收规则；产品的包装、储存和运输等方面的要求。

（3）方法标准

方法标准包括两类，一类以试验、检查、分析、抽样、统计、计算、测定、作业等方法为对象制定的标准。例如：试验方法、检查方法、分析方法、测定方法、抽样方法、设计规范、计算方法、工艺规程、作业指导书、生产方法、操作方法及包装、运输方法等；另一类是为合理生产优质产品，并在生产、作业、试验、业务处理等方面为提高效率而制定的标准。

（4）安全标准

安全标准是为保护人和物的安全制定的标准。安全标准一般有两种形式：一种是专门的安全标准；另一种是在产品标准或工艺标准中列出有关安全的要求和指标。从标准的内容来讲，安全标准可包括劳动安全标准、锅炉和压力容器安全标准、电气安全标准和消费品安全标准等。安全标准一般均为强制性标准，由国家通过法律或法规形式规定强制执行。

（5）卫生标准

卫生标准是指为保护人的健康，对食品、医药以及生产环境、劳动保护等方面的卫生要求制定的标准。主要包括通用卫生标准和工艺卫生标准。

（6）环境保护标准

环境保护标准是为保护环境和有利于生态平衡，对大气、水、土壤、噪声、振动等环境质量、污染源、检测方法以及其他事项制定的标准。

4. 按法律约束性分类

（1）强制性标准

强制性标准是具有法律属性，在一定范围内通过法律、行政法规等手段强制执行的标准。根据《国家标准管理办法》和《行业标准管理办法》，下列标准属于强制性标准：药品、食品卫生、兽药、农药和劳动卫生标准；产品生产、贮运和使用中的安全及劳动安全标准；工程建设的质量、安全、卫生等标准；环境保护和环境质量方面的标准；有关国计民生方面的重要产品标准等。

（2）推荐性标准

推荐性标准又称为非强制性标准或自愿性标准。是指生产、交换、使用等方面，通过经济手段或市场调节而自愿采用的一类标准。这类标准，不具有强制性，任何单位均有权决定是否采用，违犯这类标准，不构成经济或法律方面的责任。应当指出的是，推荐性标准一经接受并采用，或各方商定同意纳入经济合同中，就成为各方必须共同遵守的技术依据，具有法律上的约束性。

1.3 标准编号

不论是世界标准、国内标准还是国外标准，标准编号一般为“标准代号+顺序号+制定（修订）年份”，例如：ISO 9000：2008；GB/T 24138—2009；Q/（KQ）ACCL 114。

国际标准化组织（ISO）的标准代号是ISO，国际电工委员会（IEC）的标准代号是IEC，国际电信联盟（ITU）的标准代号是ITU+国际电信联盟的部门号。

我国国家标准的代号是GB，国家推荐性标准的代号是GB/T，国家指导性标准的代号是GB/Z；行业标准代号用该行业主管部门名称的汉语拼音字母表示，我国行业标准代号见表8-1，目前我国有57种行业标准；地方标准代号是“DB+地方（省、自治区、直辖市）行政区划代码前两位数”；企业标准代号是“Q+企业名称代号”。

表8-1 中华人民共和国行业标准代号

序号	行业标准名称	行业标准代号	序号	行业标准名称	行业标准代号
1	农业	NY	30	劳动和劳动安全	LD
2	水产	SC	31	电子	SJ
3	水利	SL	32	通信	YD
4	林业	LY	33	广播电影电视	GY
5	轻工	QB	34	电力	DL
6	纺织	FZ	35	金融	JR
7	医药	YY	36	海洋	HY
8	民政	MZ	37	档案	DA
9	教育	JY	38	商检	SN
10	烟草	YC	39	文化	WH
11	黑色冶金	YB	40	体育	TY
12	有色冶金	YS	41	商业	SB
13	石油天然气	SY	42	物资管理	WB
14	化工	HG	43	环境保护	HJ
15	石油化工	SH	44	稀土	XB

续表

序 号	行业标准名称	行业标准代号	序 号	行业标准名称	行业标准代号
16	建材	JC	45	城镇建设	CJ
17	地质矿产	DZ	46	建筑工业	JG
18	土地管理	TD	47	新闻出版	CY
19	测绘	CH	48	煤炭	MT
20	机械	JB	49	卫生	WS
21	汽车	QC	50	公共安全	GA
22	民用航空	MH	51	包装	BB
23	兵工民品	WJ	52	地震	DB
24	船舶	CB	53	旅游	LB
25	航空	HB	54	气象	QX
26	航天	QJ	55	外经贸	WM
27	核工业	EJ	56	海关	HS
28	铁路运输	TB	57	邮政	YZ
29	交通	JT			

部分国外标准代号见表8-2，美国、英国的标准代号后一般还要加分类号。

表8-2 部分国外标准代号

代号	标准名称
ANSI	美国国家标准
BS	英国国家标准
DIN	德国国家标准
JIS	日本工业标准
NF	法国国家标准
API	美国石油学会标准
ASME	美国机械工程师协会标准
ASTM	美国试验与材料协会标准
SAE	美国机动车工程师协会标准
TIA	美国电信工业协会标准
VDE	德国电气工程师协会标准
FDA	美国食品与药物管理局标准

第二节　标准文献

2.1　标准文献的类型

1. 标准文献

标准文献是指由专门委员会制定，经过公认权威机构或国家行政主管部门批准的一套具有法定约束力的规范化文献，包括各种级别的标准、部门规范和技术规程等。根据国际标准化组织（ISO）的界定，“标准文献还包括有关的文献工具书：标准目录、索引、文献目录等”。

2. 我国标准文献的类型

（1）我国标准全文主要文献

①标准单行本

我国每件新制定的标准或是修订的标准都要自成体系，单独出版，标准单行本是各种标准文献的原件。

②《中国国家标准汇编》

《中国国家标准汇编》是一部大型综合性国家标准全集，自1983年起按标准顺序号以精装本、平装本两种装帧形式陆续分册汇编出版。凡顺序号空缺，除特殊注明处，均为作废标准或空号。自1995年起，《中国国家标准汇编》汇集出版前一年发布的新制定的国家标准的同时，新增出版前一年发布的被修订的标准汇编版本，视篇幅分若干分册，这些修订版本的正书名、版本形式与《中国国家标准汇编》相同，但不占总的分册号，仅在封面和书脊上注明“20××年修订，-1，-2，-3”字样，作为《中国国家标准汇编》的补充。该汇编是查阅国家标准原件的重要检索工具。

③《中国国家标准分类汇编》

《中国国家标准分类汇编》按分类体系收集全部现行国家标准。按专业类别分卷，每卷分若干分册，从1993起陆续出版，按《中国标准文献分类法》（CCS）分类编排。其一级类设定为卷（有些一级类合卷出版），二级类按类号顺序编成若干分册，每个二级类内按标准顺序号排列。

④《强制性国家标准汇编》

《强制性国家标准汇编》专门收集国家强制性标准。按《中国标准文献分类法》（CCS）大类分类，原则上按类设卷，标准多的类别每卷又分若干分册，标准少的类别合卷编排，每册按标准类别排列，每类按标准编号从小到大顺序排列。

⑤各种行业标准汇编

我国每年都不定期出版各个行业的标准汇编。

（2）我国标准文献的检索工具

①《中华人民共和国国家标准目录及信息总汇》

《中华人民共和国国家标准目录及信息总汇》是检索国家标准的重要检索工具，由国家标准化管理委员会编，中国标准出版社每年出版一次。2005 版的内容包括 4 部分：国家标准专业分类目录、被废止的国家标准目录、国家标准修改、更正、勘误通知以及索引。第一部分的国家标准专业分类目录收录上一年度批准发布的现行国家标准信息，按《中国标准文献分类法》（CCS）编排，每件标准著录的信息有分类号、标准编号、标准名称、采标情况、代替标准。其余部分信息截止到上一年底。

②《中华人民共和国国家标准目录》

《中华人民共和国国家标准目录》由国家标准化管理委员会编，中国标准出版社每年出版，收录上一年度公开发布或修订的国家标准信息。正文按《中国标准文献分类法》分类编排，对每件标准著录的项目有专业分类号、标准号、标准名称、发布日期、修订日期、实施日期，并附按标准顺序号顺序排列的索引。

③《中国标准化年鉴》

《中国标准化年鉴》由国家质量技术监督局主编，中国标准出版社每年出版，收录上一年度公开发布的有关国家标准的信息。其主要内容分两部分，第一部分主要内容是阐述前一年标准化工作的全面情况包括标准化事业的发展情况、管理机构、法规建设以及科学研究工作的现状；第二部分是以《中国标准文献分类法》分类编排的国家标准目录，同一类中再按标准顺序号排列，最后附有以标准顺序号编排的国家标准索引。

④各行业的标准目录

2.2 标准文献分类方法

1. 中国标准文献分类法

《中国标准文献分类法》（CCS）是中国标准文献的通用分类方法，中国标准文献在进行加工时，通常按此分类法对文献进行分类编排。该分类法是国家标准局于 1984 年编制的，用于除军工标准外的各级标准和有关标准文献的分类。设有 24 个一级类目，各用一个英文字母作代码，见表 8－3，二级类目代码用两位数字（00－99）组成。

表 8－3　《中国标准文献分类法》一级类目表

一级分类代码	类目名称	一级分类代码	类目名称
A	综合	N	仪器、仪表
B	农业、林业	P	建筑
C	医药、卫生、劳动保护	Q	建材
D	矿业	R	公路与水路运输
E	石油	S	铁路
F	能源、核技术	T	车辆
G	化工	U	轮船
H	冶金	V	航空航天
J	机械	W	纺织
K	电工	X	食品
L	电子技术、计算机	Y	轻工、文化与生活用品
M	通信、广播	Z	环境保护

2. 国际标准文献分类法

《国际标准分类法》（International classification for standards，简称 ICS）于 1991 年由国际标化组织（ISO）组织编制，ISO 发布的标准 1994 年以前使用《国际十进分类法》（UDC），1994 年以后改用 ICS 分类法。我国自 1995 年底发布的国家标准也将《国际十进分类法》（UDC）改用 ICS 分类，目前我国的标准文献大部分同时采用 CCS 和 ICS 分类。

ICS 的一级类目包含 40 个标准化专业领域，见表 8－4，各个专业又细分为 407 个二级类目，407 个二级类目中的 134 个又被进一步细分为 896 个三级类目。ICS 采用数字编号，第一级和第三级采用双位数，第二级采用三位数表示，各级分类号之间以实圆点相隔。例如国际单位及其应用的 ICS 号是 01. 060. 10。

表 8－4　ICS 一级类目表

一级分类代码	类目名称	一级分类代码	类目名称
01	综合，术语，标准化，文献	49	航空与航天工程

续表

一级分类代码	类目名称	一级分类代码	类目名称
03	社会学，服务，公司组织和管理，行政，运输	53	材料储运设备
07	数学，自然科学	55	货物的包装和分发
11	医疗，卫生技术	59	纺织和皮革技术
13	环境和保健，安全	61	服装行业
17	计量学和测量，物理现象	65	农业
19	试验	67	食品技术
21	机械系统和通用部件	71	化工技术
23	流体系统和通用部件	73	采矿和矿产
25	制造工程	75	石油及有关技术
27	能源和传热工程	77	冶金
29	电工技术	79	木材技术
31	电子学	81	玻璃和陶瓷工业
33	电信	83	橡胶和塑料工业
35	信息技术，办公设备	85	造纸技术
37	成像技术	87	涂料和颜料工业
39	精密机械，珠宝	91	建筑材料和建筑物
43	道路车辆工程	93	民用工程
45	铁路工程	95	军事工程
47	造船和船用设备	97	服务性工作，文娱，体育

2.3 标准文献的特点

标准文献属于特种文献的一种，有其独自的特点。

1. 标准文献描述详尽、可靠，具有法律效力

由于标准文献的技术成熟度高，且又作为一种依据和规范提出，因此它一方面描述的内容详尽、完整、可靠；另一方面，具有一定的法律效力，使产品生产和工程建设有据可依。

2. 标准文献单独出版、自成体系

标准文献无论是从编写格式、语言描写、内容结构还是审批程序、管理办法以及代号系统等都独自成为一套体系。标准文献一个最特殊的标志就是一件标准对应一个标准号，即使一件标准仅有寥寥数页也单独成册出版，一般一件标准只解决一个问题。

3. 标准文献时效性强

标准文献的时效性很强，它将随着技术水平的不断发展而弃旧更新。国际标准化组织规定标准每 5 年重新审订一次，个别情况可以提前修订，以保证标准的先进性，因此标准文献对于了解一个国家的工业发展情况和科学技术水平有很大的参考价值。

4. 标准文献交叉重复、相互引用

从企业标准到行业标准直到国际标准之间并不意味着技术水平级别依次上升，在制定标准时，同一级别的标准甚至是不同级别的标准经常相互引用或交叉重复。

第三节　中国标准文献的检索

3.1　中国标准文献的手工检索

标准文献相对于其他文献来说数量少得多，例如到 2013 年 6 月中国国家标准现行标准 29 500 件，加上曾修订过的也就 5 万件左右，国际标准化组织的 ISO 标准 19 500 件，因此标准文献便于收藏和管理，通常高等院校、大型的图书馆和研究单位都会收藏纸本专利文献，尤其是中国标准文献。所以当身边有标准全文文献和检索工具时，手工检索标准文献在网络资源丰富的今天也不失为一种快捷方法。

手工检索中国标准文献的主要检索工具是《中华人民共和国国家标准目录及信息总汇》和各行业标准目录，全文文献主要是《中国国家标准汇编》和各行业标准的全文。一般有标准号、主题和分类三种途径，其实主题和分类的检索也是先找到标准号，再查找全文。

1. 已知标准号

当知道一件国家标准的标准号时，可以直接到《中国国家标准汇编》中查找全文。《中国国家标准汇编》按标准顺序号排列，在每册的封面和书脊上都标注了该册收录标准的起止号，因此，只要知道某一标准的标准号，就能很快找到标准的全文。当要查找的标准年代和汇编中的标准年代不一致时，说明这件标准已经修订过了，这是需要再查那一年标准的修订版。

2. 已知主题

如果用户需要检索有关某一主题的标准，这时就需要借助标准目录。利用《中华人民共和国国家标准目录及信息总汇》等标准目录，首先对照目次页中的《中国标准文献分类法》分析这一主题属于哪个一级类目，再在一级类目下找相应的二级类目，二级类目下是按标准顺序号著录的具体标准信息，得到标准号，根据标准号找全文。

3. 已知分类

如果已知的是分类号，利用《中华人民共和国国家标准目录及信息总汇》等标准目录，找到此分类号下所有的标准号，进而获取全文。

检索时要注意的是各种标准目录只收录到上一年底前公开发布的国家标准及有关信息，如果要查当年的标准信息，还需要查当年的标准公告。

3.2 中国标准文献的网上检索

手工检索工具均按标准文献的分类编排，对于不熟悉标准文献分类的用户，利用手工检索工具开始可能有些难度。网上标准信息资源的检索可以通过名称、分类、关键词等多个入口检索，使标准文献的检索变得更简单、快捷。以下是几个检索中国标准的网站，这些网站都可以免费检索标准的目录信息，有的网站强制性标准全文还可以免费阅读，大部分的网站标准全文则是有偿服务。网上免费检索得到标准号后，用户也可以自己查找全文。

1. 中国标准服务网

中国标准服务网的网址是 http：//www. cssn. net. cn/，首页如图 8 – 1 所示，由中国标准化研究院下属的国家标准馆管理和维护。

国家标准馆是我国唯一的国家级标准文献、图书、情报的馆藏、研究和服务机构，是国家标准化管理委员会的基础信息支撑机构，是我国历史最久、资源最全、服务最广、影响最大的权威性标准文献服务机构。国家标准馆还是中国图书馆学会专业图书馆分会理事单位和国家科技图书文献中心（NSTL）的成员单位。

国家标准馆成立于 1963 年，馆藏资源有一个世纪以来国内外各类标准文献 97 万余件，包括齐全的中国国家标准和 66 个行业标准，60 多个国家、70 多个国际和区域性标准化组织、450 多个专业协（学）会的成套标准，160 多种国内外标准化期刊及标准化专著。

国家标准馆自 2005 年开始进行的“标准文献共享网络建设”，在整合全国已有标准文献资源的基础上，形成了规模庞大的标准文献题录数据库、全文数据库和专业数据库。目前标准文献题录数据库量已达 130 万余条，是我国迄今为止最全的标准文献信息库。

图 8－1　中国标准服务网首页

（1）检索方法

①快速检索

首页设置了快速检索框，可以以“标准号”或“中英文关键词”为检索字段进行检索。系统默认的标准范围是中外所有标准。

②高级检索

高级检索界面如图 8－2 所示。检索字段有关键词、标准号、国际标准分类、中国标准分类、采用关系、标准品种、年代号、标准状态，每一字段的输入规则在检索框下面都有说明。国际标准分类、中国标准分类和标准品种三个字段的检索框后面有按钮，为不熟悉标准分类和标准品种的用户提供了方便。

③专业检索

在高级检索界面点击专业检索按钮，显示图 8－3 所示的检索界面，通过

图 8－2　标准高级检索

点击⊕或⊖按钮任意增减检索行，检索行之间可以进行的运算有逻辑“与”、“或”，并且检索行增加了其他数据库不具备的括号（、）功能，以保证优先执行括号内的检索。

可检索字段更多，有全部字段、标准号、中文标题、英文标题、原文标题、中国标准分类号、国际标准分类号、中文主题词、英文主题词、原文主题词、代替标准、被代替标准、引用标准、修改件、被修改件、补充件、被补充件、适用范围等。

标准品种包含了数据库里所有的国内外标准，点击品种的类别名称弹出该类别下的所有标准类型，勾选后可在某一类或若干类内检索。

④分类检索

这是一种直接浏览某一类别下的所有标准题录信息的方法。在高级检索界面点击“分类检索”按钮，显示图 8－4 所示的检索界面。点击“标准品

图 8－3　专业检索

图 8－4　分类检索

种”可选择标准的类型，限定检索范围。可以按中国标准分类或国际标准分类检索，在图 8－4 所示的界面中，点击分类名称后面的🔍，可直接显示该分类下的所有标准的题录信息。点击类别名称后的📁，显示该类的下一级类目，勾选后点击“确定”，显示勾选类别的信息。

⑤强制性国家标准检索

在图 8－1 所示的中国标准服务网主页，将鼠标移到“资源检索”栏，点击“强制国标”，显示的检索界面如图 8－5 所示，这是专门检索强制性国家标准的数据库，注册为会员后，就可以免费阅读这个数据库里强制性国家标准的全文。

图 8－5　强制性国家标准检索界面

（2）检索结果浏览和全文获取

非本网站会员可以使用各种检索功能、查看标准的细览页并且订购标准。须注册为会员才可以更多地浏览数据库的信息。该网站分 A、B、C、D 四类会员，D 类会员为免费会员，可以免费阅读强制性标准的全文，收藏、跟踪国家标准，还可以免费检索本网站提供的标准、技术法规、期刊等数据库，可从网上提交订购标准、图书的请求，但需付费后，才能获取标准或图书的全文。其余三类为付费会员，根据付费的多少享受该网站更多更优惠的服务。

检索结果界面如图 8 -6 所示，结果显示标准号、标准名称、发布日期、实施日期等题录信息。在不限定标准品种的情况下，检索结果按国家标准、行业标准、地方标准、国际标准、国外国家标准、国外学（协）会标准的顺序排序。只查看某一类别的标准时，点击检索结果上方的 

，在显示的标准品种列表中勾选，检索结果只显示该类别的标准的题录信息。

图 8 -6　检索结果页

点击标准名称，显示该件标准的细览页，如图 8 -7 所示，获得标准的更多信息。只有在强制性国检标准数据库内检索时，才可以免费阅读全文。其他的标准全文，可以和网站联系，网站提供有偿服务。

2. 国家标准化管理委员会

中国国家标准化管理委员会（中华人民共和国国家标准化管理局）是国务院授权的履行行政管理职能、统一管理全国标准化工作的主管机构，网址是 http：//www. sac. gov. cn/，主页如图 8 -8 所示。设有标准化新闻、标准计划公告、行业标准化、地方标准化、国标目录查询、国标计划查询、国标公告查询等 24 个栏目。这些栏目使用户全面了解国家标准的政策法规、国家各

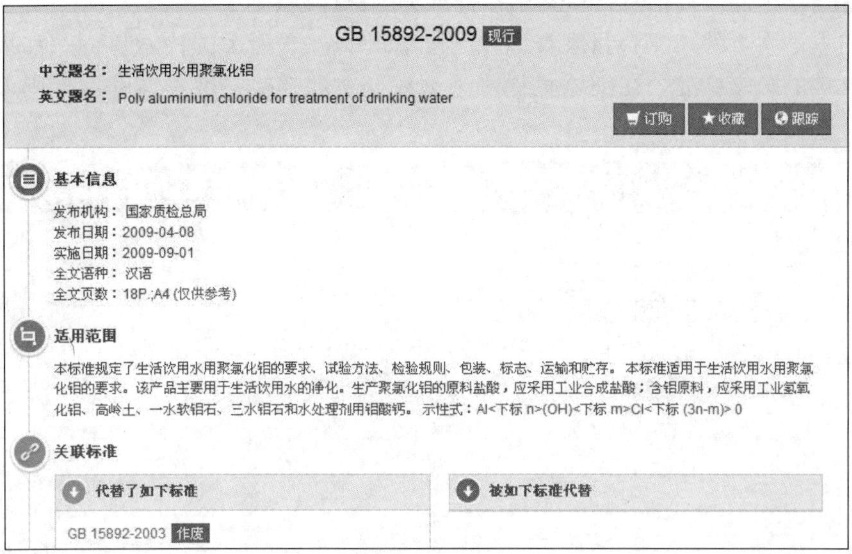

图 8－7　标准信息细览页

图 8－8　国家标准化管理委员会主页

级标准制定和修订信息，检索国家标准和国标计划。

点击主页的“国标目录查询”，显示如图 8－9 所示的检索界面。如果是强制性的国家标准，在细览页提供了阅读全文的链接，推荐性的国标则没有全文链接。

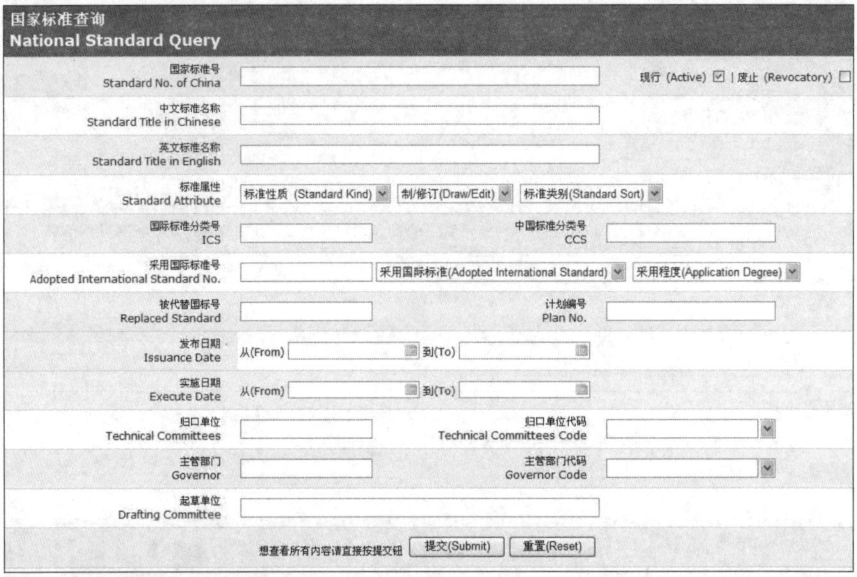

图 8－9　国标目录查询界面

3. 标准网

标准网是由机械科学研究院中国机械生产力促进中心建设并维护的我国工业行业的标准化门户网站。网站的主要内容是国家发展和改革委员会负责管理的轻工、纺织、黑色冶金、有色金属、石油、石化、化工、建材、机械、汽车、锅炉压力容器、电力、煤炭、包装、制药装备、黄金、商业、物流和稀土等十九个行业的行业标准管理与服务信息。

标准网的网址是 http：//www. standardcn. com/，首页如图 8－10 所示，设有行业动态、标准公告、工作平台、组织机构、标准计划、信息查询、专题栏目、标准书市等栏目。

首页提供了“标准编号”和“标准名称”的快速检索方式。高级查询时点击首页的“信息查询”，即进入到图 8－11 所示的查询链接界面，该界面提供了标准目录高级查询、政策法规、标准机构、技术法规、出版信息、标准期刊的链接。点击“标准目录高级查询”进入如图 8－12 所示的检索界面，

图 8－10 标准网首页

图 8－11 查询链接界面

在该界面提供了现行标准查询、标准作废代替查询、行业标准分类查询、国家标准分类查询、国际标准分类查询、国外标准分类查询。

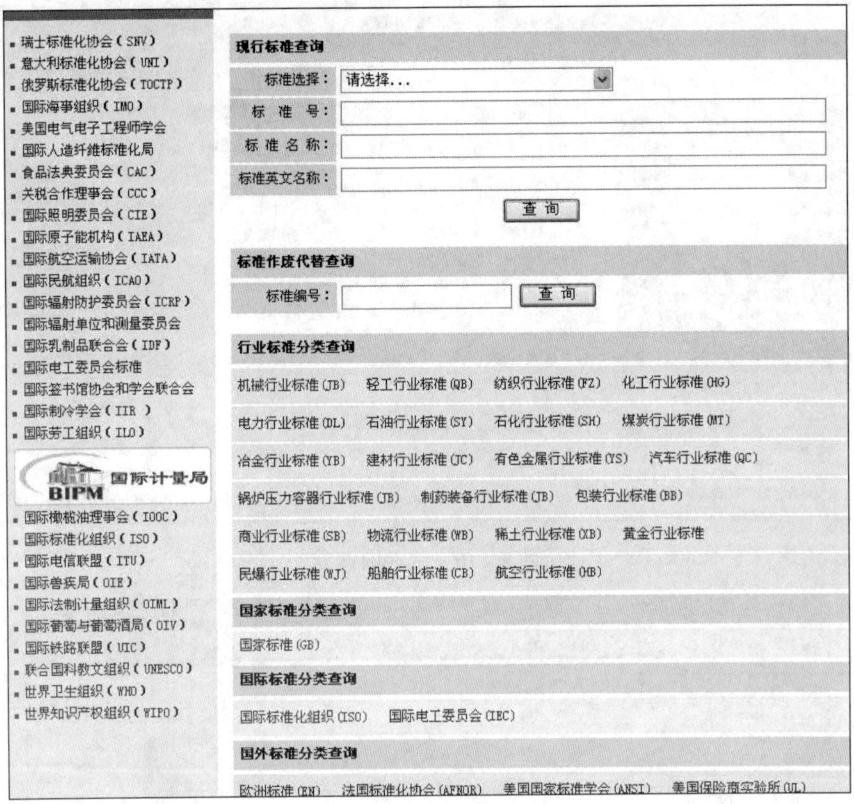

图 8－12 标准目录高级查询界面

现行标准查询有标准号、标准名称、标准英文名称 3 个可检字段，可在多个中外标准数据库中检索，但是每次只能选择一个库检索。

标准作废代替查询是单字段的查询，输入标准号即可查询。

分类查询时点击类目名称则显示该类所有的标准题录信息。

4. 标准免费下载网

标准免费下载网提供国家标准和行业标准的全文免费下载，此网站是一个商业性的网站，网址是 http：//www. bzmfxz. com/，主页如图 8－13 所示。

图 8－13 的左下角提供了标准的简单检索，可以按标准号或标准名称检

索，也可以按分类查看该类下所有的标准题录信息。

图 8-13　标准免费下载网主页

第四节　国际标准文献检索

国际标准主要是指国际标准化组织（ISO）、国际电工委员会（IEC）和国际电信联盟（ITU）制定的标准，还包括国际标准化组织确认并公布的其他国际组织制定的标准。

4.1　ISO 标准文献检索

1. ISO 简介

ISO 是国际标准化组织（International Organization for Standardization）的简称。ISO 是目前世界上最大、最有权威性的国际标准化专门机构。1946 年 10 月 14 日至 26 日，中、英、美、法、苏的 25 个国家的 64 名代表集会于伦敦，正式表决通过建立国际标准化组织。1947 年 2 月 23 日，ISO 章程得到 15 个国家标准化机构的认可，国际标准化组织宣告正式成立。参加 1946 年 10 月 14 日伦敦会议的 25 个国家，为 ISO 的创始人。ISO 是联合国经社理事会的甲级咨询组织和贸发理事会综合级（即最高级）咨询组织。此外，ISO 还与 600 多个国际组织保持着协作关系。1978 年 9 月 1 日，我国重新进入 ISO。

ISO 下设 290 多个技术委员会（Technical Committee，TC），每个委员会下设置分委员会（Sub－Committee，SC）和工作组（Working Group，WP）。ISO 国际标准均由 TC、SC、WG 负责制定。

国际标准化组织的目的和宗旨是："在全世界范围内促进标准化工作的发展，以便于国际物资交流和服务，并扩大在知识、科学、技术和经济方面的合作"。其主要活动是制定国际标准，协调世界范围的标准化工作，组织各成员国和技术委员会进行情报交流，以及与其他国际组织进行合作，共同研究有关标准化问题。ISO 标准已接近 2 万件。

2. ISO 标准文献检索

国际标准化组织的网址是 http：//www. iso. org/，首页如图 8－14 所示，它是了解 ISO、检索 ISO 标准的官方网站。

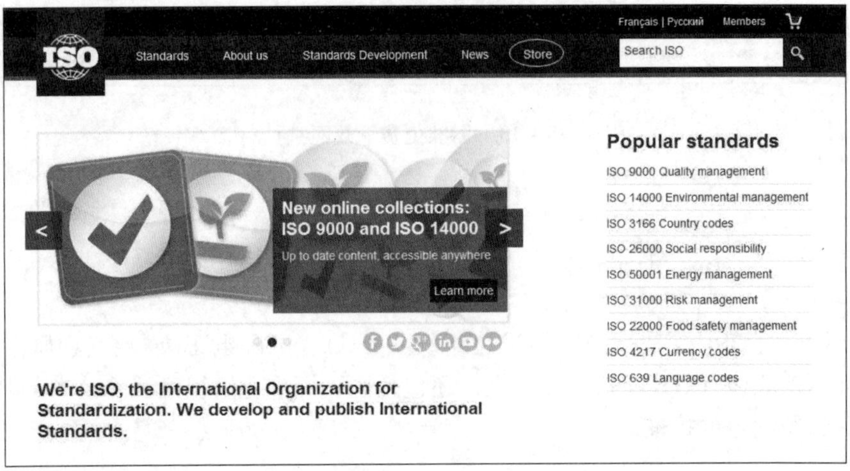

图 8－14　ISO 首页

（1）检索方法

点击栏目"Store"，在显示的界面中点击 Browse standards catalogue，显示如图 8－15 所示的检索界面，在此界面可进行分类浏览和快速检索。分类浏览和高级检索提供了 4 种可多选的标准类型限制，分别是发布的标准（Published standards）、制定中的标准（Standards under development）、废止标准（Withdrawn standards）、最近 12 个月删除项目（Projects deleted last 12 months）。

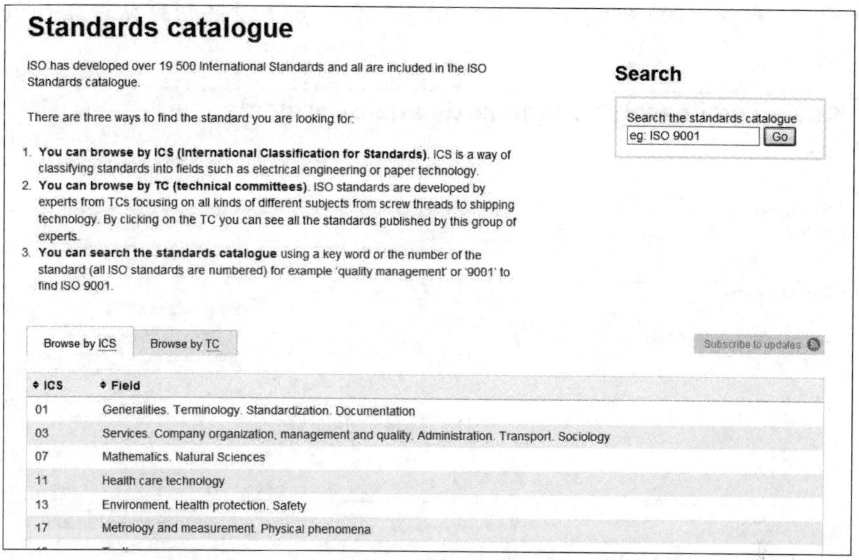

图 8－15　ISO 分类和快速检索界面

①分类浏览

分类浏览有两种形式，Browse by ICS（按国际标准分类法 ICS 分类浏览）和 Browse by TC（按国际标准化组织委员会 TC 浏览），检索界面默认“Browse by ICS”，点击一级类目号到二级类目，再点击二级类目到下一级，直到最低一级，可显示最低一级类目下的所有标准。

②快速检索

在图 8－15 所示的检索框内，输入标准号或主题词即可检索，主题词包括名称和摘要，多个词之间默认逻辑与的关系。

③高级检索

在图 8－15 所示的检索界面中，检索框中不输入任何字词，直接点击检索框后面的 Go ，在显示的界面中点击“Advanced Search”，进入高级检索界面，如图 8－16 所示。

高级检索的可检索字段有 keyword or phrase（in Titles、Abstracts、Full text of standards）（在名称、摘要、全文中搜索关键词或短语）、ISO number（国际标准号）、ISO part number（国际标准分号）、Document type（标准文献类型）、Language（语言）、Supplement type（补充类型）、ICS（国际标准分类号）、Stage code（标准状态阶段代码）、Date stage reached（截止日期）、Other date（其他日期形式）、Committee（委员会）、Subcommittee（分

委员会)。有些字段检索框内有输入方法举例，各字段之间默认逻辑与的运算关系。

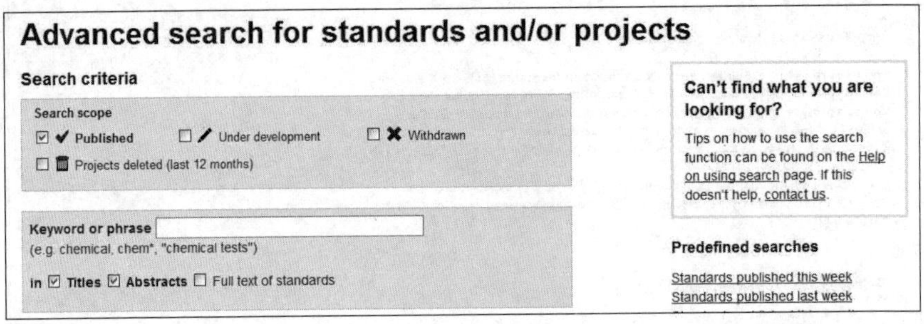

图 8－16　ISO 高级检索界面登录

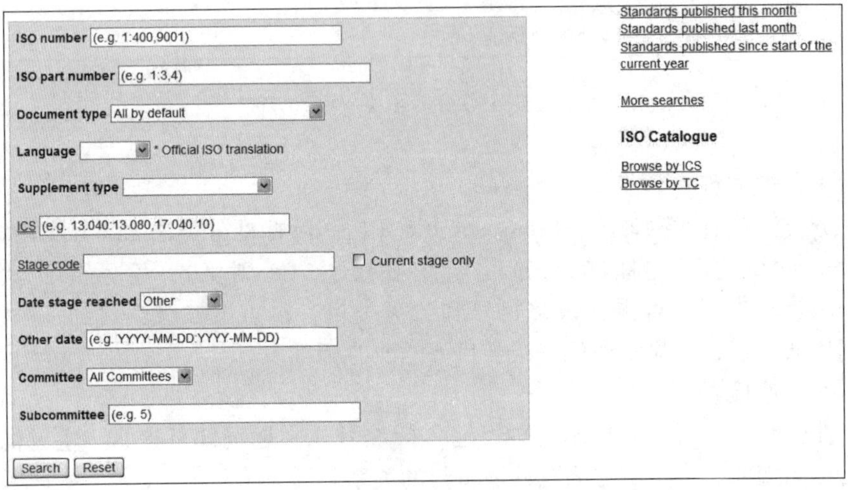

图 8－17　ISO 高级检索界面

(3) 检索结果浏览和全文获取

分类浏览的结果页如图 8－18 所示，显示的内容有标准号、标准名称、标准所处的阶段、委员会和分委员会号。而快速检索和高级检索的结果页只有标准号和标准名称。

点击标准号显示图 8－19 所示的标准详细信息，网站有偿提供标准全文。

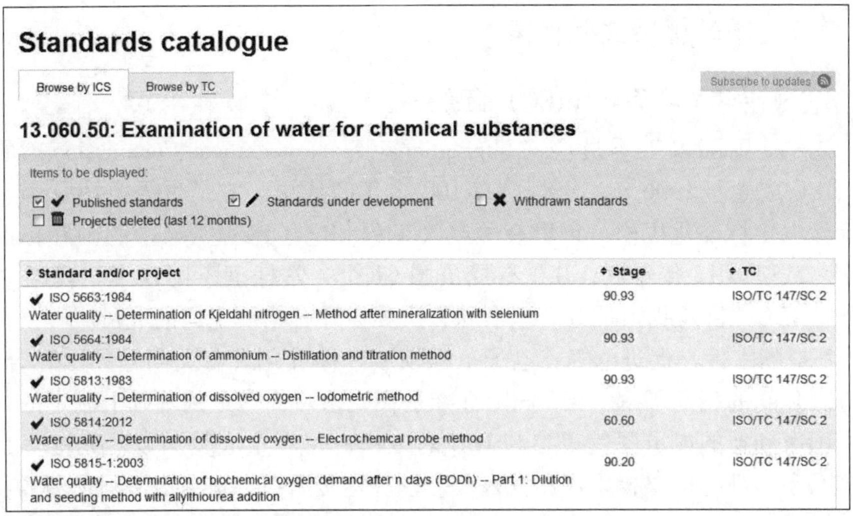

图 8－18　分类检索结果页

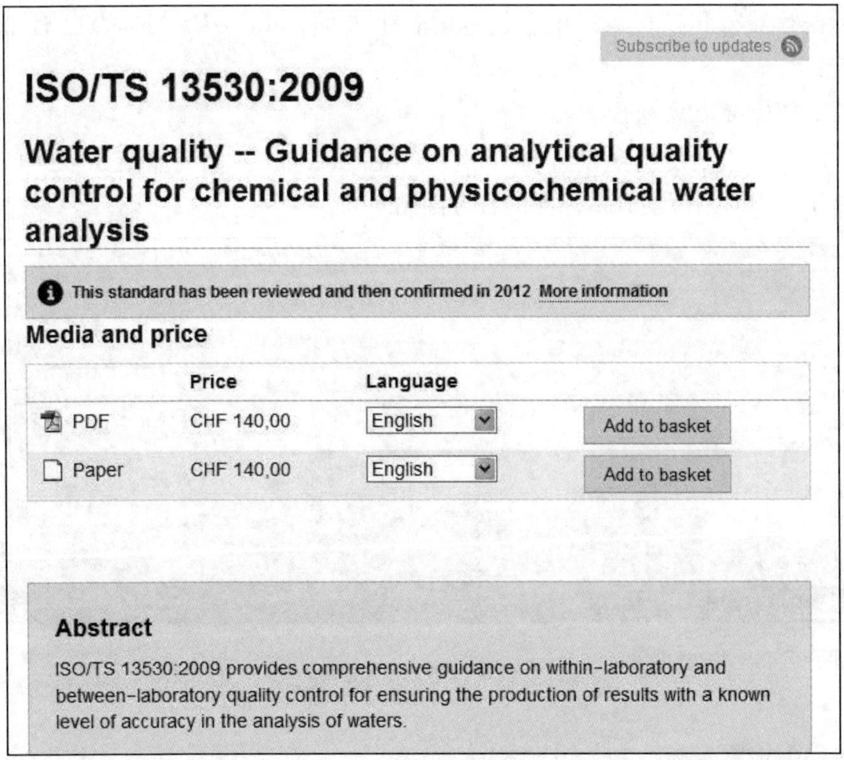

图 8－19　ISO 标准详细信息

4.2 IEC 标准文献检索

1. 国际电工委员会（IEC）简介

IEC 是国际电工委员会（International Electrotechnical Commission）的简称，IEC 成立于 1906 年，至今已有 100 余年的历史。它是世界上成立最早的国际性电工标准化机构，负责有关电气工程和电子工程领域中的国际标准化工作。截至 2012 年年底，IEC 有成员国 61 个，常任理事国 6 个。我国 1957 年参加 IEC，目前我国是 IEC 理事局、执委会和合格评定局的成员。

IEC 的宗旨是促进电气、电子工程领域中标准化及有关问题的国际合作，增进国际间的相互了解。IEC 国际标准是在完全协商一致的基础上制定的，由代表国家利益的成员国代表参与 IEC 的工作，每一个成员国家，无论多么大或多么小，都有一票投票权和发言权，以决定是否可以进入 IEC 国际标准。

目前 IEC 的工作领域已由单纯研究电气设备、电机的名词术语和功率等问题扩展到电子、电力、微电子及其应用、通信、视听、机器人、信息技术、新型医疗器械和核仪表等电工技术的各个方面，IEC 制定的标准已有 7 000 多件。

2. IEC 标准文献检索

国际电工委员会的网址是 http：//www. iec. ch/，主页如图 8 - 20 所示。它是了解 IEC、检索 IEC 标准的官方网站。

图 8 - 20　IEC 主页

（1）检索方法

点击主页界面“WEB STORE SEARCH”菜单里的“Search & buy standards online”，即可进入 IEC 标准的检索界面，如图 8－21 所示。

图 8－21　IEC 简单检索界面

①快速检索

检索界面提供 2 个快速检索框，上面的检索框是一个单字段的模糊检索框，可以对标准号、标准名称、标准分类号等任意题录字段检索。下面的检索框是标准号的快速检索框，在检索框中输入号码时，包含输入号码部分的所有标准号自动显示在下拉菜单中，选择需要检索的标准点击即可。

②高级检索

高级检索的检索界面如图 8－22 所示，提供的检索字段有：标准号（Number）、IEC 的委员会（Committee）代码或委员会名称、ICS 分类号或分类名称。委员会和 ICS 分类在下拉菜单中选择，对于委员会（Committee）字段，委员会的名称和代码是对应的，如果用户选择的是代码，检索系统会自动在代码后的检索框内显示该代码对应的委员会名称，如果用户选择的是委员会的名称，则该委员会对应的代码也会自动显示。国际标准分类号和名称也是对应的，选择两者之一即可。高级检索还可以对标准的出版时间进行限定。

（2）检索结果浏览和全文获取

检索结果界面如图 8－23 所示，显示的信息有标准号、技术委员会代码、标准名称、全文格式、单价和语种等题录信息。点击标准名称弹出该件标准的细览信息，如图 8－24 所示。

点击检索结果界面标准名称图标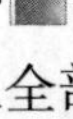或细览页的“preview”链接，即可免费浏览该件标准的部分全文，要获取全部的全文还需要付费。

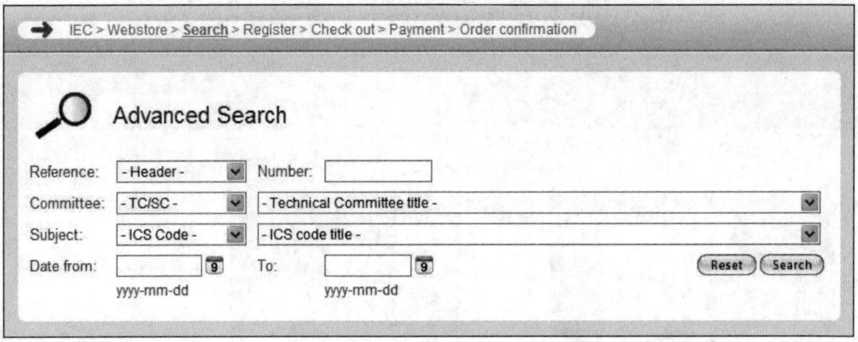

图 8 – 22　高级检索界面

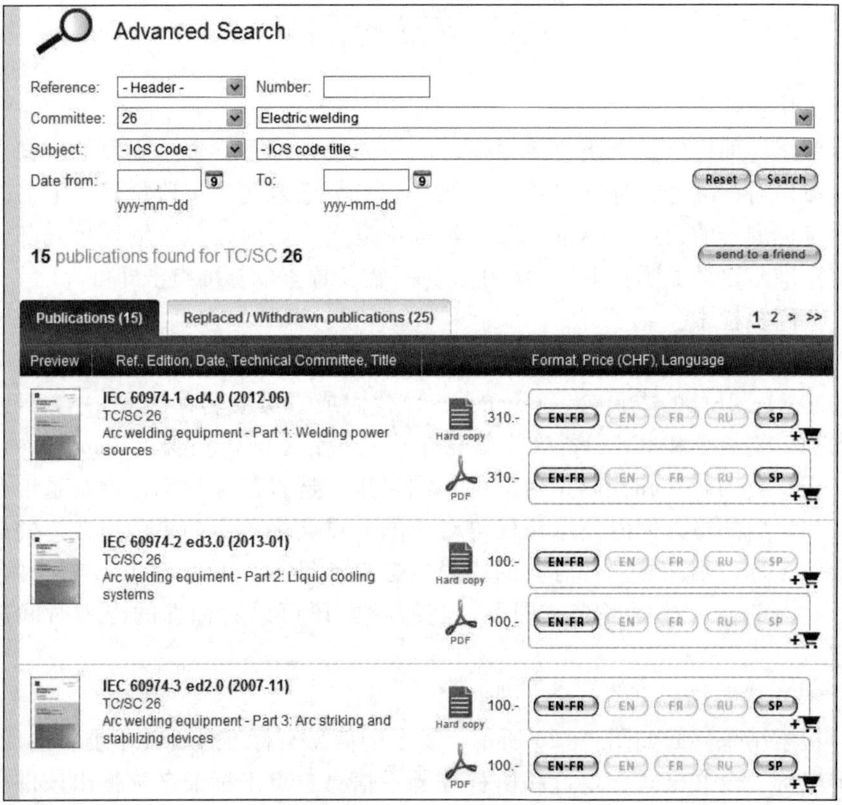

图 8 – 23　检索结果界面

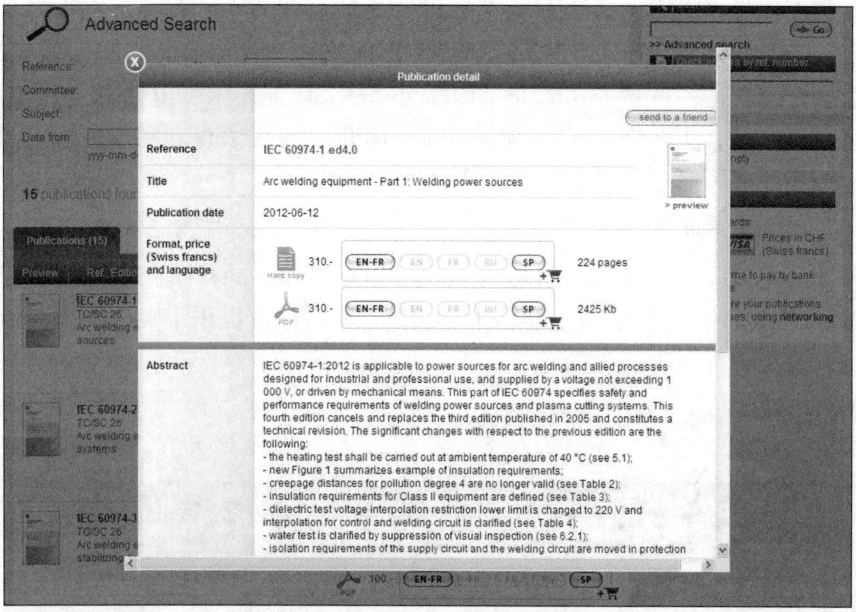

图 8－24　IEC 标准细览信息

4.3　ITU 标准文献检索

1. 国际电信联盟（ITU）简介

ITU 是国际电信联盟（International Telecommunication Union）的简称，ITU 是联合国的一个专门机构，也是联合国机构中历史最长的一个国际组织，简称“国际电联”、“电联”。该国际组织成立于 1865 年 5 月 17 日，是由法、德、俄等 20 个国家为了顺利实现国际电报通信而成立的国际组织，定名“国际电报联盟”。1932 年，70 个国家的代表在西班牙马德里召开会议，决议把“国际电报联盟”改为“国际电信联盟”，这个名称一直沿用至今。

1972 年 12 月，国际电信联盟在日内瓦召开了全权代表大会，通过了国际电信联盟的改革方案，国际电信联盟的实质性工作由三大部门承担，它们是：国际电信联盟标准化部门（ITU－T）、国际电信联盟无线电通信部门（ITU－R）和国际电信联盟电信发展部门（ITU－D）。其中电信标准化部门的主要职责是完成国际电信联盟有关电信标准化的目标，使全世界的电信标准化，ITU 现已制定 1 万多件标准。

我国于 1920 年加入了国际电报联盟，1932 年派代表参加了马德里国际电信联盟全权代表大会，1947 年在美国大西洋城召开的全权代表大会上被选为行政理事会的理事国和国际频率登记委员会委员。中华人民共和国成立后，我国的合法席位一度被非法剥夺。1972 年 5 月 30 日在国际电信联盟第 27 界行政理事会上，正式恢复了我国在国际电信联盟的合法权利和席位，此后我国积极参加了国际电信联盟的各项活动。

2. ITU 标准检索

国际电信联盟（ITU）的网址是 http：//www. itu. int/，它是了解 ITU、检索 ITU 标准的官方网站，主页如图 8－25 所示，首页提供了英语、中文、法语、西班牙语等语种的界面形式。

图 8－25　ITU 主页

主页右上角的检索框是一个单字段的模糊检索框，直接输入标准名称或标准号即可检索。

点击主页检索框内的 🔍，在显示的界面中点击首页右上角的 “Advanced Search” 按钮即可进入图 8－26 所示的高级检索界面。检索词的输入有四种方式：all of these words（包含全部检索词）、any of these words（包含任意一个检索词）、this exact phrase（与检索词一致，即字符串检索）、none of these words（不包含检索词），另外还提供了范围、语种的限制和文件格式的选择。

ITU 网站内检索到的标准，用户都可以免费浏览全文。

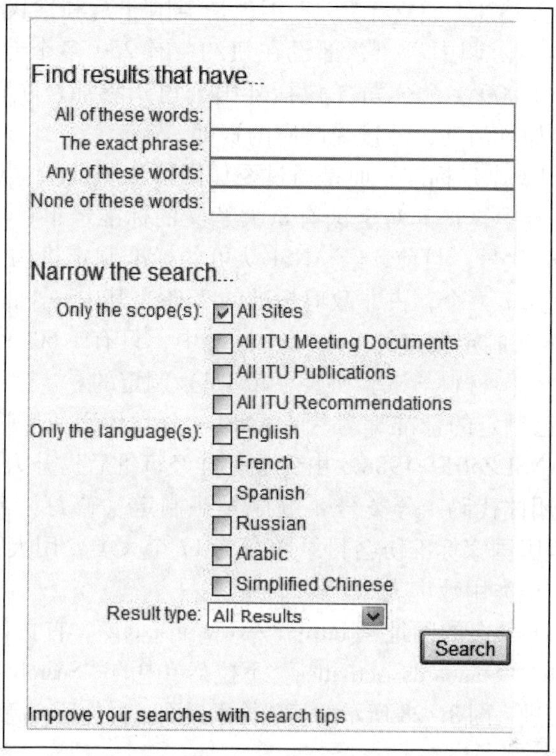

图 8－26　ITU 高级检索界面

第五节　国外先进标准文献检索

国外先进标准是指未经国际标准化组织（ISO）确认并公布的其他国际组织的标准、发达国家的国家标准、区域性组织的标准、国际上有权威的团体标准与企业（公司）标准中的先进标准。例如美国标准（ANSI）、英国标准（BS）、日本工业标准（JIS）、德国标准（DIN）、法国标准（NF）以及苏联国家标准（GOST）等。

5.1 美国标准

美国标准由美国国家标准学会（American National Standards Institute，ANSI）负责制定，ANSI 成立于 1918 年，是美国非营利性民间标准化团体，自愿性标准体系的协调中心，总部设在纽约。有 250 多个专业学会、协会、消费者组织以及 1 000 多个公司（包括外国公司）参加。联邦政府机构的代表以个人名义参加其活动，不接受政府的资助。

ANSI 本身很少制定标准，而是通过委任团体法和征求意见法从各专业团体制定发布的标准中，将其对全国有重大意义的标准经审核后提升为国家标准，并给以 ANSI 代号。目前，经 ANSI 认可的标准制定机构有 180 多个，制定的标准总数有 3.7 万个，占非政府标准的 75%，其中一小部分经 ANSI 批准为国家标准。ANSI 制定发布的 1.1 万个标准中，只有 1 600 个是它自行制定的，一半左右是美国材料与试验协会（ASTM）制定的。

由 ANSI 自己制定的标准编号为：ANSI + 分类代码 + 顺序号 + 制定（修订）年份，如 ANSI Z501—1988。由专业标准经审批后提升为国家标准的编号为：ANSI/专业团体代码 + 分类号 + 顺序号 + 制定（修订）年份。美国国家标准文献按《美国国家标准协会目录》分为 17 个大类，用大写字母表示，大类下再分小类，小类用数字表示。

美国国家标准学会的网址是 http：//www.ansi.org/，首页如图 8－27 所示。点击左边导航栏的"Standards Activities"下拉菜单中的"Search American National Standards"，即可进入图 8－28 所示的简单检索界面。另外还有高级检索方式。

5.2 英国标准

英国标准由英国标准学会（British Standards Institution，BSI）负责制定，BSI 成立于 1901 年，是世界上第一个国家标准化机构，是英国政府承认并支持的非营利性民间团体，总部设在伦敦，目前共有捐款会员 20 000 多个，委员会会员 20 000 多个。

BSI 是国际标准化组织（ISO）、国际电工委员会（IEC）、欧洲标准化委员会（CEN）、欧洲电工标准化委员会（CENELEC）、欧洲电信标准学会（ETSI）创始成员之一，并在其中发挥着重要作用。

英国标准的编号为：BS（＋专业代号）＋顺序号＋制定（修订）年份。如果没有专业代号，则表明为一般标准。如果出现"pt."字样，则表示同号标准分出的部分，如 BS 5892 pt. 4—86。

英国标准的主要检索工具是《BS Catalogue》，该目录是年刊，由标准号

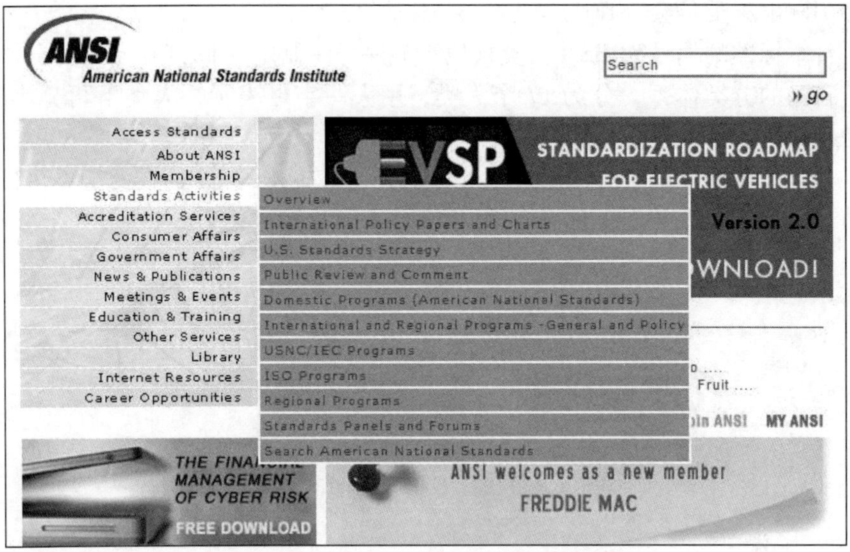

图 8－27　美国国家标准学会首页

图 8－28　美国国家标准简单检索界面

目录、主题索引、ISO 标准和 IEC 标准同 BS 标准对照表三部分组成。也可以登陆英国标准学会的网站检索，其网址是 http：//www. bsigroup. com/。

5.3　日本标准

日本标准由日本工业标准调查会（Japanese Industrial Standard Committee，JISC）负责制定，JISC 是根据日本工业标准化法建立的全国性标准化管理机构，成立于 1949 年，总部设在首都东京。1921 年 4 月，成立工业品规格统一调查会（JESC），开始有组织、有计划地制定和发布日本国家标准。1929 年，该会代表日本参加国家标准化协会国际联合会（ISA）。1946 年 2 月，工业品规格统一调查会解散，并同时成立工业标准调查会。1949 年 7 月 1 日，日本开始实施《工业标准化法》，根据该法设立日本工业标准调查会。1952 年 9 月，日本工业标准调查会代表日本参加国际标准化组织（ISO），并于 1953 年参加国际电工委员会（IEC）。

日本标准的编号为 JIS + 分类代码 + 顺序号 + 制定（修订）年份。分类号来自自己的分类体系，分为 17 个大类，用大写字母表示，大类下再分小类，小类用数字表示。例如 JIS Z 8144—1990。

日本工业标准调查会的网址是 http：//www. jisc. go. jp/，在此网站可以检索 JIS 标准。

参考文献

[1] 朱江岭等. 网络资源检索与利用[M]. 北京:海洋出版社,2010.

[2] 史红改,方芳. 实用网络文献信息资源检索与利用[M]. 北京:清华大学出版社;北京交通大学出版社,2009.

[3] 曹彩英等. 化学化工信息检索与利用[M]. 北京:海洋出版社,2008.

[4] 河北科技大学图书馆. [2013-05-10]. http://www. hebust. edu. cn/.

[5] 中国知网. [2013-05-15]. http://www. cnki. net/.

[6] 万方数据知识服务平台. [2013-05-24]. http://www. wanfangdata. com. cn/.

[7] 维普网. [2013-05-30]. http://www. cqvip. comt/.

[8] 中华人民共和国国家知识产权局. [2013-06-06]http://www. sipo. gov. cn/.

[9] 中国知识产权网. [2013-06-13]. http://www. cnipr. com/.

[10] 中国专利信息中心. [2013-06-14]. http://www. cnpat. com. cn//.

[11] 欧洲专利局数据库. [2013-06-16]. http://worldwide. espacenet. com//.

[12] 美国专利商标局. [2013-06-17]. http://www. uspto. gov/.

[13] 世界知识产权组织. [2013-06-19]. http://www. wipo. int/.

[14] 加拿大知识产权局. [2013-06-19]. http://opic. gc. ca//.

[15] 日本特许厅数字图书馆. [2013-06-19]. http://www. ipdl. inpit. go. jp/.

[16] 中国标准服务网. [2013-06-21]. www. cssn. net. cn/.

[17] 中国国家标准化管理委员会. [2013-06-22]. http://www. sac. gov. cn/.

[18] 标准网. [2013-06-19]. http://www. standardcn. com/.

[19] 标准免费下载网. [2013-06-19]. http://www. bzmfxz. com/.

[20] 国际标准化组织. [2013-06-23]. http://www. iso. or/.

[21] 国际电工委员会. [2013-06-24]. http://www. iec. ch/.

[22] 国际电信联盟. [2013-06-25]. http://www. itu. int/.

[23] 美国国家标准学会. [2013-06-25]. http://www. ansi. org/.